광기와 우연의 역사

# 광기와 우연의 역사

인류 역사를 바꾼 운명의 순간들
1453~1917

슈테판 츠바이크 지음
안인희 옮김

# 별 같은 순간들

어떤 예술가도 매일 24시간을 쉼 없이 예술가로 있을 수는 없다. 예술가가 이루어낸 본질적이고도 지속적인 것은 아주 드물고도 짧은 영감의 순간에 창조된 것이다. 모든 시대에 걸쳐 가장 위대한 시인이자 시대를 가장 잘 드러내 보여주는 역사도 그와 같아서 결코 쉬지 않고 창조자 노릇을 하지는 못한다. 괴테가 존경심과 두려움을 품고서 말했듯이 '신의 신비스런 작업장'인 역사에서도 헤아릴 수 없을 정도로 무심하고도 평범한 일들이 많이 일어난다. 예술이나 삶에서 그렇듯이 역사의 장에서도 고귀하고 잊을 수 없는 순간이란 극히 드문 법이다. 역사는 그저 연대기 기록자의 모습으로 나타나서 대개는 무심하고도 지속적으로 수천 년에 걸쳐 행해지는 저 거대한 시간의 그물뜨기에 한 코 한 코 뜨

개질을 해 넣듯, 사실에 사실을 나열하는 것이 고작이다. 모든 긴장은 준비 기간이 필요하고, 실제 사건은 발전 과정을 거쳐야만 하기 때문이다. 한 명의 천재가 나오기 위해서는 한 민족 안에 수없이 많은 사람이 태어났다가 사라지게 마련이고, 진짜 역사적인 사건, 인류의 별 같은 순간이 나타나기까지는 수없이 많은 평범한 시간이 무심히 스러져가게 마련이다.

그러나 예술의 영역에 나타난 한 명의 천재는 시간의 한계를 뛰어넘는다. 마찬가지로 역사상의 별 같은 순간은 이후 수십 수백 년의 역사를 결정한다. 전 대기권의 전기가 피뢰침 꼭대기로 빨려들어가듯이, 이루 헤아릴 수 없는 사건이 시간의 뾰족한 꼭짓점 하나에 집약되어 실현되는 것이다. 보통은 평온하게 전후로 나란히 일어나던 일이 단 한순간에 응축되어 나타나고, 그러고 나면 그 순간은 역사상의 모든 것을 규정하고 결정하게 된다. 단 한 번의 긍정이나 단 한 번의 부정, 너무 빠르거나 너무 늦은 일이 이 순간을 돌이킬 수 없는 것으로 만들어서 개인의 삶, 민족의 삶, 심지어 인류 전체의 운명의 흐름에 결정적인 작용을 하게 되는 것이다. 앞으로 오랫동안 지속적으로 작용하게 될 중대한 결정이 어느 한 날짜 혹은 어느 한 시각으로 모아지는, 그토록 극적으로 응축된 운명적인 순간이란 개인의 삶에서도 드문 일이고 역사의 흐름에서도 드문 일이다. 여러 시대와 다양한 영역에서 뽑아낸 몇 개의 별 같은 순간들—이렇게 부르기로 하자. 그러한 순간들이 별처럼 빛나면서 지나가버린 일들 위에서 변함없이 빛나고 있으니까 말이다—을 나는 여기서 기억해 보고자 한다. 외적인 혹은 내적인 사건들의 영적인 진실성에 나 자신의 독창성을 부여하거나 강조하려고 애쓰지 않았다. 저 고귀한 순간들이 완성되어 모습을 나타내는 자리에서 역사는 다른 도움을 필요로 하지 않기 때문이다. 역사 자신이 시인으로, 극작가로 등장해 지배하는 순간에 감히 어떤 작가가 역사를 능가해 스스로 각색하려 들 수 있겠는가.

# 차례

---

# 동로마 제국의 최후

---

## 1453년 5월 29일

---

### 메흐메트 2세의 비잔티움 정복

## 새로운 술탄 메흐메트의 야심

1451년 2월 5일, 어떤 밀사密使가 소아시아에 있던 술탄 무라드의 맏아들 메흐메트에게 부친이 별세했다는 소식을 가지고 왔다. 왕국의 장관들과 자신의 고문관들에게는 한마디 언급도 않은 채, 이 교활하고 정력적인 젊은 영주는 가장 좋은 순종 말에 올라타 120마일을 쉬지 않고 내달렸다. 보스포루스해협에 이르러서는 곧장 배를 타고 유럽 쪽 해안에 있는 갈리폴리로 출발했다. 갈리폴리에 이르러서야 비로소 가장 믿을 만한 사람들에게 부친의 죽음을 알렸다. 그러고는 정예 부대를 이끌고 아드리아노플로 향했다. 누구도 감히 왕 자리를 넘보지 못하게 하기 위함이었다. 아드리아노플에 도착한 그는 아무런 저항도 받지 않고 오스만 제국의 지배자로 인정받았다.

메흐메트가 행한 최초의 통치 행위는 무섭도록 가차없고 단호했다. 미래에 다가올지도 모르는 불안, 즉 왕위를 넘볼지도 모를 혈통 상의 라이벌을 제거하는 작업이었다. 그는 자신의 어린 동생을 목욕탕에서 익사시키도록 사주했다. 그의 치밀하도록 간교하고 거친 성격을 입증이라도 하듯, 곧이어 그는 자신이 고용한 살인자마저 저승으로 보내버렸다.

신중한 무라드의 뒤를 이어 젊고 정열적이며 명예를 탐하는 메흐메트가 오스만 제국의 새로운 술탄이 되었다는 소식은, 비잔티움 제국에 공포심을 불러일으키기에 충분했다. 이 젊은 야심가가 세계의 수도 비잔티움을 자기 수중에 넣겠다고 맹세하고 밤낮없이 전략적인 구상을 한다는 사실이 수많은 염탐꾼을 통해 이미 알려져 있었기 때문이다. 들어오는 보고들은 이를 증명이라도 하듯 한결같이 새로운 군주의 비상한 군사적 · 외교적 수완을 인정하는 것들뿐이었다. 메흐메트는 경건하고도 잔인했으며 정열적이면서도 음험한 인물이었다. 예술을 사랑했을 뿐만 아니라 라틴어로 쓰인 카이사르와 로마 사람들의 전기를 줄줄 읽어낼 정도로 교육을 잘 받은 사람인 동시에 피를 물처럼 쏟아붓는 잔인한 야만인이기도 했다. 또한 섬세하고 우수에 찬 눈매와 매부리코를 가진 이 남자는 지치지 않는 일꾼이자 대담한 병사이고 주저하지 않는 외교가였다. 그런데 이 모든 위험한 힘이 단 하나의 야심에 집중되고 있었다. 새로운 이슬람 제국 오스만 튀르크가 군사적 우위에 있음을 유럽이 처음으로 실감하도록 만든 할아버지 바예지드와 아버지 무라드를 능가하겠다는 야심이었다. 최초의 공격 목표는 비잔티움이 될 것이다. 비잔티움 사람들도 이 사실을 알고 느끼고 있었다. 동로마 제국 황제 콘스탄티누스와 유스티니아누스의 마지막 남은 보석 비잔티움.

그러나 이 보석은 실제로는 거의 보호받지 못해 공격받기 쉬운 상태에 있었다. 한때는 페르시아에서부터 알프스 그리고 다시 아시아의 사막에 이르기까지 넓디넓은 세계로 뻗어나갔던 동로마 제국, 몇 달이나 말을 달려도 끝이 보이지 않던 이 세계 왕국이 이제는 걸어서 세 시간이면 거뜬히 횡단할 수 있는 처지가 되어 있었다. 기가 막히게도 그 옛날의 비잔티움 제국에서 이제는 몸뚱아리 없는 머리처럼, 나라 없는 수도만이 덩그러니 남아 있었다. 바로 콘스탄티누스 황제의 도시 콘스탄티노플만 옛 이름 비잔티움으로 남은 것이다. 이 가운데서도 오늘날 이스탄불이라 불리는 일부 지역만이 황제이자 바실레우스Basileus(그리스정교의 우두머리)인 콘스탄티누스에게 속했다. 갈라타 지역은 제노바 사람들의 것이고, 도시 성벽 바깥 지역은 전부 오스만의 손아귀에 떨어져 있었다. 마지막 황제의 제국은 겨우 손바닥만한 땅에 교회와 궁전과 집 들이 뒤엉킨 채로, 단단해 보이는 성벽만이 그들을 보호하고 있었다. 이미 십자군 영웅들의 유해까지 약탈당하고, 거듭되는 페스트에 주민들을 잃고, 사막 유목민들의 끊임없는 저항에 지치고, 유럽 민족들 간의 싸움과 종교적 갈등에 찢겨 이 도시는 스스로 적을 방어할 만한 병력도 용기도 없었다. 적은 이미 오래전부터 이 도시를 옥죄어오고 있었다. 비잔티움의 마지막 황제 콘스탄티누스 드라가세스(콘스탄티누스 11세)의 보라색 의상은 바람으로 만든 외투에 불과했고, 왕관은 운명의 장난일 뿐이었다.

그러나 유럽 세계는 아직 이 도시를 자신들의 명예의 상징이라 여기고 있었다. 이 도시가 오스만 튀르크인들에 둘러싸여 있으면서도 천 년이나 자신의 문화를 지켜왔기에 이제는 신성함마저 지니게 되었던 것이다. 그런 의미에서 비록 둘로 갈라졌지만 기독교 세계가 마음을 합쳐 이 동방 최후의 몰락해가는 요새를 보호할 수만 있다면, 하기아 소피아 성당은 동로마 기독교 최후의 가장 아름다운 성당이자 신앙의 바실리카로 남을 수 있을 것이었다.

콘스탄티누스 황제는 위험을 금방 알아차렸다. 메흐메트의 온갖 평화의 말에도 불구하고 분명하게 두려움을 느낀 그는, 교황에게로 베네치아로 제노바로 연달아 전령을 보내 갤리선과 병사들을 요청했다. 그러나 로마도 베네치아도 망설였다.

동쪽의 신앙(그리스정교)과 서쪽의 신앙(로마 가톨릭) 사이에는 오래된 신학적 갈등이 여전히 입을 벌리고 있었다. 그리스정교회는 로마 가톨릭을 미워했다. 정교회의 장로들은 로마 교황이 기독교 최고의 사제임을 인정하려 들지 않았다. 페라라와 피렌체 두 곳의 공의회에서는 이미 오래전에 오스만 제국의 위협과 관련해 두 교회의 통합을 결정했고, 오스만 제국에 대항해 비잔티움을 돕겠다고 약속한 바 있었다. 그러나 비잔티움이 다급한 위험에서 비껴난 것으로 보이자 그리스정교 측 종교 회의는 약속의 이행을 거부했다. 메흐메트가 술탄이 되고 나서야 비로소 정교회의 고집은 비상 사태 앞에 굴복하게 되었다. 비잔티움은 화급한 구원 요청과 아울러 로마에 대한 굴복 의사도 함께 전했다.

이제 갤리선에는 병사와 군수품이 실렸다. 한 척의 배에는 교황의 사절단이 올랐는데, 서양 기독교 두 교단을 화해시키는 동시에 비잔티움에 대한 공격은 곧 이 연합된 기독교 세계에 도전하는 것이라는 사실을 온 세계에 알리기 위해서였다.

## 이성과 화해의 시간

저 12월의 어느 날, 굉장한 구경거리가 펼쳐졌다. 오늘날 그 자리에 남아 있는 이슬람 사원만 보고는 짐작할 수 없을 정도로 화려한, 대리석과 모자이크와 번쩍이는 값비싼 보석들로 치장한 대성당(하기아 소피아)에서 위대한 화해의 축제가 벌어진 것이다. 바실레우스인 콘스탄티누스 황제가 황제관을 쓰고서 왕국의 모든 귀족에게 둘러싸인 채 등장했다. 두 교단의 영원한 단결에 대한 최고의 증인이자 보증인이 되기 위해서였다. 대성당 안은 사람들로 빽빽이 들어찼고, 수천 개의 촛불이 공간을 밝혔다. 제단 앞에서는 로마 측 사절인 이시도루스와 정교회 장로인 그레고리우스가 나란히 서서 미사를 집전했다. 교황의 이름이 처음으로 기도에서 거명되고, 경건한 찬미가가 처음으로 라틴어와 그리스어로 불려 끝없는 대성당의 아치 천장으로 올라갔다. 성 스피리디온의 주검이 사이가 좋아진 양측에 의해 장엄한 모습으로 등장했다. 그 오랜 세월의 불화를 겪고 난 지금, 동과 서 서로 다른 두 신앙은 영원히 결합된 듯, 다시 유럽의 이념, 서양의 의미가 여기서 실현된 듯 보였다.

그러나 역사에서 이성과 화해의 시간은 짧고 허망한 것에 불과하다. 교회 안에서 양측의 음성이 공동의 기도 속으로 경건하게 섞여들고 있는 동안에도 바깥의 어떤 수도원 방에서는 벌써 학식 높은 수도사 게나디오스가 참된 신앙의 배신에 반대하느라 열을 올리고 있었다. 이성이 미처 서로를 결합하기도 전에 평화의 결속은 광신狂信에 의해 깨어지고, 정교회 성직자가 진정한 굴복을 생각지 않았듯이 지중해 저쪽 끝에서 온 친구들도 약속한 도움을 줄 생각이 거의 없었다. 몇 척의 갤리선, 몇백 명의 병사가 파견되기는 했으나 도시는 여전히 자신의 운명에 내맡겨져 있었다.


## 도시를 포위하라


전쟁을 준비하는 지배자들은 스스로 무장을 완전히 갖추었다고 판단하기 전까지는 거듭 평화를 강조하는 법이다. 메흐메트 역시 즉위할 때 콘스탄티누스 황제의 사절을 맞아 온갖 친절한 말로 그들을 안심시켰다. 그는 정중한 태도로 신과 자기 나라의 예언자들, 천사와 코란에 걸고 바실레우스와 맺은 계약을 철저히 지킬 것이라 맹세하곤 했다. 그러나 이 음험한 인물은 헝가리, 세르비아와 3년간의 상호 중립 조약을 맺고 있었으니, 바로 그 3년 안에 아무런 방해도 받지 않고서 비잔티움을 수중에 넣을 생각을 하고 있었던 것이다. 메흐메트는 몇 번이나 평화를 약속하고 맹세하고 나서는 단 한 번의 약속 위반으로 전쟁을 도발했다.

그때까지는 보스포루스해협의 아시아 쪽 해안만이 오스만 튀르크에 속해 있었다. 그래서 동로마 측 배들은 아무런 방해도 받지 않고 비잔티움을 출발, 해협을 통과해서 곡물 저장소인 흑해로 나갈 수 있었다. 그런데 메흐메트는 아무런 해명도 없이 유럽 쪽 해안에 요새를 구축했다. 통로를 막아버린 것이다. 그곳은 그 옛날 페르시아의 용감한 크세르크세스가 건너뛰었다는 해협의 가장 좁은 바로 그 자리였다.

평화 협정에 따라 요새를 세울 수 없도록 한 그 자리, 바로 유럽 쪽 해안으로 밤사이에 수천 수만의 토목 공사 인부가 몰려들었다. 무력의 지배자들에게 협정 따위가 무슨 소용이겠는가? 그들은 주변의 곡식을 약탈했을 뿐 아니라 요새 축성에 쓸 돌을 얻기 위해 집을 허물고 그 유명한 성 미카엘 교회까지 부수었다. 술탄 자신이 밤낮을 가리지 않고 요새 건설을 지휘했다. 이들이 협정을 위반하고 흑해 통행길을 막고 있음에도 비잔티움 측은 무기력하게 바라볼 수밖에 없었다. 평소처럼 바다를 지나가려던 비잔티움의 배들은 영문도 모른 채 공격당해야 했다.

이 최초의 권력 행사가 성공하자 더 이상의 위장은 필요 없어졌다. 1452년 8월, 메흐메트는 고관들을 모두 소집해 비잔티움 공격 의사를 명백히 했다. 곧이어 잔혹 행위가 뒤따랐다. 오스만 제국 전역에 싸울 수 있는 자들을 소집하는 임무를 띤 전령들이 파견되었다. 1453년 4월 5일에는 드디어 봇물 터진 듯 끝도 보이지 않는 제국의 군대가 비잔티움 평원을 둘러싸고 도시의 성벽까지 바짝 밀려 들어왔다.

화려하게 차려입은 술탄이 선봉에 섰다. 그는 성벽 바로 앞에 천막을 쳤다. 드디어 총본부 앞에 군기가 꽂혔다. 술탄은 양탄자를 땅에 펼치도록 명령했다. 맨발로 양탄자에 올라서더니 메카를 향해 이마가 땅에 닿도록 세 번을 절했다. 그의 뒤에서는 수만 명의 병사가 같은 방향을 향해 절을 하는 장관이 펼쳐졌다. 그들은 모두 같은 리듬으로 알라신에게 힘과 승리를 내려달라고 기도했다.

기도를 끝내고 몸을 일으킨 술탄의 얼굴은 이미 기도할 때의 겸손함은 사라지고 호전적인 모습으로 변해 있었다. 신의 종은 다시 왕이자 병사로 바뀌었다. 전령들이 진영 전체를 돌아다니면서 나팔을 불고 소리를질렀다.

"도시를 포위하라!"

"도시를 포위하라!"

# 천년 묵은 성벽과 술탄의 새 대포

비잔티움은 이 전쟁에서 단 한 가지 유리한 점이 있었다. 바로 성벽이었다. 세계를 지배하던 위대하고 행복하던 시절의 유일한 유산이었다. 삼각형의 도시는 3중의 갑옷 같은 성벽으로 둘러싸여 있었다. 낮지만 단단한 돌로 쌓은 성벽이 마르마라해와 골든 혼Golden Horn을 향해 도시의 양쪽 날개를 감쌌다. 육지 쪽으로는 거대한 흙벽이 펼쳐져 있었다. 테오도시우스 성벽이라 불리는 이것은, 콘스탄티누스 황제 때 이미 비잔티움이 위험해질 경우를 대비해 거대한 네모꼴로 기초를 세우고, 유스티아누스 황제가 그 위로 성벽을 연결해 축성한 것이었다. 이 막강한 흙벽은 테오도시우스 황제 때 비로소 길이 7킬로미터의 거대한 성벽으로 완성되었다. 네모꼴의 흙벽은 오늘날에도 담쟁이넝쿨이 우거진 채 옛날의 막강하던 모습을 증언하고 있다. 사격 구멍들과 톱니 모양의 성첩城堞으로 단장되고, 그 바깥으로 해자가 성벽을 에워쌌다. 또 막강한 네모꼴 탑들이 세워져 성벽을 보호했고 이중삼중으로 성벽들이 더 세워졌다. 이 모두는 1,000년 동안 황제들에 의해 보강되고 새롭게 만들어진 것이었다. 그래서 그 시대에는 난공불락의 상징물로 여겨지고 있었다.

메흐메트는 누구보다 이 성벽의 막강함을 잘 알고 있었다. 그래서 벌써 여러 해 전부터 자나 깨나 이 성벽을 정복할 방법, 파괴할 방법을 찾는 데 골몰했다. 그의 책상 위에는 성벽의 생김새나 척도, 균열의 정도를 담은 그림들이 가득 쌓여 있었다. 그는 성 안팎으로 지대가 높은 곳과 낮은 곳, 물길 등도 잘 알고 있었다. 그와 그의 기술자들은 문제 하나하나에 대해 생각에 생각을 거듭했다. 그러나 실망스럽게도 결론은 바뀌지 않았다. 지금까지 사용해온 대포로는 테오도시우스 성벽을 파괴할 수 없었다.

그러니 더욱 강력한 대포를 만들어야 한다! 지금까지의 전쟁 기술이 가르쳐준 것보다 더 멀리 나가고 더 강력한 대포를! 지금까지 만들어진 것보다 더 단단한 대포알을, 더 무겁고 파괴력이 강한 대포알을! 이 접근 불가능한 성벽에 대항할 만한 새로운 대포를 고안하는 것 외에는 다른 해결책이 없었다. 메흐메트는 어떤 대가를 치르더라도 이 새로운 무기를 반드시 만들어낼 것이라 다짐했다.

'어떤 대가를 치르더라도!' 이 같은 다짐은 스스로에게 창조적이고 충동적인 힘을 일깨우게 마련이다. 선전포고 직후 술탄의 진영에는 세계에서 가장 독창적이고 경험 많은 대포 제조 기술자가 나타났다. 우르반 혹은 오르반이라는 이름의 헝가리 사람이었다. 얼마 전까지만 해도 콘스탄티누스 황제를 위해 일했고, 그 자신이 기독교도이기도 했다. 그러나 메흐메트라면 자신에게 더 많은 보수와 더욱 대담한 과제를 부여하리라는 기대감을 갖고서, 재료의 양에 제한을 두지 않는다면 이제까지 누구도 본 적이 없는 큰 대포를 만들 수 있을 것이라 자신했다. 단 하나의 생각에 사로잡힌 사람이 언제나 그렇듯, 거기에 드는 비용은 술탄에게 전혀 문제가 되지 않았다. 술탄은 곧바로 충분한 인력과 수레 1,000개분의 청동을 아드리아노플로 보냈다.

꼬박 세 달을 무진 애를 쓴 끝에 이 대포 제조자는 단단하게 만드는 자신만의 비법으로 주형을 준비했다. 이어서 녹인 청동을 주형에 들이부었다. 작업은 성공이었다! 지금까지 존재한 어떤 대포보다 큰 대포의 몸통이 만들어졌다. 시험 발사에 앞서, 메흐메트는 아드리아노플로 전령을 보내 임신한 여인들에게 주의하라고 경고했다. 드디어 시험이 시작되었다. 돌로 만든 거대한 대포알이 엄청난 천둥소리를 내면서 뿜어져 나왔다. 성벽은 이 단 한 번의 시험 발사로 박살나버렸다. 대포의 성능이 확인되자 메흐메트는 곧바로 대포 제조를 명령했다.

뒷날 그리스 문필가들이 놀라워하며 이름 지었다시피, 이 거대한 '돌 던지는 기계'가 다행스럽게 완성되기는 했지만 더 어려운 문제가 여전히 남아 있었다. 어떻게 이 괴물, 이 거대한 청동용을 트라키아 지방을 거쳐 비잔티움 성벽까지 끌고 가느냐 하는 문제였다. 유례없는 행진이 시작되었다. 전 군대가 두 달 동안 이 단단하고 목이 긴 괴물을 직접 끌고 갔던 것이다.

기마 부대가 이 소중한 무기를 모든 습격으로부터 보호하기 위해 끊임없이 정찰대를 내보내면서 앞장섰다. 그들 뒤에는 밤낮으로 수백 혹은 수천 명의 토목 공사 인부가 따르며 지나치게 무거운 이 화물을 위해 고르지 못한 땅을 평평하게 만들었다. 50쌍, 즉 100마리의 황소가 거대한 산 같은 마차를 끌었다. 그 옛날 오벨리스크가 이집트에서 로마로 운반되어온 방식 그대로였다. 마차 위에는 대포의 길다란 몸통이 정확하게 무게가 나뉘어 놓여 있었다. 자기 무게로 흔들리는 포신의 양옆에서는 남자 200명이 쉬지 않고 그것을 받쳤다. 수레 목수 50명은 끊임없이 나무 바퀴를 교체하거나 기름칠을 하고, 수레축을 강화했다. 이 거대한 행렬은 느린 물소처럼 천천히 산과 초원을 지나 한 걸음 한 걸음씩 나아갔다. 마치 전쟁신이 자신의 하인들과 사제들에게 둘러싸여 이 나라에서 저 나라로 옮겨가는 것 같았다. 마을을 지날 때마다 이 청동 괴물의 행렬에 놀란 농부들이 연신 성호를 그었다.

얼마 안 있어 같은 방식으로 같은 주형에서 나온 대포들도 끌려왔다. 인간의 의지는 다시 한번 불가능한 것을 가능하도록 만들었다. 괴물 2, 30개가 그 시커먼 주둥이를 비잔티움을 향해 드러내 보였다. 이것은 인류 전쟁사에 처음으로 중화기가 등장했음을 의미했다. 이내 동로마 황제들의 천년 묵은 성벽과 젊은 새 술탄의 새 대포 사이에 전투가 시작되었다.


## 한 번 더 희망이

이 거대한 대포들은 천천히 질기게, 그러나 항거할 수 없는 힘으로 번갯불을 내뿜으며 비잔티움의 성벽을 조금씩 갉아먹고 부수고 있었다. 처음에는 하루에 대포 한 대가 예닐곱 발을 내뿜는 정도였다. 그러나 메흐메트는 날마다 새로운 대포를 더했다. 먼지와 파편의 구름 속에서 대포알이 날아들 때마다 성벽에는 우두둑거리는 소리와 함께 틈이 생겨났다. 밤이면 성안 사람들이 급조한 나무 울타리와 아마포 공으로 틈들을 메우곤 했지만, 그것은 옛날 난공불락의 성벽이 아니었다. 성안에 있는 8,000명의 사람들은 메흐메트의 15만 대군이 구멍난 요새 안으로 몰려들어올 시간이 다가오고 있음을 실감했다. 유럽이, 기독교가 자신의 약속을 기억해 내야 할 절박한 시간이었다. 여자와 아이 들은 하루 종일 성당의 성유물함 앞에서 무릎 꿇고 기도했다. 망루의 병사들은 교황과 베네치아가 약속한 구조선들이, 오스만 제국의 배들이 득실대는 마르마라해에 나타나기만을 고대하며 밤낮으로 망을 보았다.

4월 20일 새벽 3시경, 마침내 신호탄이 올랐다. 멀리서 돛이 보였다. 꿈에 그리던 거대한 기독교 병력은 아니었지만, 세 척의 커다란 제노바 배들이 천천히 바람에 밀려서 다가오고 있었다. 그 배들 뒤에는 좀 더 작은, 곡물을 실은 네 번째 배가 다른 세 척의 보호를 받으며 오고 있었다. 콘스탄티노플 사람들은 모두 열광에 들뜨며 도와주러 온 이 사람들에게 인사를 하려고 바다 쪽 성벽으로 몰려갔다. 동시에 메흐메트도 천막에서 나와 항구를 향해 힘껏 내달렸다. 항구에 정박 중이던 자신의 배를 향해, 무슨 일이 있어도 제노바의 배들이 비잔티움 항구인 골든 혼에 들어가는 것을 막으라고 명령했다.

오스만 제국의 함대는 150척이나 되는 작은 배들로 구성되어 있었다. 술탄의 명령이 떨어지기가 무섭게 수천 개의 노가 바닷물에 철벅거렸다. 적의 배에 걸 쇠갈고리와 불화살, 돌 투척기 등으로 무장한, 돛대 세 개짜리 날쌘 범선 150척이 3층 갑판짜리 거대한 갤리언선 네 척을 향해 다가갔다. 그러나 바람을 잔뜩 받은 네 척의 거대한 배는 쏘아대고 소리질러대는 오스만 제국의 배들보다 속도가 훨씬 빨랐다. 위풍당당하게 돛을 부풀린 배들은 공격자들을 아랑곳하지 않은 채 안전한 골든 혼을 향해 미끄러져갔다. 항구에 들어가기만 하면 콘스탄티노플에서 갈라타에 이르는 저 유명한 바다 쇠사슬이 공격과 기습으로부터 그들을 안전하게 지켜줄 것이었다. 네 척의 갤리언선은 이미 목표 지점에 바싹 접근했다. 성벽 위에 있는 수천 명의 사람이 배에 탄 사람들의 얼굴을 알아볼 수 있을 정도로 가까운 거리였다. 남자 여자 할 것 없이 성 안 사람들은 벌써 무릎을 꿇고서 하나님과 성인들에게 이 영광스런 구원을 감사드리고 있었다. 항구 쪽에서는 구조선들을 맞아들이기 위해 쇠사슬이 물속 깊이 내려졌다.

그때 무시무시한 일이 일어났다. 바람이 멎은 것이다! 네 척의 갤리온선은 마치 자석에 붙은 것처럼 완전히 바다 한가운데서 죽은 듯이 멈추어 버렸다. 구원의 항구가 돌팔매질로도 닿을 만한 거리에 있는데 갑자기 배가 서버린 것이다. 오스만군의 배들은 거친 환호성을 올리며 네 개의 탑처럼 바다 가운데 멈추어 선 마비된 배들을 향해 달려들었다. 뿔이 열여섯 줄기로 갈라진 위풍당당한 사슴을 물어뜯는 사냥개 떼처럼, 작은 배들은 큰 배들을 침몰시키려고 큰 배의 옆구리에 갈고리를 걸고 도끼로 목재를 내리찍었다. 연이어 병사들이 닻을 매단 사슬을 타고 기어올라와 돛을 향해 횃불이며 불덩이들을 던졌다. 오스만 제국 함대의 대장도 수송선을 침몰시키기 위해 자신의 지휘선을 몰아 돌진해왔다. 두 척의 배는 고리처럼 서로 얽혔다. 그러나 여전히 제노바 선원들은 기어오르는 적을 방어할 수 있었다. 배의 갑판이 높은 데다 모자 달린 갑옷으로 무장하고 있었기 때문이다. 게다가 갈퀴와 돌과 그리스식 화력은 아직 공격해오는 적들을 물리칠 정도는 되었다. 그럼에도 싸움은 곧 끝날 것이다. 중과부적이다. 제노바 배들은 패할 것이다.

성벽 위에 있는 수천의 사람들에게 이것은 너무나도 끔찍한 광경이었다. 저 히포드롬 혈전血戰에서도 그랬다. 그토록 기쁨이 가까이에 있었는데, 이제 이토록 고통스럽게 너무나도 가까운 거리에서 자기편이 지는 것을 두 눈 뻔히 뜨고 지켜볼 수밖에 없었다. 길어봤자 두 시간이면 네 척의 배는 모두 바다라는 경기장에서 사냥개 떼 같은 적에게 굴복하고 말 것이다. 구원 부대가 왔지만 허사다, 허사다! 성벽 위에 선 콘스탄티노플 사람들은 절망에 빠진 채 멍청히 서서, 그저 돌팔매질 한 번이면 족할 거리에 있는 형제들을, 자기들을 도와주러 온 사람들을 도울 수 없다는 무기력한 분노에 떨었다. 어떤 사람들은 거친 몸짓으로 싸우는 동지들을 격려하려 했다. 또 어떤 사람들은 하늘로 손을 뻗어 비잔티움을 수백 년 동안 보호해주신 그리스도와 대천사 미카엘과 자기들 교회와 수도원의 온갖 성인의 이름을 부르며 기적을 행해주십사고 기도했다. 그러나 맞은편 갈라타 해안의 오스만 사람들도 똑같은 열의로 자기편의 승리를 기대하며 간절히 기도했다.

바다는 검투사의 싸움터처럼 난장판이 되었다. 술탄이 말을 몰아 내려왔다. 대신들에게 둘러싸인 그는 웃옷이 젖을 만큼 물 깊은 곳까지 내려와서는 두 손을 동그랗게 모으고 자기편을 향해 분노한 목소리로 소리쳤다.

"무슨 일이 있어도 기독교도의 배들을 나포하라."

자신의 배들 중 한 척이라도 뒤로 물러설라치면, 구부러진 칼을 높이 쳐들고 갖은 욕설을 퍼부으며 지휘자들을 위협했다.

"이기지 못하면 살아서 돌아오지 말라!"

네 척의 기독교도 배는 아직도 버티고 있었다. 그러나 싸움은 곧 끝날 것이었다. 오스만의 배들에 투척할 무기가 동나기 시작했고, 50배나 많은 적군에 대항해 여러 시간을 버티던 선원들도 기진맥진했다. 날은 저물어 태양이 수평선에 걸렸다. 적들에게 끌려가지 않는다 치더라도 물살이 자신들의 배를 적들이 점령하고 있는 갈라타 뒤쪽 해안으로 밀고 갈 것이다. 끝났다, 끝났다, 끝났다!

이렇게 절망하고 울부짖고 탄식하고 있는 비잔티움 사람들에게 기적 같은 일이 일어났다. 갑자기 바람이 인 것이다. 네 척의 배에서 느슨하던 돛이 금세 둥글고 팽팽하게 부풀어올랐다. 기다리던 바람, 기도하던 바람이 일기 시작한 것이다! 갤리온선의 뱃머리가 승리에 넘쳐 일어나 갑작스럽게 출발했다. 그와 함께 둘러싸고 있던 귀찮은 존재들이 일시에 떨어져나갔다. 그들은 이제 자유였다. 구원된 것이다! 성벽 위 수천 명이 환호성을 지르는 가운데 첫 번째 두 번째 세 번째, 연이어 네 번째 배가 안전한 항구로 들어왔다. 배들을 맞아들이기 위해 내려졌던 쇠사슬이 다시 쩔그렁거리며 올라갔다. 그 뒤에서는 사냥개 같은 오스만의 배들이 힘을 잃고 바다에 이리저리 흩어졌다. 오스만의 배들은 어찌할 바를 몰랐다. 한 번 더 희망의 환호성이 어둡고 절망했던 도시 위로 피어올랐다.

## 함대가 산을 넘다

그러나 포위된 자들의 기쁨은 단 하룻밤만 허락된 것이었다. 밤은 언제나 감각을 환상적으로 흥분시키고, 달콤한 독 같은 꿈으로 희망을 어지럽힌다. 네 척의 배에 실린 병사들과 식량이 다행스럽게 착륙했듯이, 그들은 이제 매주 새로운 배들이 올 것이라 꿈꾸었다. 유럽은 자기들을 잊지 않았다는 섣부른 기대에 취한 나머지 벌써 포위가 풀린 듯, 적들이 용기를 잃고 물러난 듯 생각했다.

그러나 메흐메트 역시 그들처럼 꿈꾸는 사람이었다. 물론 의지력으로 꿈을 실현할 수 있다고 믿는, 전혀 다른 부류의 희귀한 몽상가였다. 갤리온선들이 골든 혼에서 안전하다고 믿고 있는 동안 그는 인류 전쟁사에서 한니발과 나폴레옹의 대담무쌍한 행위와도 비견될 만한 대담한 계획을 세우고 있었다.

메흐메트는 비잔티움을 자기 앞에 놓인 황금의 열매라고 생각했다. 그러나 아직까지는 그것을 딸 수가 없었다. 저 깊이 패인 바다의 혀 '골든 혼'이, 꼭 맹장처럼 생긴 그 만灣이 콘스탄티노플의 한쪽 날개를 안전하게 지키고 있기 때문이었다. 이 만 안으로 들어가는 것은 실제로 불가능했다. 그 입구에는 제노바의 도시 갈라타가 있었다. 앞서 메흐메트는 갈라타와 중립 협정을 맺은 터였다. 그런데 문제는 바닷속 쇠사슬이 바로 이 갈라타부터 콘스탄티노플까지 연결되어 있다는 점이었다. 그 때문에 그의 함대가 정면돌파하여 골든 혼으로 들어갈 수 없었다. 단 하나, 제노바 영토가 끝나는 만의 안에서라면 기독교 측 배들을 잡을 수 있을 것이다. 하지만 이 만 안에서 싸울 배가 어디에 있단 말인가? 물론 배를 만들 수도 있다. 그러나 그러기에는 너무 많은 시간이 소요된다. 한시가 급한 사람에게 기다릴 여유는 없었다.

이 순간 메흐메트는 가히 천재였다. 아무 쓸모도 없는 바깥 바다에 있는 자신의 함대를 육상으로 운반해서 골든 혼 안에 옮긴다는 계획을 세운 것이다. 산 너머로 수백 척의 배를 운반한다는, 숨이 멎을 정도로 대담한 이 생각은 너무나도 얼토당토않고 실현 불가능한 것이었기에 비잔티움 사람들과 갈라타의 제노바 사람들로서는 염두에 둘 필요가 없었다. 마치 저 로마 사람들과 뒷날 오스트리아 사람들이 한니발과 나폴레옹이 발빠르게 알프스산을 넘을 것을 예측하지 못한 것과 같았다. 온갖 지상의 체험으로 보자면 배는 오직 물에서만 돌아다니는 것일 뿐, 산을 넘을 수는 없었다. 그러나 악마적 의지는 불가능을 가능하도록 만든다는 점에 그 진정한 특징이 있는 것이다. 전쟁에서 전쟁의 법칙을 비웃고, 주어진 순간에 이미 알려진 방법이 아니라 독창적인 임기응변을 채택한다는 사실에서 군사적 천재를 알아볼 수 있는 것이다.

이제 역사의 연대기에서 비슷한 예를 거의 찾아볼 수 없는 엄청난 작전이 개시되었다. 극비리에 노동자들로 하여금 수많은 둥근 목재를 가져다가 썰매를 제작하게 했다. 그 썰매 위에 바다에서 끌어 올린 배들을 얹고는 단단하게 묶었다. 이는 마치 움직일 수 있는, 물 없는 독dock 위에 배를 얹은 것 같았다. 동시에 수천 명의 토목 공사 인부가 투입되어 파라 언덕을 오르내리는 좁다란 산길을 가능한 한 평평하게 만드는 작업을 했다.

한편 술탄은 밤낮으로 쉬지 않고 중립 도시 갈라타 너머로 총신이 짧은 구포臼砲들을 쏘아댔다. 그 자체는 아무런 의미 없는 행동이었다. 다만 배들이 이쪽 바다에서 올라와 산과 골짜기를 지나 다른 쪽 바다로 넘어가는 것을 들키지 않기 위해 주의를 딴 데로 돌리려는 속임수일 뿐이었다. 상대방이 육지에서 공격해오리라 예측하는 동안 충분히 기름칠한 통나무가 움직이기 시작했다. 배는 수많은 물소가 이끄는 거대한 썰매에 실려 하나씩 산을 넘었다. 뒤에서는 선원들이 썰매를 밀었다. 만물을 가리는 어둠이 깔리자 이 기적 같은 여행이 시작된 것이다. 모든 위대한 일이 그렇

듯 말없이, 모든 영리한 일이 그렇듯 계획적으로 기적 중의 기적
은 이루어졌다. 함대가 산을 넘어간 것이다.

모든 위대한 군사 행동의 결정적인 점은 언제나 놀라움을 불러
일으킨다는 것이다. 이 점에서도 위대한 메흐메트의 특별한 천재
성은 증명된다. 그 누구도 그의 계획을 예측하지 못했다. 이 천재
적인 음모꾼은 언젠가 "내 수염 터럭 하나가 내 생각을 안다면 나
는 그것을 뽑아버릴 것이다"라고 말한 적이 있다. 대포들이 성벽
을 향해 발사되는 가운데 그의 명령은 완벽한 질서를 유지하며
수행되었다. 70척의 배가 4월 22일 하룻밤만에 이쪽 바다에서 산
과 골짜기, 포도밭과 농지와 숲 들을 지나 저쪽 바다로 옮겨진 것
이다.

아침이 밝아왔다. 비잔티움 시민들은 눈앞에 펼쳐진 광경을 믿
을 수 없었다. 이건 꿈이다! 마치 유령의 손으로 가져다 놓은 것
처럼, 깃발을 높이 매달고 선원들로 꽉 찬 적의 함대가 접근할 수
없다고 믿었던 만 한가운데서 움직이고 있었던 것이다. 눈을 부
비면서 도대체 이 기적이 어디서 온 것인지 여전히 이해하지 못
하고 있었다. 그런데 갑자기 지금까지 항구가 보호해주던 성벽
아래에서 적들의 나팔과 심벌즈와 북소리가 울렸다. 현실이다!
저 갈라타의 좁다란 중립 지역을 제외한 골든 혼 전 지역이 이 천
재적인 기습을 통해 술탄과 그의 군대에 속하게 된 것이다.

메흐메트는 이제 아무런 방해도 받지 않고 배다리를 이용해 군
대를 성벽이 취약한 곳에 배치했다. 이미 약해져 있던 비잔티움의

병력은 취약 지구를 포함한 광범한 지역에 새로이 분산 배치됨으로써 더욱 약화되었다. 메흐메트의 무쇠 주먹이 먹잇감의 목을 점점 더 강하게 짓누르고 있었다.

## 유럽이여, 살려 달라!

포위된 사람들은 이제 사태를 정확하게 파악할 수 있었다. 안전하리라 생각했던 지역마저 포위된 상태로는 더 버티기가 힘들 것이다. 무너져가는 성벽 안쪽에서 8,000명이 15만 명에 대항하기란 불가능한 일이었다. 기대할 것은 오직 하나, 구원병뿐이었다. 베네치아 원로원이 배를 보내기로 약속하지 않았던가. 서양의 가장 아름다운 교회인 하기아 소피아가 이교도의 사원이 될지도 모를 상황을 교황은 보고만 있을 것인가. 아직도 서로 불화하면서 수백 가지의 저급한 질투심으로 분열되어 있는 유럽이지만, 설마 서양 세계에 닥친 이 위기를 이해하지 못하고 있는 것은 아니겠지? 어쩌면 사태의 화급함을 몰라 돛을 올리기를 망설이고 있는지도 모른다. 포위된 사람들은 그렇게 스스로를 위로했다. 그러니 이런 치명적인 망설임이 가져올 무서운 결과를 그들이 인식하게끔 만들면, 그러면 될 것이다.

그러나 어떻게 베네치아에 알릴 것인가? 마르마라해에는 오스만 제국의 배들이 우글거리고 있었다. 이런 상황에서 함대 전체가 출발한다면 함대가 몰락할 것은 물론이고 남은 병력마저 잃게 될 것이다. 군사 한 명만 없어져도 수백 명이 없어진 것이나 다름없는 상황이었다. 그래서 선원 몇을 태운 배 한 척만 나서기로 했다. 전부 해서 열두 명이 이 영웅적인 행위를 감행했다. 역사에 공평함이란 것이 존재한다면 그들의 이름은 아르고 원정선에 탔던 영웅들의 이름만큼이나 유명해야겠지만, 실제로는 단 한 사람의 이름도 알려져 있지 않다.

작은 쌍돛대 범선에 적기가 걸렸다. 열두 명은 눈에 띄지 않도록 적들처럼 머리에 터번을 둘렀다. 5월 3일 자정, 항구의 쇠사슬이 소리 없이 늦추어지고, 드디어 대담한 배가 밤의 어둠을 틈타 소리를 죽이며 미끄러져 나갔다. 그리고 보라! 정말 기적 같은 일이 일어났다. 이 작은 배가 들키지 않고 다르다넬스해협을 통과해 에게해로 들어간 것이다. 적을 무기력하게 만드는 것은 언제나 이 같은 지나친 대담함이다. 모든 경우를 고려해본다는 메흐메트조차도 열두 명의 영웅을 실은 단 한 척의 배가 자신의 선단을 통과해 그러한 원정을 감행하리라고는 생각지 못했던 것이다.

그러나 결과는 비극적이게도 실망스러웠다. 에게해 어디에도 베네치아의 돛대는 보이지 않았다. 기독교 함대는 출발 준비조차 되어 있지 않았던 것이다. 베네치아와 교황은 비잔티움을 잊고 있었다. 모두 하찮은 일들에 정신이 팔려 명예와 맹세를 소홀히 하고 있었다. 역사에서는 항상 이러한 비극적인 순간들이 되풀이되어왔다. 모든 힘을 한데 모아 유럽 문화를 지켜야 할 이 절박한 순간에도 영주와 국가 들은 자기들끼리의 하찮은 싸움을 그만둘 능력이 없었던 것이다. 제노바는 베네치아를, 베네치아는 제노바를 이기는 것이 한시적이나마 연합해서 공동의 적에 대항하는 것보다 중요하게 여겨지고 있었다. 그 때문에 바다는 비어 있었다. 이 용감한 사람들은 절망적인 심정으로 한 조각 배를 타고서 이 섬 저 섬을 찾아다녔다. 그러나 어디서도 그들을 반갑게 맞아주지 않았다. 우군의 배는 단 한 척도 전장으로 들어오려 하지 않았다.

이제 어쩔 것인가? 당연하게도, 열두 명 중 몇은 용기를 잃어버렸다. 무엇하러 콘스탄티노플로 돌아가겠는가. 그 위험한 길을 왜 다시 가야 한단 말인가. 희망이라고는 가져갈 것도 없는데. 아니, 어쩌면 도시는 이미 함락되었는지도 모른다! 돌아가봐야 자기들을 기다리는 것은 포로로 잡히거나 죽는 일뿐이리라. 그러나 알려지지 않은 이 영웅들은 여전히 위대했다! 더 많은 사람이 돌아가는 길을 택했다. 하나의 과업이 자신들에게 주어진 이상 그들은 그 일을 완수해야 한다고 생각했다. 비록 가장 나쁜 소식이라 하더라도 가지고 돌아가야 한다. 그렇게 해서 이 외로운 배는 다시금 다르다넬스해협과 마르마라해와 적들의 함대를 통과해 되돌아가는 길을 나섰다.

한편, 비잔티움에서는 이미 오래전에 그 배를 잃어버린 것으로 여기고 있었다. 그래서 아무도 심부름이나 귀향 따위는 생각지도 않았다. 그러던 5월 23일, 배가 출발한 지 20일 만이었다. 갑자기 성벽에서 몇 명의 파수꾼이 깃발을 흔들었다. 작은 배 한 척이 열심히 노를 저어 골든 혼으로 다가오고 있었기 때문이다. 성안에서 우레와 같은 함성이 터져 나왔다. 그제서야 오스만 제국 사람들도 자기네 깃발을 달고서 자기들의 해역을 통과하고 있는 이 작은 배가 적선이라는 사실을 알아차렸다. 이제 이 배가 안전한 항구로 들어서기 전에 사로잡아야 했다.

한순간 비잔티움은 유럽이 자신들을 기억하고 저 배에 기쁜 소식을 실어보낸 것이라는 기대에 부풀어 떠나갈 듯 함성을 질러댔다. 저녁 무렵이 되어서야 반갑지 않은 진실이 전해졌다. 기독교는 비잔티움을 잊었다. 봉쇄된 자들로서는 스스로를 구원하는 길밖에 다른 도리가 없었다.


## 폭풍 전야

6주 동안을 거의 매일같이 전투하다시피 한 술탄은 이제 초조해졌다. 대포들이 성벽의 여러 곳을 파괴하기는 했지만, 자신이 명령한 태풍 같은 공격은 아직 한 번도 성공하지 못했기 때문이다. 야전 사령관에게는 이제 선택만이 남아 있었다. 포위를 풀든가 아니면 결정적인 공격을 감행하든가 둘 중 하나였다. 메흐메트는 군사 회의를 소집했다. 그리고 그의 열정적인 의지가 모든 신중함을 이겼다. 공격은 5월 29일로 결정되었다. 언제나 그러했듯 단호함으로 술탄은 공격 준비를 시작했다. 축제일이 정해졌고, 15

만 군사는 가장 말단에 이르기까지 이슬람교가 정한 모든 축제의 관습인 일곱 번의 목욕재계, 하루 세 번의 대기도를 이행해야 했다. 남아 있는 탄약은 모두 도시로 돌진하는 데 쓰일 대포를 위해 모아졌다. 각 부대에 공격시 수행해야 할 임무가 할당되었다.

메흐메트는 아침부터 밤까지 단 한 시간도 쉬지 않고, 골든 혼에서 마르마라해에 이르는 그 엄청난 진영을 말을 타고 돌았다. 텐트 하나하나를 돌면서 장수들에게 용기를 불어넣고 병사들을 격려했다. 그는 인간 심리에 대해서도 잘 아는 사람이었다. 어떻게 하면 15만 병사의 사기를 극단으로까지 몰고 갈 수 있는지 알고 있었다. 그래서 그는 병사들에게 무시무시한 약속을 했다. 그것이 자신에게 명예가 되든 불명예가 되든 간에 완벽하게 그 약속을 지킬 것이었다. 전령들은 나팔을 불며 이 약속을 사방에 전했다.

"나 술탄 메흐메트는 알라의 이름으로, 마호메트와 4,000명 예언자의 이름으로 맹세한다. 나의 아버지 술탄 무라드의 영혼에 걸고 자식들의 목숨을 걸고 내 칼에 걸고 맹세하노니, 도시를 공략한 다음에는 전 군대에 사흘 동안 무제한의 약탈권을 주겠노라. 이 성벽 안에 있는 것은 무엇이든, 집기나 재산이나 장신구, 보석, 주화와 보물, 남자, 여자, 어린아이 들은 모두 다 승리한 병사들의 것이다. 나는 어떤 것도 취하지 않겠다. 오직 동로마 제국 최후의 요새를 점령했다는 명예만을 취할 것이다."

병사들은 미칠 듯한 환호성으로 이 거친 고지告知를 받아들였다. 수천 명이 질러대는, 폭풍우처럼 우렁찬 환호성과 미친 듯한 '알라-일-알라'의 외침이 두려움에 떠는 건너편 도시로 울려 퍼졌다. '야그마, 야그마' 하는 것은 '약탈, 약탈'하는 소리였다. 그 단어는 하나의 암호가 되어 북소리와 심벌즈, 나팔 소리에 섞여들었다. 밤이 되자 진영은 축제의 불바다로 변했다. 성안 사람들은 셀 수 없이 많은 횃불과 다른 불빛이 저편 평원과 언덕 위에서 타오르는 것을 두려움에 떨며 바라보았다. 적들은 나팔과 피리, 북, 탬버린을 불고 쳐대며 아직 이루지 않은 승리를 축하하고 있었다. 그것은 마치 이교도의 사제가 사람을 제물로 바치기에 앞서 거행하는 잔인하고 시끄러운 의식처럼 보였다.

밤이 깊었다. 그런데 이상한 일이 일어났다. 갑자기 불이란 불은 모두 한꺼번에 꺼지고 수천의 뜨거운 외침도 한순간에 잦아든 것이다. 적막이 이어졌다. 어둠 속에 이어지는 적막은 화려한 불빛 속의 광란보다도 더 무시무시하게 혼란스런 사람들의 마음을 위협적으로 짓눌렀다.


## 최후의 미사

포위된 사람들에게는 굳이 밀정이나 투항자가 필요치 않았다. 공격 명령이 떨어진 것임을 그들 모두가 알고 있었기 때문이다. 의무감과 함께 무시무시한 예감이 뇌우를 담은 무거운 구름처럼 도시 위로 드리워졌다. 여느때 같으면 불화나 종파 간의 싸움으로 흩어졌을 그들이 지금 이 최후의 순간만큼은 하나가 되어 있었다. 언제나 극단적인 위기만이 비로소 일치단결이라는 비할 바 없는 장관을 만들어내는 법이다. 바실레우스는 그들 모두가 무엇을 방어해야 하는지를 분명히 하기 위해, 즉 신앙, 위대한 과거, 공동의 문화를 지켜야 한다는 사실을 분명히 알리기 위해 감동적인 의식을 명령했다. 정교도나 가톨릭교도나 사제나 평신도나 어린아이나 노인이나 할 것 없이 전 주민이 하나의 행렬을 이루었다. 누구도 집에 머물 수 없었고, 머물고자 하지도 않았다. 부유한 사람에서부터 가난한 사람에 이르기까지, 모두가 미사가 시작되기 전에 부르는 〈키리에 엘레이손Kyrie Eleison(주여 불쌍히 여기소서)〉을 노래하며 웅장한 행렬을 이루었다. 이 노래는 성 밖까지 퍼져나갔다. 모든 교회에서 성상과 성유물 들이 운반되어 왔다. 성벽의 갈라진 틈마다 성상을 하나씩 걸었다. 그리고 그것들이 지상의 어떤 무기보다도 훌륭하게 불신자들의 공격을 방어해주기를 바랐다.

동시에 콘스탄티누스 황제는 자기 주위로 원로 의원과 귀족과 장수 들을 불러 최후의 인사말로 용기를 북돋웠다. 메흐메트처럼 그들에게 무제한 약탈을 약속할 수는 없었다. 그러나 이 최후의 공격을 방어해낼 경우 기독교와 서방 세계를 위해 그들이 쟁취하게 될 명예에 대해 이야기했다. 반면 패할 경우 닥쳐올 위험에 대해서도 경고했다. 메흐메트와 콘스탄티누스 두 사람은 알고 있었다. 이날이 앞으로의 수백 년 역사를 결정하리라는 것을.

드디어 유럽 역사에서 감동적인 장면 중 하나에 속하는 마지막 장면, 잊을 수 없는 몰락의 무아지경이 시작된다. 당시만 해도 서양에서 가장 화려하던 대성당 하기아 소피아, 동서 두 교회의 결속의 날 이후로 양쪽 모두에게서 버림받은 하기아 소피아 대성당에 제물로 바쳐질 사람들이 모여들었다. 궁중 사람들 모두가 황제 주변을 둘러쌌다. 귀족들, 정교회와 가톨릭의 사제들, 제네바와 베네치아의 병사와 선원 들은 모두 무장을 한 상태였다. 그들 뒤에는 말없이 경외심에 찬 수천 명의 사람, 수천의 웅얼거리는 그림자가 무릎을 꿇고 있었다. 두려움과 근심으로 괴로워하는 민중이었다.

한 몸 한뜻으로 엎드려 기도하는 사람들 위로 수많은 촛불이 일렁거렸다. 촛불은 아치의 아랫부분이 만들어내는 무거운 그림자와 힘겨운 싸움을 벌이며 그들을 비추었다. 여기서 지금 신께 기도하는 것은 다름 아닌 비잔티움의 영혼이었다. 정교회 최고 주교가 목소리를 높여 호소하면 코러스들이 노래로써 그에게 화답했다. 다시 한번 서양의 영원하고 신성한 목소리인 음악이 성당 안에 울려 퍼졌다. 그런 가운데 황제를 필두로 한 사람씩 제단 앞으로 걸어나가 신앙의 위로를 받아들였다. 끊이지 않는 기도의 불길이 거대한 성당의 높다란 둥근 천장까지 올라갔다. 동로마 제국 최후의 미사가 시작되고 있는 것이다. 기독교 신앙은 마지막으로 여기 이렇게 유스티니아누스의 성당 안에 살아남아 있었다.

이 감동적인 예배를 마치자마자 황제는 급히 궁으로 발길을 돌렸다. 거기서 그는 신하와 하인 들에게 지금까지 자신이 그들에게 행한 모든 잘못을 용서해달라고 빌었다. 그런 다음 말을 타고서 이쪽 끝에서 저쪽 끝까지 성벽을 따라 달리며 병사들을 격려했다. 이 시각 자신의 위대한 적 메흐메트 역시 같은 행동을 하고 있었다. 밤은 이미 깊었다. 어떤 음성도 들리지 않았고 어떤 무기도 쩔그럭거리지 않았다. 성벽 안에 있는 수천의 흥분한 영혼들은 그저 날이 밝기만을, 어쩌면 '죽음'을 기다리고 있었다.

## 잊힌 문, 케르카포르타

새벽 1시, 드디어 술탄의 공격 명령이 떨어졌다. 깃발이 내려지고 단 한 번 "알라, 알라-일-알라" 하는 외침이 천지를 흔들었다. 술탄의 10만 대군은 무기와 사다리와 밧줄과 갈고리를 들고서 성벽으로 달려들었다. 북이란 북은 모두 한꺼번에 울렸다. 나팔 소리도 울려 퍼졌다. 심벌즈와 피리도 날카로운 소리를 내며 인간의 외침과 대포의 우렁찬 소리에 섞여들었다. 그 모든 것이 얽혀 하나의 태풍 같은 소리를 만들어냈다. 비정규군 부대인 '바시바조크'가 맨 앞에서 가차 없이 성벽으로 내몰렸다. 웃통을 벗어젖힌 그들의 몸뚱이는, 술탄의 입장에서 본대가 투입되기 전 단순히 적을 지치게 하기 위한 도구에 지나지 않았다. 자기편의 채

찍에 쫓겨 그들은 100개의 사다리를 들고 어둠 속을 헤쳐 성첩으로 기어올랐다. 그랬다가는 밀려 떨어지고, 그러면 또다시 달라붙곤 했다. 언제나 언제까지나 그랬다. 그들에겐 퇴로가 없었다. 이미 제물로 정해진 가치 없는 인간 도구에 불과한 이들 뒤에는 정규군이 서 있었다. 정규군은 거기 서서 제물들을 거의 확실한 죽음으로 내몰고 있었다.

방어군은 아직 우세했다. 수많은 화살과 돌이 날아들었지만 쇠사슬 갑옷을 입은 덕에 아무런 해도 입지 않았다. 그러나 그들의 진짜 위험은 쌓여가는 피로였다. 메흐메트는 이것까지 정확하게 계산했던 것이다. 무거운 갑옷을 입은 비잔티움 병사들은 이쪽에서 저쪽으로 다시 저쪽에서 이쪽으로 내달으며 끊임없이 밀려드는 몸집 가벼운 적들을 상대해야 했다. 그렇게 두 시간이 흘렀다.

먼동이 틀 무렵, 소아시아 사람들로 구성된 두 번째 공격 부대 '아나톨리아'가 밀려들었다. 아나톨리아는 훈련받은 전사들로 이루어진 부대였다. 게다가 비잔티움 병사들과 마찬가지로 쇠사슬 갑옷으로 무장하고 있었다. 수도 훨씬 많았고, 무엇보다 충분한 휴식을 취한 뒤였다. 그러나 여전히 공격 부대는 어디서나 뒤로 밀리고 있었다.

술탄은 마지막 비장의 무기를 투입했다. 바로 왕의 친위대인 '예니체리'로, 오스만군의 엘리트 부대였다. 술탄 자신이 1만 2,000명의 젊은 정예군 선봉에 섰다. 당시 유럽이 알고 있던 최고의 군인들로 구성된 이 부대는 술탄의 단 한 마디에 일사불란하게 적을 향해 돌진했다. 성안에서는 이제 종이란 종은 모두 울려서 싸울 수 있는 자들을 모조리 성벽으로 불러모았다. 배에 있는 선원들도 불러들였다. 진짜 결전이 시작되었기 때문이다. 방어 부대 측에 불운하게도 돌 하나가 떨어져 제노바 부대의 대담한 용병 지휘자 주스티니아니를 맞혔다. 그는 중상을 입고서 배로 실려 갔다. 한순간 방어군의 용기가 흔들렸다. 그러자 황제가 직접 달려와 밀려드는 적들의 사다리를 막아 위협적인 침투를 물리쳤다.

단호함이 최후의 단호함에 맞섰다. 한순간 비잔티움은 구원될 듯이 보였고 벼랑 끝 위기에 몰린 자들이 가장 거친 공격에 맞서 이겨내고 있었다. 그때, 역사가 몇 번이나 보여주었던 저 신비에 가득 찬 한순간에, 갑자기 비극적이고도 우연한 사고가 일어나 비잔티움의 운명을 결정지었다.

전혀 있을 법하지 않은 사고였다. 주요 공격 지점에서 멀지 않은 곳, 외벽의 갈라진 틈 한 곳으로 일단의 오스만 병사들이 들어갔다. 그러나 내벽으로는 감히 덤벼들지 못했다. 호기심에 찬 그들은 별다른 생각 없이 첫 번째와 두 번째 성벽 사이 이곳저곳을 돌아다녔다. 어느 순간 안쪽 성벽의 작은 문들 중 하나, 이른바 '케르카포르타Kerkaporta'가 누군가의 실수로 잠겨 있지 않다는 사실을 발견했다. 그것은 평상시에 성의 대문들이 잠겨 있는 시간에 보행자들이 드나드는 작은 문이었다. 군사적인 의미를 갖지 않기에 지난 밤의 흥분 상태에서 이 문의 존재를 잊어버린 것이 분명했다.

놀랍게도 예니체리 병사들은 단단한 흉벽 한가운데에 있는 이 문이 쉽게 열린다는 사실을 알아냈다. 처음에는 비잔티움의 계략이 아닐까 의심하기도 했다. 있을 수 없는 일이었기 때문이다. 요새의 모든 틈바귀마다 수천의 시체가 쌓이고 불타는 기름과 투창을 쏟아붓고 있는 이 판에, 여기 이렇게 태평스럽게 케르카포르타가 도시의 심장부를 향해 활짝 열려 있다니! 믿을 수 없는 일이었다. 어쨌든 그들은 지원 부대를 요청했다. 이제 아무런 저항도 받지 않고 일 개 부대 전체가 도시 안으로 몰려들어가 외벽에서 아무것도 모른 채 방어하기에 바쁜 비잔티움 병사들의 등 뒤에 섰다. 몇 명의 비잔티움 병사들이 자기들 등 뒤에 서 있는 오스만 병사들을 알아보고는 대포 소리보다도 치명적인, 잘못된 정보에 기반한 비명을 질러댔다.

"도시가 함락되었다!"

오스만 병사들이 기뻐하며 더욱 크게 외쳐댔다.

"도시가 함락되었다!"

이 외침은 모든 저항을 부수어버렸다. 배신당했다고 생각한 용병들은 자기 자리를 이탈해 재빨리 항구로, 배로 도망쳤다. 콘스탄티누스 황제는 몇몇 심복들과 함께 침입자들에게 대항하다가 쓰러졌고, 혼란스런 전투가 벌어지는 가운데 그가 황제라는 사실이 미처 알려지기도 전에 살해되었다. 다음 날 시체 더미 속에서 자주색의 황금 독수리가 수놓인 신발이 발견되고서야 동로마의 마지막 황제가 로마식으로 명예롭게 제국과 더불어 전사했다는 사실이 확인되었다. 뜻밖의 우연, 잊힌 문 케르카포르타가 이후 세계의 역사를 결정한 것이다.


## 십자가가 쓰러지다

역사는 여러 번이나 숫자놀음이었다. 반달족이 로마를 약탈한 지 정확하게 1,000년이 지난 지금, 오스만 제국의 비잔티움 약탈이 시작되었다. 승리자 메흐메트는 자신의 병사들에게 한 약속을 지켰다. 최초의 학살이 있은 다음, 메흐메트는 집과 궁전, 교회와 수도원, 남자와 여자 그리고 아이들을 고스란히 병사들에게 내주었다. 수천의 병사가 거리를 누비며 다른 사람보다 먼저 값진 물건을 차지하기 위해 지옥의 악마처럼 덤벼들었다.

첫 번째 약탈 대상은 바로 교회였다. 거기에는 황금 집기들과 온갖 보석이 가득했다. 병사들은 일단 어떤 집으로 들어가면 곧장 깃발을 꽂아서 뒤에 오는 자들에게 여기 있는 것들은 자기들 것임을 알렸다. 약탈의 대상은 단순히 보석이나 천, 황금과 같이 들고 갈 수 있는 물건들만이 아니었다. 여자들은 후궁으로, 남자와 아이들은 노예시장에 내다 팔 상품으로 포획되었다. 무리지어 교회로 숨어들었던 불쌍한 사람들이 채찍에 쫓겨 밖으로 끌려나왔다. 늙은이들은 상품 가치도 없는 밥벌레로 치부되어 살해되었고, 젊은 사람들은 가축처럼 한데 엮여 끌려갔다.

욕망에 이끌려 도둑질만 해댄 것도 아니었다. 아무 의미도 없는 파괴가 자행되었다. 십자군이 똑같이 무서운 약탈을 하는 와중에도 어쩌면 값진 유물과 예술 작품이라 여겨 남겨두었을 것들이 이 몹쓸 승리자들에 의해 깨어지고 짓밟히고 으스러졌다. 값진 그림들이 찢겨나갔고 훌륭한 조각상들은 산산조각이 났다. 수백 년을 전해 내려오며 그리스의 사상과 문학을 영원토록 보존해주었을 불멸의 유산인, 지혜와 지식이 담긴 책들 또한 불태워지거나 함부로 버려졌다. 인류 전체는 이 운명의 순간에 열려 있던 케르카포르타를 통해 어떠한 종류의 재앙이 침투했으며, 약탈이 자행되는 동안 얼마나 많은 로마와 알렉산드리아와 비잔티움의 정신세계가 파괴되었는지 절대로 알지 못할 것이다.

학살이 끝난 그날 오후가 되어서야 메흐메트는 점령된 도시로 들어왔다. 그는 훌륭한 말 위에 오만하고도 진지하게 앉아서 끔찍한 약탈 장면들을 지나쳤다. 자신이 한 약속을 충실히 이행하기 위해 무시무시한 사업을 벌이고 있는, 승리를 안겨준 자신의 병사들에게 눈길조차 주지 않았다. 그의 첫 발길은 그 어떤 전리품의 획득에 있지 않았다. 이미 모든 것을 얻었기 때문이다. 자부심에 가득 찬 메흐메트는 비잔티움의 빛나는 머리, 대성당을 향해 말을 달렸다. 지난 50여 일 동안 자신의 천막 안에서 이 하기아 소피아의 도달할 수 없는 지붕을 동경에 찬 눈길로 바라보았다. 그런데 드디어 승리자가 되어 그 청동문을 지나 동경하던 성당 안으로 들어갈 수 있게 된 것이다. 그럼에도 메흐메트는 한 번 더 자신의 초조함을 억눌렀다. 알라신께 영원히 이 교회를 봉헌하기에 앞서 감사드리고 싶었다. 술탄은 겸손하게 말에서 내려 머리를 바닥까지 숙여 기도했다. 그런 다음 한 줌 흙을 집어 자기 머리 위에 뿌렸다. 자기는 그저 죽어갈 존재일 뿐, 그러니 승리에 자만해서는 안 된다는 사실을 기억하기 위해서였다. 술탄은 몸을 일으켜 안으로 들어섰다. 알라신의 가장 높은 종이 유스티니아누스의 대성당이자 성스런 지혜의 교회인 하기아 소피아에 발을 들여놓은 것이다.

술탄은 호기심 어린 눈으로 그 장엄한 집과 대리석과 모자이크로 빛나는 높고 둥근 천장, 어둠으로부터 빛을 향해 돌출한 부드러운 곡선을 바라보았다. 그리고 감동받았다. 이 장엄한 기도 장소는 자신이 아닌 신께 속하는 것이라고 생각했다. 곧장 이슬람교의 고승 한 사람을 불러들였다. 그 고승은 제단에 올라서서 그곳이 마호메트교의 신앙지임을 선포했다. 그사이 대왕, 파디샤 메흐메트는 메카를 향해 이 기독교 대성당에서 세계의 지배자이신 알라신께 최초의 기도를 올렸다. 다음 날엔 기술자들에게 기독교의 모든 표지를 파괴하라는 명령을 내렸다. 제단들이 치워졌고, 경건한 모자이크들과 하기아 소피아의 높이 솟은 십자가, 지상의 모든 고통을 감싸안기 위해 꼬박 1,000년을 그렇게 팔 벌린 채로 서 있었을 십자가가 둔탁한 소리를 내며 바닥으로 떨어졌다.

돌처럼 단단한 점토가 떨어지는 소리는 교회당을 지나 멀리 비잔티움 밖으로까지 울렸다. 그 끔찍한 소식은 로마, 제노바, 베네치아까지 울려 퍼졌다. 경고하는 천둥소리처럼 프랑스로, 독일로 건너갔다. 유럽은 자기들의 무관심 탓으로 잊힌 문 케르카포르타를 통해, 앞으로 수백 년 동안 자기들의 힘을 결속시키고 마비시킬 저 운명적인 파괴의 힘이 침입했다는 사실을 알게 되었다. 그러나 후회한다고 잃어버린 순간이 되돌아오지는 않는다. 그것은 역사에서나 한 인간의 삶에서나 마찬가지의 진리다. 소홀히 했던 단 한 시간은 1,000년을 주어도 되살 수 없는 것이다.

# 불멸 속으로 도주하다

1513년 9월 25일

발보아의 태평양 발견

Vasco Núñez de Balboa,
1475~1517


## 범선 한 척이 출항을 준비하다

아메리카 대륙을 발견하고 돌아온 크리스토퍼 콜럼버스는 사람들이 빽빽하게 늘어선 세비야와 바르셀로나 거리를 행진했다. 이 승리의 행진을 하는 동안에 그는 값지고도 진귀한 수많은 것을 사람들에게 보여주었다. 그때까지 존재하는지조차 몰랐던 붉은 피부를 가진 인디오들, 한 번도 본 적 없는 동물들, 소리 질러대는 오색 빛 앵무새, 느릿느릿 한 동물 맥貘, 진귀한 식물인─ 얼마 뒤에는 유럽에서도 수확하게 될 것이었다 ─ 옥수수, 담배, 코코넛 등이었다. 환호하는 군중은 이 모든 것을 호기심 어린 눈길로 감탄하며 바라보았지만, 왕과 왕비 그리고 고문관들을 흥분시킨 것은 금으로 채워진 몇 개의 궤짝과 바구니였다.

새로 발견한 인도─콜럼버스는 그곳을 인도라고 믿었다─에서 콜럼버스가 가져온 금은 사실 얼마 되지 않았다. 원주민과 물물교환으로 얻거나 강제로 빼앗아 챙긴 몇 개의 장식품과 자그마한 금괴 몇 개, 순도가 높지 못한 한 움큼의 금 알갱이, 그러니까 금이라기보다는 금 먼지라고 하는 편이 나을 것 같은, 보잘것없는 것들이었다. 전부 해봐야 금화 수백 두카텐을 만들 수 있을 정도에 불과했다. 하지만 언제나 자기가 믿고 싶은 것만을 광적으로 믿었던 콜럼버스는, 인도로 가는 뱃길을 영광에 가득 찬 것으로 묘사하면서 '이건 시작에 불과하다!'고 허풍을 떨었다. 아니 그 자신이 실제로 그렇게 믿고 있었다. 새로운 섬에는 헤아릴 수 없을 정도로 금광이 많다고 자신했다. 들판 곳곳에 이 값진 금속이 널려 있어서 삽으로 땅을 조금만 파도 보일 정도라고 했다. 그뿐인가! 더 남쪽으로 가면 왕들이 황금잔으로 술을 마시는가 하면 황금값이 에스파냐의 납값보다 싼 나라도 있다고 했다.

언제나 돈이 모자라던 왕은 눈을 번뜩이며 장차 자기 것이 될 새로운 오빌—솔로몬 왕이 보석을 얻었다는 곳—의 이야기를 들었다. 당시 사람들은 콜럼버스가 고상하지만 한편으로 어리석은 사람이라는 사실을 알지 못했기에, 그가 하는 약속들을 의심하지 않았다. 그래서 두 번째 항해를 위한 대규모 함대가 만들어졌다. 게다가 이번에는 선원을 모집하고 다닐 사람도 나팔수도 필요 없었다. 맨손으로도 금을 파낼 수가 있다는 새로운 오빌에 대한 소식이 에스파냐 전역을 열광시켰기 때문이다. 황금의 나라 '엘도라도'로 가려고 수백 수천의 사람이 구름처럼 몰려들었다.

하지만 이것은 얼마나 혼탁한 인간들의 물결이던가. 이 물결은 전국 방방곡곡에서 탐욕의 충동에 휩싸여 몰려온 사람들의 그것이었다. 방패에 새길 가문의 문장紋章을 금으로 씌워보려는 소박한 욕심을 가진 사람들이나 대담한 모험가들 혹은 용감한 병사들도 있었지만, 에스파냐 전역의 더러운 하수구 거품 같은 이들도 팔로스와 카디스로 몰려왔던 것이다. 죄수나 노상강도, 절도범, 빚쟁이 들을 피해 도망쳐 온 채무자, 시끄러운 마누라를 피해 집을 나온 놈팡이 같은 사회의 온갖 낙오자와 실패자, 낙인찍힌 자가 황금 땅에서 짭짤한 수입을 올려볼 속셈으로 탐험대에 지원했다. 단번에 부자가 되기 위해서는 폭력이나 범죄 행위도 서슴지 않을 각오가 되어 있는 미친 범죄 집단이었다.

콜럼버스의 공상은 그들 한 사람 한 사람을 황금에 미치게 만들었다. 그 나라에서는 삽을 땅속에 밀어넣기만 하면 금세 금덩어리가 번쩍거릴 것이라 생각한 부자들은 파낸 금덩이들을 옮기는 데 필요한 하인들을 고용했다. 한편 탐험대에 뽑히지 못한 자들은 다른 길을 찾아 나섰다. 대담하고도 뻔뻔스런 모험가들은 왕의 허가를 구하지도 않고 제멋대로 배를 마련해 항해를 떠났다. 그들에게는 빨리 그쪽으로 달려가서 오직 황금, 황금, 황금을 움켜쥘 일 념뿐이었다. 이렇게 해서 온갖 불량배와 위험스런 패거리가 일순간 에스파냐에서 사라져버렸다.

에스파뇰라섬(오늘날 히스파니올라섬)의 총독은 두려운 마음으로 자신의 섬으로 밀려 들어오는 불량배들을 바라보고 있었다. 해를 거듭할수록 배들은 새로운 화물과 함께 점점 더 고약한 자들을 태우고 왔다. 하지만 섬에 새로이 발 딛은 무리도 실망하기는 마찬가지였다. 길거리 어디를 봐도 금덩이가 널려 있는 곳은 없었고, 불쌍한 원주민들을 야수처럼 덮쳐봐야 빼앗을 만한 금쪼가리 하나 없었기 때문이다. 그래서 이 패거리들은 그저 이리저리 돌아다니며 도둑질을 하거나 빈둥거릴 뿐이었다. 그런 그들은 불쌍한 인디오들뿐 아니라 총독에게도 두려움의 대상이었다. 총독은 그들에게 땅과 가축을 주었으며 심지어 노예로 부릴 만한 원주민들을 배당해주기까지 했다. 그러나 어떤 노력도 그들을 식민지 개척자로 만들 수는 없었다. 귀족 출신이건 노상강도 출신이건 농사꾼이 될 마음이 없기는 매한가지였다. 그들이 기껏 밀농사나 짓고 가축이나 돌보러 여기까지 온 것은 아니었다. 씨 뿌리기나 수확은 안중에도 없는 그들은 불쌍한 인디오들을 괴롭히거나—얼마 뒤에 그들은 인디오를 모두 없애버린다—선술집에 앉아 술이나 홀짝거리는 것으로 세월을 보냈다. 몇 년 지나지 않아 그들 대부분이 완전히 빚더미에 올라앉았다. 맨 먼저 땅을 팔고, 외투와 모자를 팔고 마지막 남은 셔츠까지 팔아버리고도 상인이나 고리대금업자 들에게 발목을 잡히는 신세가 되었다.

이런 상황에서 에스파뇰라섬의 존경받는 법학자 마르틴 페르난데스 데 엔시소가 1510년 자신의 토지 회사에서 일할 새로운 일꾼들을 데리고 우라바만灣 근처 산세바스티안San Sebastián으로 향하는 범선 한 척을 띄운다는 소식이 들렸다. 한 해 전 유명한 모험가 알론소 데 오헤다와 디에고 데 니쿠에사는 에스파냐 국왕 페르난도에게서 파나마해협과 베네수엘라 해안에 새로운 식민지를 건설할 특권을 받아냈었다. 그들은 개척할 식민지에 카스티야 델 오로Castilla del Oro, 그러니까 '황금의 카스티야'라는 이름을 붙였다. 이는 물론 성급한 판단이었다. 그러나 세상 물정 모르는 법학자 엔시소는 황금이라는 이름에 매혹되고 온갖 허풍에 속아 전 재산을 식민지에 투자했다.

하지만 산세바스티안에 새로이 건설된 이 식민지에서 기대하던 금은 오지 않았다. 오히려 도와달라는 외침만이 날아들었다. 식민지로 건너간 일꾼 중 절반은 원주민들과 전투하느라 녹초가 되었고 나머지 절반은 굶어 죽어가는 상황이었다. 엔시소가 모집하는 일꾼이란 바로 구조 원정대였다. 투자한 돈을 건질 셈으로 얼마 남지 않은 재산마저 긁어모은 것이었다.

엔시소가 원정대를 모집한다는 소식은 에스파뇰라의 온갖 실패자와 부랑자들에겐 더없이 반가운 소식이었다. 그들은 이곳을 빠져나갈 절호의 기회라고 생각했다. 어서 떠나자, 빚쟁이들과 엄격한 총독의 감시에서 벗어날 수만 있다면! 하지만 빚쟁이들도 경계를 게을리하지 않았다. 그들은 빚이 많은 사람들일수록 도망치려는 욕망이 강하다는 사실을 알아채고, 총독의 허가 없이는 누구도 섬을 빠져나갈 수 없도록 조치해줄 것을 총독에게 청원했다. 총독은 그들의 청을 들어주었다. 이내 엄격한 감시망이 펼쳐졌다. 엔시소의 배가 항구에 머물러 있는 가운데 총독 정부의 감시선이 순찰을 돌며 허가 없이는 아무도 배에 오르지 못하도록 했다. 노동이나 빚더미에서 벗어날 수만 있다면 죽음도 마다하지 않았을 이 실패자들은 끝없이 분한 마음을 안은 채 엔시소의 배가 돛을 올리고 모험을 향해 출항하는 모습을 지켜보아야 했다.

## 궤짝 속의 사내

엔시소의 범선은 돛을 활짝 펼친 채 에스파뇰라섬을 떠나 아메리카 대륙으로 향했다. 섬은 점점 멀어지다가 이내 푸른 수평선 너머로 사라졌다. 처음에는 조용한 항해였다. 다만 힘세고 건강한 블러드하운드 한 마리가 갑판 위를 이리저리 뛰어다니며 '쿵쿵'대는 것이 좀 이상했다. 그놈은 저 유명한 블러드하운드 베체리코의 아들로, 자신도 레온치코라는 이름으로 명성을 날리고 있었다. 이 힘 센 개가 도대체 누구의 개인지, 어떻게 배에 타게 되었는지 아는 사람이 아무도 없었다. 그런데 배가 출항하는 날, 이 개가 갑판에 실었던 큰 식량 궤짝에서 떨어지지 않으려 한다는 사실이 드러났다. 그리고 그때 갑자기 카스티야 성자 산티아고와 같은 모습의, 칼과 투구와 방패로 무장한 서른댓 살가량의 사내가 그 궤짝에서 튀어나왔다.

그는 이렇게 해서 그 놀라운 대담성과 영리함을 증명해보인 바스코 누녜스 데 발보아였다. 헤레스 데 로스 카바예레스Jerez de los

Caballeres의 귀족 집안에서 태어난 그는, 평범한 병사의 신분으로 로드리고 데 바스티다스를 따라 신세계를 향해 항해하던 중, 표류를 거듭한 끝에 가까스로 에스파뇰라섬에 도착했다. 총독은 발보아를 건실한 식민지 개척자로 만들려고 여러모로 애썼지만 허사였다. 몇 달 지나지 않아 그는 자기에게 배당된 토지는 아랑곳하지 않은 채 빚을 너무 많이 진 나머지 빚쟁이들 손에서 벗어날 수 없는 처지가 되었다.

하지만 그는 다른 채무자들과 달랐다. 채무자들 대부분이 그저 발만 동동 구르면서 자신들의 범선행을 가로막는 정부의 감시선을 노려보고 있는 동안, 발보아는 뻔뻔스럽게도 빈 궤짝 안에 몸을 숨겼다가 출발할 때의 혼란을 틈타 눈에 띄지 않게 다른 공범자들의 손으로 갑판에 옮겨졌다. 배가 해안에서 이미 멀어져 이제 자신 때문에 뱃머리를 돌리지 않으리라는 확신이 들자 자신의 존재를 드러낸 것이다.

대부분의 법학자가 그렇듯 엔시소 역시 낭만이라는 것을 모르는 사람이었다. 그는 새로운 식민지의 치안 책임자로서 공짜 식객과 수상쩍은 놈들을 그냥 넘기지 않겠노라 결심한 터였다. 그래서 무뚝뚝한 태도로 발보아에게 너를 데려갈 생각이 없노라고, 사람이 사는 섬이건 무인도건 가장 먼저 도착하는 섬에 너를 내려놓고 가겠노라고 말했다.

그러나 일이 그렇게 되지는 않았다. 범선이 카스티야 델 오로를 향하던 중 겨우 몇 척의 배만이 이 알려지지 않은 망망대해에 떠 있던 당시 상황에서는 거의 기적에 가까운 일이었지만, 사람들을 가득 태운 작은 배 한 척을 만나게 되었기 때문이다. 장차 세상에 떠들썩하게 이름을 날리게 될 프란체스코 피사로가 지휘하는 배였다.

그들은 엔시소의 식민지 산세바스티안에서 오는 길이었다. 처음에 엔시소는 그들을 멋대로 근무지를 이탈한 폭동자로 생각했다. 그러나 그들의 보고는 엔시소에게 너무나도 놀라운 내용이었다. 산세바스티안은 이제 없다, 자기들이 그 식민지에 남아 있던 마지막 사람들이다, 오헤다 대장은 배를 타고 도망쳤다. 그들은 쌍돛대의 작은 범선 두 척밖에 남아 있지 않은 상태에서 자신들 중 일부가 죽기를 기다렸다가, 사람 수가 70명으로 줄어들자 마침내 두 배에 나누어 타고 식민지에서 나오는 길이라는 것이었다. 도중에 범선 한 척이 부서졌다고도 했다. 피사로와 그 부하 34명이 카스티야 델 오로에서 마지막까지 살아남은 자들이었다.

이제 어디로 가야 할까? 피사로의 이야기를 듣자 엔시소의 부하들은 식민지로 가겠다는 마음이 사라져버렸다. 이제 그곳은 버려져 끔찍한 웅덩이와 원주민의 독화살만이 기다리고 있었다. 에스파뇰라로 돌아가는 것만이 가능한 일이었다. 모든 것이 무산될 위태로운 순간이었다.

갑자기 발보아가 앞으로 나섰다. 자기는 로드리고 데 바스티다스와 함께 항해하는 동안 중앙아메리카의 해안선을 샅샅이 알게 되었노라고 했다. 당시에 금을 함유한 강가에 자리잡은 다리엔Darien이라는 지역에 가보았는데, 그곳에는 친절한 원주민들이 살

고 있었으니 저 끔찍한 땅 대신 다리엔으로 가 그곳에 새로운 정
착지를 건설하면 되지 않겠느냐고 했다. 전 대원이 발보아 편을
들고 나섰다. 그렇게 배는 파나마해협의 다리엔으로 키를 돌리게
되었다.

언제나 그렇듯이 그곳에서도 원주민들을 학살하고 빼앗은 노획
물 중에 약간의 금이 있었기에, 이 낙오자들은 그곳에 정착하기로
결정했다. 경건한 감사의 마음으로 그들은 새로운 도시에 산타마
리아 데 라 안티구아 델 다리엔Santa Maria de la Antigua del Darien이라
는 이름을 붙였다.


## 위험한 승리

얼마 안 있어 불행한 식민지 경영자 엔시소는 발보아를 그
식량 궤짝과 함께 갑판 밖으로 내던지지 않은 일을 몹시 후회하
게 된다. 몇 주 지나지 않아 이 뻔뻔스런 사내가 모든 권력을 자기
손아귀에 넣어버린 것이다.

법학자로서 규율과 질서의 이념 안에서 성장한 엔시소는 아직
존재하지도 않는 총독의 치안 책임자 노릇을 떠맡고서는 이 새로
운 식민지를 에스파냐 왕권을 위해 통치하려 했다. 그래서 비록
보잘것없는 원주민의 오두막에서나마 아주 깨끗하고 엄격하게
자신의 칙령을 내리곤 했다. 마치 세비야에 있는 자신의 법률 사

무소에 앉아 있기라도 한 것처럼. 그는 문명인이 발들여놓은 적이 없는 이 황폐한 땅에서, 병사들에게 원주민으로부터 금을 사들이지 말라고 명령했다. 금은 왕의 재산이라고 강조했다. 그러나 규율 없는 이 무리에게 질서와 법은 어울리지 않았다. 이 모험가들은 본능적으로 칼의 사나이 발보아 편에 붙어 붓의 사나이 엔시소에게 저항했다. 얼마 지나지 않아 발보아가 식민지의 진짜 주인이 되었다. 엔시소는 도망쳐 간신히 목숨만 건졌다. 또한 니쿠에사가 왕의 임명을 받은 총독의 자격으로 엔시소의 식민지인 이곳에 도착해 질서를 세우려고 했을 때, 발보아는 그를 땅에 발도 붙이지 못하게 했다. 불쌍한 니쿠에사는 왕이 자신에게 하사한 땅에서 쫓겨나 돌아가는 길에 물에 빠져 죽고 말았다.

이제 상자에서 나온 사나이, 발보아는 식민지의 주인이 되었다. 그러나 자신이 이룬 성과에도 불구하고 기분이 그리 유쾌하지 못했다. 일련의 자신의 행위는 따지고 보면 공개적으로 반란을 일으킨 것이나 다름없었기 때문이다. 게다가 그는 파견된 총독의 죽음에 책임을 피해 갈 수 없었다. 용서를 기대할 수 없는 처지가 된 것이다. 도망친 엔시소가 자신을 고소하기 위해 에스파냐로 가고 있다는 사실, 그러므로 조만간 자신에 대한 재판이 열리게 되리라는 사실을 그는 잘 알고 있었다. 그러나 에스파냐는 여전히 멀리 있었고, 배가 두 번 대양을 오가는 데에는 적지 않은 시간이 필요했다. 시간은 충분했다. 그는 영리하고도 대담하게 자신이 찬탈한 권력을 되도록 오래 유지할 수단을 찾으려 했다.

성공하기만 한다면 어떤 범죄라도 정당화되던 시대였다. 금을
잔뜩 가져다가 왕의 보물함에 꽉꽉 채워넣기만 한다면 어떤 형벌
도 줄어들 수 있었다. 재판 자체가 연기될 수도 있었다. 그러니 우
선 금을 찾자, 금이 권력이니까! 그는 피사로와 함께 이웃 원주민
들을 정복하고 약탈했다. 손님을 친절하게 접대하는 원주민의 관
습을 이용해 손님으로 행세해 문을 열게 하고는 갑자기 살인자
로 돌변했다. 어느 날 사로잡은 카레타라는 이름의 추장이 죽음
을 눈앞에 두고서 그에게 이런 제안을 했다. 인디오들의 적이 되
기보다는 자기 일족과 동맹을 맺자고. 충성에 대한 담보물로 자기
딸을 주겠다고도 했다. 안 그래도 발보아는 원주민들 사이에서 신
뢰받는 힘 있는 사람을 친구로 두는 것이 얼마나 중요한지 깨닫고
있던 터였다. 발보아는 카레타의 제안을 흔쾌히 받아들였다. 더욱
놀라운 일은, 그가 이렇게 제공받은 저 인디오 처녀를 마지막 순
간까지 극진하게 대우해주었다는 사실이다. 카레타 추장과 함께
그는 이웃의 인디오들을 정복해나갔다. 그리고 그들 사이에서 대
단한 권위를 얻을 수 있게 되었다. 드디어 최고 추장 코마그레가
공손하게 그를 초대했다.

이 막강한 추장의 저택을 방문한 것은 발보아의 생애에서 세계
사적인 결정을 하도록 만든 사건이었다. 그때까지는 한낱 건달로
서 왕권에 대항해 반란이나 일으켰으니, 카스티야 법정의 교수대
나 형리刑吏의 도끼만이 그의 몫이었을 뿐이다.

코마그레 추장은 돌로 만든 널찍한 집 안으로 발보아를 안내했

다. 그 집의 풍요로움에 발보아는 깜짝 놀랐다. 청하지도 않았는 데 집주인은 손님에게 4,000온스나 되는 금을 선물했다. 그러나 이번에는 추장이 놀랄 차례였다. 최고의 경의를 표해 맞아들인, 신과도 같은 강력한 힘을 가졌다고 믿은 이방인들이 금을 보자마 자 하늘의 아들로서의 품위를 잃어버렸기 때문이다. 그들은 목줄 풀린 개떼처럼 금을 향해 덤벼들었다. 칼을 빼들거나 주먹을 움켜 쥐고 소리지르면서 서로를 향해 미친 듯이 달려들어 각자의 몫을 챙기려고 했다. 추장은 이 미친 싸움을 놀랍고도 경멸스러운 눈초 리로 지켜보았다. 지구의 온갖 변방에 있는 자연인들이 문명인들 을 보며 가지게 되는 영원한 놀라움이었다. 그것은 문명인들이 한 줌의 노란 금속을 자기들 문화의 온갖 정신적이고 기술적인 업적 보다도 더욱 가치 있는 것으로 여기고 있다는 데 대한 놀라움이 었다.

마침내 추장이 그들을 향해 입을 열었다. 에스파냐 사람들은 탐 욕스러운 표정으로 통역의 말에 귀를 기울였다. 코마그레는 이렇 게 말했다. 당신들이 그까짓 것을 가지고 서로 싸우다니, 그렇게 평범한 금속 때문에 당신들의 생명을 가장 불쾌하고도 위험스러 운 상태에 빠뜨리다니 얼마나 놀라운 일인가. 저 너머에는 큰 바 다가 있다. 이 바다로 흘러드는 모든 강물에는 금이 함께 실려온 다. 거기에는 당신들 것과 같은 돛과 노가 달린 배를 타고 다니는 민족이 살고 있는데, 그곳의 왕들은 이 노란 금속으로 만든 그릇 에 음식을 담아 먹고 마신다. 거기서 당신들은 원하는 만큼 이 노란 금속을 찾을 수 있을 것이다. 그러나 그것은 위험한 일이다. 그곳 추장들이 분명히 당신들이 통과하는 것을 거부할 테니까. 그러나 겨우 며칠 만 가면 되는 거리다.

발보아는 심장이 멎는 듯했다. 벌써 여러 해 전부터 꿈꾸어오던, 저 전설적인 황금 나라의 흔적을 마침내 찾아낸 것이다. 여기저기서 많은 사람이 그것을 찾아내려고 얼마나 애썼던가! 그런데 이 추장의 말이 사실이라면 그곳은 여기서 불과 며칠이면 닿을 거리에 있다. 크리스토퍼 콜럼버스, 존 카보트, 가스파르 코르테 레알 등 모든 위대하고 유명한 항해자들이 그곳으로 가는 길을 찾으려 했지만, 저 다른 대양에서 헤맸을 뿐이다. 그런데 발보아 자신이 그 황금 나라를 찾는다면 정말로 지구를 도는 길이 발견되는 것이다. 처음으로 이 새로운 바다를 발견하고 자기 조국에 그것을 바친 사람의 이름은 지구상에서 영원히 사라지지 않을 것이다. 발보아는 죄의 족쇄에서 풀려나 불멸의 명예를 얻으려면 자신이 무엇을 해야 하는지 알았다. 최초로 지협地峽을 건너 인도로 통하는 남쪽 바다로 나가, 에스파냐 왕국을 위해 새로운 대양을 정복하는 것이었다. 이 순간, 그의 운명은 결정되었다. 이 순간부터 이 모험가의 우연한 삶은 하나의 고귀한 초시간적인 의미를 가지게 된다.

# 불멸 속으로 도주하다

한 인간의 운명을 놓고 볼 때, 창조적인 나이인 인생의 중반에 필생의 과제를 찾아내는 것보다 더 큰 행운은 없다. 발보아는 자기 앞에 놓인 운명의 갈래를 보았다. 단두대에서 비참하게 죽을 것이냐, 아니면 불멸의 명예를 얻을 것이냐!

우선 에스파냐 왕국을 자기편으로 돌려 그들로부터 평화를 얻을 것, 그리고 자신의 권력 찬탈 행위를 차츰 합법화할 것! 어제의 반란자 발보아는 오늘 가장 충성스런 신하의 모습을 하고서, 에스파뇰라에 있는 왕실의 금고 관리인 피사몬테에게 코마그레에게서 받은 황금 중 법에 따라 왕실의 몫에 해당하는 5분의 1을 보냈다. 저 무미건조한 법학자 엔시소보다 세상사에 훨씬 밝았던 발보아는 금고 관리인에게도 남몰래 넉넉한 금을 보냈다. 그러면서 식민지의 육군 대장 자리에 자신을 추천해줄 것을 청했다. 금고 관리인 피사몬테는 이런 일을 할 만한 위치에 있지 못했으나, 황금을 받은 대가로 발보아에게 아무런 실제적 가치도 없는 임시 문서를 보냈다.

발보아는 다방면에 걸친 안전망을 확보하기 위해 가장 신임하는 부하 두 사람을 에스파냐로 보냈다. 그들에게는 왕에게 가서 발보아가 왕을 위해 이룬 업적을 이야기하고 추장에게서 얻어낸 중요한 정보를 전하라는 임무가 주어졌다. 발보아는 자신이 겨우 군사 1,000명을 원한다는 사실도 왕에게 고하라고 했다. 그는 자청해서 그 군대를 거느리고 자기 이전의 에스파냐 사람 누구도 이루지 못한 일을 카스티야를 위해 이루겠노라고 했다. 새로운 대양을 찾아내고 황금 나라도 얻겠다, 콜럼버스가 약속하고 이루지 못한 것을 나 발보아가 이루어보겠노라고 했다.

이 실패한 인간이며 반란자이자 부랑자인 발보아에게 유리하게 사정이 변할 듯이 보였다. 그러나 에스파냐에서 온 다음 번 배는 나쁜 소식을 가져왔다. 발보아는 앞서 반란에서 자기편에 섰던 한 사람을 에스파냐로 보내, 모든 것을 빼앗긴 엔시소가 왕궁에 낸 고소장을 무용지물로 만들도록 일을 꾸몄었다. 그런데 돌아온 심부름꾼의 보고에 따르면, 사태는 오히려 발보아에게 불리하게 돌아가고 있었다. 이젠 목숨까지도 위태로울 지경이 되었던 것이다. 쫓겨난 '법학자'가 권력의 찬탈자를 상대로 낸 고소가 받아들여져, 발보아가 자신에게 손해 배상을 해야 한다는 판결을 얻어냈다는 것이다. 그에 반해 발보아를 구할지도 모를 남쪽 바다에 관한 소식은 아직 에스파냐에 도착하지 못했다. 어쨌든 다음 번 배에는 반란자 발보아를 처벌하는 임무를 띤 형리들이 타고 있을 것이다. 그는 이제 즉결 처형당하든지 아니면 쇠사슬에 묶여 에스파냐로 끌려갈 참이었다.

발보아는 자신이 패배했음을 깨달았다. 멀지 않은 곳에 위치한 남쪽 바다에 황금 해안이 있다는 소식을 사람들이 알기도 전에 선고가 내려진 것이다. 물론 사람들은 그 소식을 이용할 것이다. 잘린 자신의 머리가 바닷가 모래사장에 뒹구는 동안 누군가가 나서서 자신이 꿈꾸어온 업적을 이룰 것이다. 이제 에스파냐로부터 기대할 것은 더 이상 없었다. 그가 왕이 보낸 총독을 죽음으로 몰아넣었다는 사실과 치안 책임자를 멋대로 그 직위에서 몰아냈다는 사실은 이미 전해졌다. 단두대에서 목이 잘리는 것만 면해도 자비로운 판결을 받았다고 여겨야 할 형편이었다. 힘 있는 친구들에게 기댈 수도 없었다. 그 자신이 이제 힘이 없었기 때문이다. 그렇다고 최고의 변호사 노릇을 해줄 수 있는 황금이 은총을 확보해주기에는 아직 목소리가 너무 약했다. 단 한 가지만이 그의 대담함에 가해진 형벌로부터 그를 구할 수 있을 것이다. 바로 더욱 큰 대담함이었다. 형리들이 도착해 자기를 잡아 묶기 전에 다른 대양을 발견한다면 그는 자신을 구할 수 있을 것이다. 여기 사람 사는 세상의 끝에서 도망치는 것밖에 없었다. 그것은 곧 위대한 행위 속으로 도주하는 것, 즉 불멸을 향한 도주였다.

발보아는 이제 에스파냐에 요청한 1,000명의 병사도 자신을 잡으려는 형리들도 기다리지 않고서 알려지지 않은 대양을 찾아 떠나기로 결심했다. 몇 안 되겠지만 같은 결심을 한 사람들과 함께 그 엄청난 일을 감행하자! 두 손을 묶인 채 단두대로 끌려가느니 차라리 모든 시대를 통틀어 가장 대담한 모험 하나를 위해 명예롭게 죽는 길을 택하리라! 발보아는 식민지에 있는 사람들을 모두 불러 지협 횡단 계획을 밝혔다. 형편이 어렵다는 사실을 감추지도 않고 누가 자신을 따라갈 것인지 물었다. 그의 용기가 다른 사람들에게서 새로운 용기를 이끌어냈다. 190명의 병사, 식민지에서 무기를 다룰 줄 아는 사람 거의 전부가 함께 갈 준비가 되어 있다고 소리쳤다. 출발 준비는 오래 걸리지 않았다. 그들 모두 전쟁 속에서 살아왔기 때문이다. 1513년 9월 1일, 교수대나 감옥을 피해 영웅이자 도둑이며 모험가이자 반란자인 발보아는 불멸을 향한 행진을 시작했다.

## 사라지지 않는 순간

파나마 지협 횡단은 카레타 추장의 작은 왕국인 코이바 지방에서 시작되었다. 카레타 추장의 딸은 발보아 생의 반려자였다. 뒷날 밝혀진 바에 따르면, 발보아가 선택한 이 길이 지협의 폭이 가장 좁은, 횡단에 유리한 곳은 아니었다. 이렇게 무지했던 까닭에 이 위험한 지협을 횡단하는 데 며칠이 더 소요되었다. 알 수 없는 곳으로 대담하게 나아가려는 지금, 그에게는 식량과 물자 보급을 위해서나 돌아올 경우를 대비해서라도 친구가 된 인디오들을 확보하는 것이 무엇보다 중요했다. 동맹을 맺은 카레타 추장은 부족 사람들을 짐꾼 겸 안내인으로 부리도록 내주었다. 이제 다리엔의 군대가 10척의 커다란 카누에 나누어 타고 코이바로 향했다. 사나운 블러드하운드 한 떼와 창, 칼, 화승총 등으로 무장한 190명의 병사가 바로 그들이었다.

그리하여 9월 6일에는 벌써 지협을 가로지르는 저 유명한 행진

이 시작되었다. 모험에는 이골난 대담무쌍한 병사들임에도 불구하고 그것은 힘든 길이었다. 사람을 숨 막히게 하는 동시에 늘어지게 만드는 적도의 열기 속에서 병사들은 우선 저지대를 통과해야만 했다. 그곳은 늪지와 열을 품은 땅으로, 수백 년 뒤에 파나마 운하를 건설할 때에도 수천 명의 목숨을 앗아간 지역이다. 인간이 다녀간 흔적이 없는 그 땅은 시작부터 열대성 덩굴식물들로 한 치 앞을 내다보기도 힘들었다. 사람들은 칼과 도끼로 계속 식물들을 쳐내며 나아갔다. 무시무시한 녹색 광산을 통과하듯이 대열 맨 앞에 선 사람들은 뒤에 오는 사람들을 위해 덩굴 숲속으로 좁은 갱도를 만들었다. 그 갱도를 사람들이 줄지어 통과했다. 밤이나 낮이나 무기를 손에 쥔 채 정신을 바짝 차리고 있어야 했다. 언제 원주민이 나타나 그들을 습격할지 모르기 때문이었다.

동정심이라고는 눈곱만큼도 없는 태양이, 거대한 식물들이 만들어내는 후텁지근하고 습기 자욱한 그늘 속까지 열기를 뿜어댔다. 무거운 군장을 한 병사들은 입술이 바짝 타들어가고 온몸은 땀에 흠뻑 젖은 채 옷을 찢는 가시와 싸우면서 앞으로 나아갔다. 갑자기 태풍을 동반한 소나기라도 퍼부을라치면 작은 시내는 이내 강물처럼 불었다. 첨벙거리며 겨우 건너거나, 인디오들이 즉석에서 만든 흔들리는 가죽 다리를 이용해 건너가야 했다. 양식이라고는 한 줌의 옥수수가 전부였다. 밤이면 무수한 벌레가 굶주리고 목마른 그들에게 달려들어 피를 빨아댔다. 발은 상처투성이에다 눈은 열에 들뜨고 뺨은 웅웅거리는 모기떼에 뜯겨 부풀어올랐다.

이렇게 제대로 먹지도 자지도 못한 탓에 얼마 안 가 대원들은 완전히 지쳐버렸다. 첫 한 주가 지나자 대원들 대부분은 고통을 견딜 수 없는 지경에 이르렀다. 진짜 위험은 아직 시작되지도 않았음을 아는 발보아는 열병 환자와 기진한 사람 들을 남겨둔 채 정예 대원만을 이끌고 힘든 모험을 이어갔다.

마침내 지대가 높아지기 시작했다. 늪지로 된 저지대에서 무성하던 정글이 점차 듬성해지고 있었다. 하지만 이는 작열하는 태양으로부터 사람들을 보호해주던 식물의 그림자가 사라진 것이기도 했다. 열대의 강렬한 태양이 무거운 군장 위로 곧장 사납게 내리쬐었다. 지친 사람들은 천천히 그리고 짧은 구간씩 끊어가면서 고원지대를 지나 산으로 기어올랐다. 산맥은 돌로 된 척주처럼 길고 좁다란 모습으로 두 개의 대양을 가르고 있었다. 점차 시야가 넓어졌고 밤이면 공기도 시원해졌다.

18일간의 고된 일정이 지나자 가장 험한 어려움은 극복된 듯이 보였다. 그들 앞에는 산맥의 정상이 우뚝 솟아 있었다. 안내해주던 인디오는 그 꼭대기에 서면 두 개의 대양, 즉 대서양과 아직 알려지지도 이름이 붙여지지도 않은 태평양을 내려다볼 수 있을 것이라고 했다. 자연의 거칠고 심술궂은 저항을 마침내 이겨낸 듯 보이는 이 순간에 새로운 적이 등장했다. 그 지역 추장이 전사 수백 명을 거느리고 나타나 이 낯선 사람들의 통행을 막아선 것이었다. 그러나 발보아는 인디오들과의 싸움에는 아주 노련한 전사였다. 그들을 혼란시키는 데에는 화승총만 한 것이 없었다. 발사는 한 번으로도 충분했다. 인공적인 번갯불과 천둥소리에 원주민 전사들은 혼비백산했다. 에스파냐 사람들과 블러드하운드들에 쫓겨 놀라 소리치며 도망쳤다. 그러나 발보아는 쉽게 얻은 승리를 자축하는 것에 만족하지 않았다. 대신 모든 에스파냐 정복자들이 행했던 잔혹함으로 승리의 명예를 더럽혔다. 그는 무기도 없이 잡혀온 포로들을 에스파냐에서 볼 수 있는 투우와 검투 놀이를 대신해서 산 채로 굶주린 블러드하운드 떼에게 물리고 찢겨 죽임을 당하도록 내주었다. 발보아의 불멸의 전야는 이렇게 역겨운 살상의 치욕으로 물들었다.

에스파냐 정복자들의 성격과 행동 방식에는 설명하기 힘든 이중성이 존재한다. 어떤 기독교도보다도 경건하고 신심이 깊어 영혼으로부터 하나님을 부르는 그들이었지만, 하나님의 이름으로 역사상 가장 잔혹하고 비인간적인 만행을 저지른 것 또한 그들이었다. 가장 위대하고 영웅적인 용기와 희생의 위업을 달성할 능력을 가지고서 고통을 참아낼 수 있으면서도 그들은 가장 뻔뻔스러운 방식으로 서로를 속이고 기만했다. 그런가 하면 경멸할 만한 행동 한가운데서 다시 탁월한 명예의 감정을 보여주었으며, 자기 과업의 역사적 위대성에 대해서는 경탄할 만한 놀라운 감각을 보여주었다. 지난밤 죄 없이 묶인 포로들을 무기도 없는 상태로 사냥개 떼에게 던져주었고, 어쩌면 아직 신선한 인간의 피를 뚝뚝 떨어뜨리고 있는 야수의 입을 만족스럽게 쓰다듬어주었을 바로 그 발보아는 인류 역사에서 자신의 행위가 어떤 의미를 가지는지 누구보다도 정확하게 인식하고 있었다. 그래서 결정적인 순간에 역사를 통해 잊을 수 없는 위대한 몸짓을 해보인 것이다. 그는 9월 25일이 세계사적인 날이 되리라는 사실을 알고 있었다. 이 냉혹하고 인정머리 없는 모험가는 자신의 초시간적인 위업의 의미를 얼마나 놀라운 에스파냐식의 정열을 가지고 이해했던가.

피의 목욕이 있은 직후, 한 원주민이 그에게 다가와 가까운 봉우리를 가리키며 저 꼭대기에서 그 바다, 알려지지 않은 남쪽 바다를 볼 수 있다고 했다. 발보아는 곧장 명령을 내렸다. 부상자와 지친 사람 들은 약탈한 마을에 남겨두고 아직 행진이 가능한 대원들—다리엔에서 행군을 시작한 190명 중 69명만이 남아 있었다—은 산으로 올라가도록 명령했다. 오전 10시경 그들은 정상 가까이에 이르렀다. 나무도 없는 작은 봉우리 하나만 기어오르면 무한을 향해 시야가 열릴 참이었다.

이 순간 발보아는 대원들을 멈춰 세웠다. 그러고는 아무도 자신을 따라와서는 안 된다고 했다. 그는 이 알려지지 않은 바다를 처음으로 바라보는 순간을 오롯이 혼자만 누리고 싶었다. 영원한 시간 동안 오직 자기만 우리 지구상의 거대한 대양, 대서양을 건넌 다음 이제 또 다른 대양, 아직 알려지지 않은 태평양을 바라본 최초의 에스파냐 사람, 최초의 유럽 사람, 최초의 기독교도가 되기를 바랐던 것이다. 그는 그 순간의 의미에 깊이 감응된 채 왼손엔 깃발을, 오른손엔 칼을 쥐고서 뛰는 가슴으로 천천히 봉우리에 올랐다. 거대한 지구상의 고독한 실루엣. 조금도 서두르지 않고 천천히 천천히 올라갔다. 진짜 위업은 이미 달성되었기 때문이다. 몇 걸음만 더, 조금만 더, 조금 더 그리고 마침내 정상에 도달했다.

그의 눈앞에 장관이 펼쳐졌다. 아래쪽으로 펼쳐진 산들 너머, 저 아래 숲이 우거진 녹색으로 낮아지는 언덕들 너머로, 금빛으로 번쩍이는 끝없는 하나의 거대한 판, 바다, 바다, 알려지지 않은 새로운 바다, 지금까지 꿈만 꾸었을 뿐 아무도 본 적 없는 전설의 바다, 여러 해 전부터 콜럼버스와 그의 후예들이 찾아 헤맸지만 찾지 못한 그 바다, 아메리카, 인도, 중국에서도 같은 파도가 넘실대는 거대한 바다가 펼쳐져 있었다. 발보아는 바라보고 바라보고 또 바라보았다. 자기 눈이 유럽인들 중 처음으로 이 바다의 무한한 푸른빛을 바라보고 있다는 생각에 자랑스럽고도 행복했다.

발보아는 오랫동안 황홀감에 젖어 먼 곳을 응시했다. 한참이 지나서야 자기 자랑을 나누어 갖자고 동료이자 친구인 대원들을 불렀다. 그들은 불안과 흥분으로 가득 차 헐떡거리고 소리지르면서 언덕을 달려 올라왔다. 그리고 감격한 눈빛으로 대양을 바라보고 경탄했다. 여기까지 따라온 신부 안드레스 데 베라가 갑자기 가톨릭 찬미가인 〈테 데움Te Deum〉을 부르기 시작했다. 금세 모두 조용해졌다. 이 병사들, 모험가이자 반란자인 이들의 거친 목소리가 경건한 코러스로 모아졌다. 인디오들은 에스파냐 사람들이 사제의 말 한마디에 나무를 베어 쓰러뜨린 뒤 십자가를 만들어 거기에 왕의 이름 첫 글자를 새기는 모습을 놀란 눈으로 지켜보았다. 십자가가 일으켜 세워지고, 두 팔을 벌린 듯한 가로 막대는 두 대양, 대서양과 태평양을 그 보이지 않는 끝까지 에워쌀 듯했다.

발보아가 침묵을 깨고 병사들에게 연설을 했다. 자기들에게 이런 명예와 은총을 베풀어주신 하나님께 감사드려야 마땅하다. 그리고 하나님께서 계속해서 자신들을 도우사 이 바다와 그 모든 땅을 정복하도록 해주십사 하고 기도드려야 한다. 지금까지 그랬듯이 앞으로도 계속 하나님을 믿고 따르면 자기들은 이 새로운 인도 땅에서 큰 부자가 되어 에스파냐로 돌아가게 될 것이다.

발보아는 국기를 흔들어 대면서 국기를 스친 바람이 불어간 모든 땅이 에스파냐의 소유가 되기를 기원했다. 그런 다음 서기인 안드레스 데 발데라바노를 불러 이 위대한 의식을 영원토록 증명할 문서를 작성하도록 했다. 발데라바노는 양피지를 펼쳤다. 그는 나무통 속에 양피지와 잉크병과 펜을 넣어서 정글을 뚫고 여기까지 가져온 것이다. 그는 모든 귀족과 기사와 병사 들에게 요구했다. '고귀하시고 존경받는 총독 바스코 누녜스 데 발보아께서 남쪽 바다Mar del Sur를 발견하는 자리에 있었음'과 '바스코 누녜스는 처음으로 이 바다를 보았고 뒤따라온 사람들에게 그것을 보여준 사람'이라는 것을 확인해달라는 것이었다.

69명은 언덕을 내려갔다. 1513년 9월 25일, 인류(유럽 문명)는 비로소 그때까지 알려지지 않았던 지구상의 마지막 대양 태평양을 만나게 된 것이다.

# 유혹적인 그 이름 '비루'

이제는 확실했다. 그들은 바다를 본 것이다. 이제 해안가에 가서 그 물을 만져보고 느껴보고 맛보고, 해안에서 약탈하는 일만 남았다! 내려가는 데만 꼬박 이틀이 걸렸다. 발보아는 산에서 바다에 이르는 가장 빠른 길을 알기 위해 대원들을 몇 개의 그룹으로 나누었다. 알론소 마르틴이 지휘하는 세 번째 그룹이 맨 먼저 해안에 도착했다. 명성의 허영심, 불멸을 향한 갈증은 이 그룹의 소박한 병사들마저 사로잡았다. 알론소 마르틴도 즉시 서기에게 아직 이름 붙지 않은 이 바다에 자신이 최초로 손과 발을 담구었다는 사실을 기록하라고 주문했다. 이렇게 자신의 보잘것없는 자아에 한 조각 불멸을 붙여준 다음에야, 마르틴은 자기가 바다에 도착했으며 그 물을 자기 손으로 만졌다는 소식을 발보아에게 전하도록 했다.

다음 날, 달력상으로는 성 미카엘의 날에 발보아는 22명의 부하를 거느리고 해변에 나타났다. 성 미카엘처럼 무장하고 검을 찬 채 장엄한 의식을 거행해 새로운 바다를 소유하기 위해서였다. 그는 곧장 물속으로 들어가지 않았다. 마치 물의 주인이자 지배자인 양 오만하게 나무 아래에서 쉬면서 기다렸다. 드디어 밀물의 파도가 순종하는 개의 혓바닥처럼 발보아의 두 발을 쓰다듬었다.

기다리던 순간이었다. 발보아는 일어섰다. 방패를 등 뒤로 넘겨 거울처럼 햇빛을 반사하게 하고는 한 손에는 칼을, 다른 한 손에는 성모 마리아상이 그려진 카스티야의 깃발을 쥐고서 물속으로 걸어 들어갔다. 파도가 엉덩이를 휘감을 때쯤 이 거대하고 낯선 물속에 완전히 몸을 담갔다. 지금까지는 반란자이자 부랑자였던, 그러나 이제는 자기 왕의 가장 충성스런 신하이자 승리자가 된 발보아는 깃발을 흔들면서 큰소리로 외쳤다.

"카스티야와 레온과 아라곤의 강력한 군주 페르난도와 후아나 만세! 왕의 이름과 카스티야 왕권을 위해 나는 이 바다와 땅과 해안과 항구와 섬 들을 현실적으로 구체적으로 지속적으로 인수하노라. 나는 맹세한다. 기독교도든 이교도든, 영주든 선장이든 이 땅과 바다에 그 어떤 권리라도 주장하려 든다면 이 땅과 바다의 주인이신 카스티야 왕의 이름으로 막겠노라. 이 바다와 땅은 세계가 지속되는 한, 지금도 그리고 최후 심판의 날까지 영원히 카스티야 왕의 것이다."

에스파냐 사람들은 이 맹세를 되풀이했다. 그들의 말은 한순간 커다란 파도 소리보다도 높았다. 저마다 바닷물로 입술을 적셨고, 서기 안드레스 데 발데라바노는 한 번 더 이 소유 행위를 묘사했다. 그의 문서는 다음과 같은 말로 끝을 맺고 있다.

"위에 적은 22명과 서기 안드레스 데 발데라바노는 최초로 남쪽 바다에 발을 담근 기독교도들이다. 이들은 모두 여느 바닷물처럼 소금물인지 맛보기 위해 손으로 바닷물을 만져보고 입술을 적셨다. 소금물이라는 사실을 알았을 때 그들은 하나님께 감사드렸다."

위대한 행위는 이루어졌다. 이제 지상의 이익을 챙길 차례였다.

에스파냐 사람들은 몇몇 원주민에게서 약간의 금을 물물교환으로 얻거나 빼앗았다. 그런데 그런 승리 한가운데서 또 하나의 놀라움이 그들을 기다리고 있었다. 인디오들이 값진 진주를 손 가득히 들고 온 것이었다. 그 진주는 근처 섬에 산재했다. 그중 하나는 '펠레그리나'라는 이름으로 불리게 되는데, 에스파냐의 대문호 세르반테스와 로페 데 베가는 그것을 찬양하는 시를 짓기도 했다. 펠레그리나는 세상에서 가장 아름다운 진주로서 이후 에스파냐와 영국 왕의 왕관을 장식하게 된다.

에스파냐 사람들은 진주를 주머니와 자루에 가득 채웠다. 원주민들에게 진주는 조개껍질이나 모래 정도에 지나지 않았다. 탐욕스런 에스파냐 사람들은 이제 지상에서 가장 중요한 물건, 황금에 대해 물었다. 추장이 남쪽을 가리켰다. 산들의 선이 아스라이 수평선 속으로 사라져가는 곳이었다.

"저곳에는 헤아릴 수 없이 많은 보물을 가진 나라가 있다. 그곳의 지배자들은 황금 그릇에다 식사를 하고 거대한 네발 달린 짐승들—추장이 뜻한 것은 라마였다—이 아주 값진 것들을 왕의 보물 창고로 실어 나른다."

그러고는 저 남쪽 바닷가 산 너머에 있는 나라의 이름을 말했다. 그것은 '비루Biru'처럼 들렸다. 울림이 좋고 낯선 이름이었다.

발보아는 추장의 손끝을 따라 저쪽, 산들이 하늘 속으로 사라져가는 그 먼 곳을 응시했다. 부드럽고 유혹적인 단어 '비루'는 곧 그의 영혼 깊숙한 곳에 새겨졌다. 심장이 불안하게 요동쳤다. 생애에서 두 번째로 그는 예기치 못한 상황에서 위대한 약속을 받아낸 것이다. 최초의 메시지, 가까이에 바다가 있다는 코마그레의 메시지는 이미 실현되었다. 그는 지금 진주 바닷가와 남쪽 바다를 발견했다. 어쩌면 이 두 번째 메시지도 성공할지 모른다. 지구상의 황금 나라 잉카 왕국 발견과 정복이라는 위업 말이다.

## 신들은 드물게만 허락하나니

발보아는 동경에 가득 찬 눈길로 한 번 더 먼 곳을 응시했다. 황금의 종소리처럼 '비루', 즉 '페루'라는 단어가 그의 영혼을 울렸다. 그러나 고통스런 체념이었다! 더 이상 탐색은 불가능했다. 고작 20~30명, 그것도 거의 기진한 상태의 남자들을 데리고 '왕국'을 정복할 수는 없었다.

'우선 다리엔으로 돌아가 사람들을 더 모은 뒤 새로 발견한 길을 따라 새로운 대양으로 가자.'

그러나 돌아가는 길도 적잖이 힘들었다. 다시 한번 정글과 원주민과 싸워야 했던 것이다. 그들은 더 이상 전사의 무리가 아니었다. 열병에 시달리며 마지막 힘을 다해 건들거리며 걷는 작은 무리일 뿐이었다. 발보아 자신은 거의 죽을 지경이 되어 인디오들에 의해 들것에 실려왔다.

그렇게 넉 달간의 끔찍한 고생 끝에 1514년 1월 19일, 그들은 다리엔으로 돌아왔다. 이로써 역사상 위대한 업적 중 하나가 성취되었다. 발보아는 약속을 이행했고, 그와 함께 미지의 세계로 갔던 대원들은 부자가 되었다. 병사들은 남쪽 바닷가에서 보물을 가지고 돌아왔다. 콜럼버스나 다른 어떤 정복자들도 가져온 적이 없을 정도로 값진 보물들이었다. 그뿐 아니라 그들은 식민지의 다른 주민들에게도 그들의 몫을 떼어주었다. 5분의 1은 왕의 몫이었다. 이 승리자가 몫을 나눌 때, 그의 개 레온치코에게 원주민의 살을 물어뜯은 대가로 황금 500페소를 준 것을 불만스럽게 생각하는 사람은 아무도 없었다.

식민지에 있는 그 누구도 그러한 위업을 달성한 발보아가 총독의 권위를 가진다는 사실에 저항할 수 없었다. 마치 신처럼 이 모험가이자 반란자는 축하를 받았고 그는 자랑스럽게 에스파냐에 소식을 전했다. 자신이 콜럼버스 이후로 카스티야 왕을 위해 가장 위대한 업적을 이루어냈노라는 소식이었다. 행운의 태양은 급히 떠오르면서 지금까지 그의 인생에 드리워져 있던 모든 구름을 걷어가버렸다. 이제 그는 인생의 절정에 도달했다.

그러나 아주 잠시뿐이었다. 몇 달이 흐른 뒤 화창한 6월의 어느 날, 깜짝 놀란 다리엔 주민들이 해변으로 몰려들었다. 돛 하나가 수평선에 모습을 드러낸 것이다. 세계의 잊힌 구석에 사는 그들에게 그것은 기적과도 같았다. 그러나 보라, 두 번째 돛이 나타났다. 세 번째 네 번째 다섯 번째, 곧이어 돛은 열이 되고, 아니 열다섯, 아니 스물! 일군의 배들이 항구를 향해 다가왔다. 사람들은 알아차렸다. 이 모든 일은 발보아가 보낸 편지의 결과임을. 그러나 그의 승리의 소식이 아니라—그것은 아직 에스파냐에 도착하지 않았다—그보다 전에 보낸 소식의 결과였다. 그 편지에서 그는 가까이에 남쪽 바다와 황금 나라가 있다는 추장의 이야기를 전하고 그 나라들을 정복하는 데 필요한 군사 1,000명을 요청했었다. 에스파냐 왕은 그러한 모험을 위해 이 정도의 막강한 지원을 주저하지 않았다.

그러나 세비야와 바르셀로나에 있는 어느 누구도 그렇게 중요한 일을 평판 나쁜 모험가이자 반란자인 발보아에게 맡기려고 생각지 않았다. 부유한 귀족이면서 존경받는, 60세의 페드로 아리아스 다빌라, 페드라리아스라고도 불리는 인물이 총독 자격으로 파견되어왔다. 총독으로서 마침내 식민지에 질서를 세우고, 지금까지 행해진 그 모든 범죄에 대해 법의 정의를 행사하고, 저 남쪽 바다를 발견하고, 약속의 황금 땅을 정복하기 위해서였다.

그러나 사정은 이미 페드라리아스에게 불리하게 기울어 있었다. 그에게는 발보아에게 총독을 쫓아낸 책임을 묻고 재판 결과에 따라 발보아를 투옥하거나 아니면 풀어주라는 임무가 주어져 있었다. 남쪽 바다를 발견하라는 임무도 주어졌다. 그러나 배가 육지에 닿자마자 재판정에 세워야 할 발보아가 그 위대한 업적을 이미 달성해버렸다는 것을 알았다. 게다가 이 반란자가 총독인 자신에게 할당된 승리, 아메리카 대륙 발견 이후 가장 위대한 공로를 에스파냐 왕을 위해 이미 세웠다는 사실도 듣게 되었다. 이제 총독으로서는 발보아를 평범한 범죄자로 취급해 그 머리를 처형대에 올려놓을 수 없었다. 발보아를 친절하게 맞아 진심으로 축하하는 척하지 않을 수 없었다.

그러나 이 순간부터 발보아는 이미 패배한 것이었다. 페드라리아스는 자신에게 맡겨진 임무, 역사상의 영원한 명성을 보장해줄 그 임무를 발보아가 이미 수행했다는 사실 때문에 결코 그를 용서할 수 없었다. 그러나 식민지 사람들을 너무 일찍 실망시키지는 않았다. 총독은 식민지의 영웅에 대한 미움을 감춘 채 조사를 미루고, 심지어 아직 에스파냐에 남아 있던 자기 딸을 발보아와 약혼시키는, 평화의 제스처를 해보이기까지 했다. 그러나 발보아에 대한 미움과 질투는 점점 커져만 갔다.

드디어 발보아의 업적을 알게 된 에스파냐 왕국이 예전의 반란자에게 위업에 적합한 작위를 수여함으로써 그는 귀족이 되었다. 페드라리아스에게는 모든 중요한 일을 할 때 발보아와 상의하라는 명령도 내려졌다. 그러나 두 명의 총독이 있기에 이 땅은 너무나 비좁았다. 둘 중 하나는 물러나야 했다. 그 하나는 몰락할 수밖에 없었다. 그리고 발보아는 자기 머리 위에 칼이 놓여 있음을 알았다. 페드라리아스의 손에 군사력과 사법권이 쥐어져 있었기 때문이다.

발보아는 두 번째 도망을 시도했다. 첫 번째 도주는 훌륭하게 성공했다. 그리고 이제 두 번째로 불멸을 향해 도망치려고 마음먹었다. 그는 페드라리아스에게 남쪽 바다의 해안을 조사하고 광범한 지역을 정복할 원정대를 조직할 수 있도록 허락해달라고 청원했다. 그러나 옛 반란자는 저쪽 바닷가에 도착해 모든 통제에서 완전히 벗어나게 되면 자신의 군대를 만들어 자신이 그 땅의 주인이 되고, 가능하면 저 전설적인 '비루', 신세계를 정복하려는 은밀한 의도를 품고 있었다. 페드라리아스 역시 저의를 품고서 그 일을 허락했다. 발보아가 원정에서 실패하면 더욱 좋겠지만, 성공한다 해도 여전히 명예욕에 사로잡힌 이 남자를 해치울 시간이 있을 것이다.

발보아는 불멸을 향한 새로운 도주를 시작했다. 그의 두 번째 시도는 어쩌면 처음보다 더 장대했다. 비록 그것이 역사상 첫 번째 것만큼 명성을 가져다주지는 못하겠지만. 역사는 성공한 사람만을 찬양하는 법이다. 이번 탐험에 동원된 것은 단순히 대원만이 아니었다. 쌍돛대 범선 네 척을 만들 수 있는 목재와 판자, 돛과 닻, 기중기 등도 원주민 수천 명을 동원해 산 위로 끌고 갔다. 저쪽 편에서 함대만 하나 가지게 된다면 그는 모든 해안을 장악하고 진주섬들과 페루, 전설의 그 페루를 정복할 수 있을 것이다.

그러나 이번의 운명은 그의 편이 되어주지 않았다. 그는 끊임없이 새로운 저항에 부딪혔다. 습도가 높은 정글을 지나는 동안 벌레들이 목재를 갉아 먹어 도착했을 때에는 이미 판자가 썩어 있었다. 그러나 발보아는 절망하지 않고 파나마만에서 새로운 종족들을 점령해 새로운 판자를 마련했다. 그의 열정은 기적을 만들어냈으니, 태평양에서 최초로 범선들이 건조되었다. 그러나 기적도 잠시, 갑자기 회오리바람이 불어 완성된 범선들을 강타했다. 묶였던 끈이 풀려져 범선들은 산산조각이 나서 바다 위로 흩어져버렸다. 다시 시작해야 했으니, 무려 세 번째였다. 이번에는 범선 두 척을 완성하는 데 성공했다. 두 척만, 아니 세 척만 더 만들면 다시 출발할 수 있을 것이다. 그러면 추장이 손을 뻗어 남쪽을 가리키면서 처음으로 그 유혹적인 단어 '비루'라고 말한 이래로, 그가 밤낮으로 꿈꾸어온 땅을 정복할 수 있을 것이다. 용감한 장교 몇 명을 더 데려오고, 병사들을 추가로 보내달라고 요청하기만 하면 그는 자신의 왕국을 건설할 수 있을 것이다! 몇 달만 더, 내면의 대담함에다가 약간의 행운만 더하면 세계사는 프란체스코 피사로가 아니라 바스코 누녜스 데 발보아에게 잉카 정복자, 페루 정복자라고 이름을 부여할 것이다.

그러나 운명은 자신이 사랑하는 존재에게마저도 지나친 너그러움을 베풀지 않는다. 신들이 한 인간에게 한 번 이상의 불멸의 행동을 허락하는 일은 아주 드물다.


## 빛이 꺼지다

발보아는 무쇠와 같은 에너지로 자신의 위대한 업적을 이루기 위한 준비를 해나갔다. 그러나 바로 그 대담함으로 이룬 성공은 곧 위험을 잉태했으니, 페드라리아스가 발보아의 속마음을 꿰

뚫어 보고 있었던 것이다. 어쩌면 발보아의 부하 중 누군가가 그의 명예욕과 지배욕을 총독에게 귀띔했을지도 모른다. 또는 총독이 단순히 시기심에 불타 한때의 반란자가 또다시 성공하는 것을 두려워했을지도 모른다. 어쨌든 총독은 갑자기 발보아에게 친절한 편지를 보내, 정복의 길에 오르기 전 다리엔 근처에 있는 도시 아클라로 와서 상의해주면 좋겠다고 전했다. 페드라리아스에게서 병사를 좀 더 지원받을 생각이었던 발보아는 그의 초대를 받아들였다.

그가 도시의 성문 앞에 도착했을 때, 일단의 병사들이 그를 향해 걸어왔다. 얼핏 보기에 마중나온 사람들인 듯했다. 발보아는 웃으며 그들을 향해 달려갔다. 그리고 그들의 인솔자이자 자신의 친구로서 여러 해 동안이나 함께 참전했으며 남쪽 바다를 발견할 때에도 옆에 있었던 프란체스코 피사로를 포옹하려고 했다. 그러나 피사로는 무겁게 발보아의 어깨 위에 손을 얹으면서 말했다. "당신은 체포되었소!" 피사로 자신이 불멸을 향한 열망에 불타고 있었고 황금 땅을 정복하겠다는 욕망으로 들끓고 있었으니, 이 대담한 선임자를 제거하는 일이 싫지 않았을 것이다.

총독 페드라리아스는 발보아를 반란죄로 재판에 부쳤다. 재판은 빠르고 불공평하게 진행되었다. 며칠 뒤 발보아는 자신의 심복들과 함께 처형대로 향했다. 형리의 칼이 번뜩인 지 1초 만에 그의 머리가 떨어졌다. 유럽인 중 처음으로 우리 지구를 둘러싼 두 개의 대양을 동시에 바라보았던 두 눈은 이제 영원히 빛을 잃었다.

# 게오르크 프리드리히 헨델의 부활

1741년 8월 21일

헨델의 오라토리오 〈메시아〉

## 거인이 쓰러지다

1737년 4월 13일 오후, 게오르크 프리드리히 헨델의 하인이 브루크가에 있는 헨델의 집 1층 창가에 긴장한 표정으로 앉아 있었다. 담배가 동났다는 사실을 알고 있었지만, 그리고 두 블록만 달려가면 여자친구 돌리의 가게에서 담배를 살 수 있을 테지만, 화를 잘 내는 주인 나리가 무서워 집 밖으로 나가지 못하고 있었다. 주인 나리 헨델은 집으로 들어선 그때 이미 화가 잔뜩 난 상태였다. 얼굴은 벌겋게 상기되었고, 관자놀이에는 핏줄이 불끈 솟은 채 현관문을 꽝 소리 나게 닫으며 들어왔던 것이다. 아래층에서 듣자 하니, 아직도 성이 나서 2층에서 천장이 울릴 정도로 이리저리 쿵쾅거리며 걸어다니고 있었다. 이렇게 주인 나리가 잔뜩 화가 나 있는 날에 칠칠치 못한 일을 했다가는 벼락 맞기 십상이었다.

그래서 하인은 점토로 만든 짧막한 파이프에서 아름답게 퍼져 나가는 푸르른 담배 연기 대신 비눗방울을 불며 지루함을 달랬다. 비누거품이 담긴 자그마한 단지를 옆에 두고는 오색으로 영롱하게 빛나는 비눗방울을 창밖으로 불어 보냈다. 지나가던 사람들이 멈추어 서서 지팡이로 영롱한 비눗방울을 터트리곤 했지만, 그저 재미있어할 뿐 이상하게 생각하는 사람은 아무도 없었다. 브루크 가에 있는 이 집에서는 별별 일이 다 일어날 수 있었기 때문이다. 한밤중에 갑자기 하프시코드 소리가 우렁차게 울려 나오는가 하면, 한 옥타브 높거나 낮게 노래를 불렀다고 다혈질의 주인이 무지막지하게 화를 내며 갖은 욕설을 퍼부어대는 통에 여가수들이 엉엉 우는 일도 있었다. 이미 오래전부터 그로스베너 광장의 이웃들에게 브루크가 25번지는 정신병원 정도로 여겨졌다.

하인은 조용하고 침착하게 오색의 비눗방울을 불었다. 얼마간 시간이 흐르자 기술이 눈에 띄게 좋아져 점점 더 큰 비눗방울이 만들어졌다. 그것들은 점점 더 높이 가볍게 날아올라서 건너편 집의 낮은 처마에 이르기도 했다. 그런데 갑자기 쾅 소리가 나며 온 집 안이 진동했다. 유리잔들이 덜컹거리고, 커튼이 흔들렸다. 2층에서 무엇인가 거대하고 무거운 것이 넘어간 게 분명했다. 깜짝 놀란 하인이 벌떡 일어나 단숨에 층계를 올라가 주인의 작업실로 향했다.

주인이 앉아서 일하곤 하는 안락의자는 비어 있었다. 아니, 작업실이 텅 비어 있었다. 서둘러 침실 쪽으로 가려던 하인이 헨델을 발견했다. 헨델은 멍하니 눈을 뜬 채 바닥에 누워 있었다. 놀란 하인이 가만히 듣자니 둔하고 무거운 그르렁거리는 소리가 들렸다. 그 강한 남자의 신음 소리였다. 차라리 그의 내면에 있는 무엇인가가 짧고도 약해져가는 소리로 신음하고 있다는 게 더 맞을 것이다.

주인이 죽어간다고 생각한 하인은 서둘러 무릎을 꿇고 이미 절반쯤은 의식을 잃은 주인을 일으켜보려고, 부축해서 소파로 데려가려고 무진 애를 썼다. 그러나 그러기에 이 남자는 너무나 무거웠다. 그래서 일단 주인의 목을 죄고 있는 스카프를 풀었다. 이내 그르렁거리는 소리가 잦아들었다.

때마침 헨델의 조수 크리스토프 슈미트가 왔다. 그는 몇 편의 아리아를 베끼기 위해 아래층에서 기다리고 있었는데, 둔탁한 쿵 소리에 깜짝 놀라 올라온 것이다. 두 사람은 죽은 사람처럼 양팔이 축 늘어져 무거운 이 남자를 들어 침대에 눕혔다.

"옷을 벗겨드리게!" 슈미트가 하인에게 호통을 쳤다.

"난 의사를 부르러 갈 테니 깨어나실 때까지 물을 뿌리게."

슈미트는 웃도리도 걸치지 못한 채 브루크가를 지나 본드가로 달려갔다. 지나치는 마차마다 손짓을 해댔지만, 마부들은 셔츠 차림의 이 헐떡이는 뚱뚱한 남자를 본 척도 않은 채 위풍당당하고도 느린 속도로 지나쳐갈 뿐이었다. 마침내 마차 한 대가 멈추어섰다. 찬도스 경의 마부가 슈미트를 알아보았던 것이다. 슈미트는 예의는 다 접어두고 마차의 문짝을 열어젖혔다.

"헨델 선생님이 죽어갑니다! 의사에게 가야 합니다!"

마차 안에는 헨델의 후원자이자 위대한 음악의 벗인 찬도스 공작이 앉아 있었다. 공작은 슈미트를 마차에 오르게 했다. 마부는 말들을 매섭게 채찍질해 플리가로 몰았다.

얼마 안 있어 플리가에 있는 자기 방에서 소변검사에 열중하고 있던 의사 젠킨스를 불러냈다. 자신의 가벼운 이륜마차에 슈미트를 태운 의사는 곧장 브루크가로 내달렸다. 마차가 달리는 동안 절망감에 빠진 슈미트가 탄식했다.

"화를 너무 많이 내서 그럴 겁니다. 그들은 선생님을 죽도록 괴롭혀요. 빌어먹을 가수들과 카스트라토들, 문인들과 비평가들, 구역질 나는 그 작자들 말예요. 선생님은 어떻게든 극장을 구해보려고 올해 오페라를 네 편이나 쓰셨는데, 다른 작자들은 여자들 치맛자락이나 궁중에만 숨어 있지요. 무엇보다 그 이탈리아 출신의 빌어먹을 카스트라토, 원숭이처럼 소리만 질러댈 줄 아는 그놈이 사람들을 홀딱 홀려놨단 말입니다. 어휴, 그 사람들이 선량한 헨델 선생님께 무슨 짓을 했는지 생각하면 원! 선생님은 저축한 돈도 몽땅 털어 넣으셨어요. 1만 파운드나 말예요. 이제 그 작자들이 차용 증서를 들고 와서는 선생님을 들볶고 있어요. 어떤 사람도 그렇게 위대한 업적을 세운 적도 없고, 그토록 헌신한 적이 없건만. 그런 일은 거인이라도 쓰러뜨리고 말죠. 선생님이 어떤 분인데, 얼마나 천재이신데!"

의사 젠킨스는 냉정한 얼굴로 듣고만 있었다. 집 안으로 들어서기 전에 파이프를 한 모금 빨고는 재를 털어내며 물었다.

"그 사람 몇 살입니까?"

"쉰둘입니다." 슈미트가 대답했다.

"좋지 않은 나이군요. 그 사람 평소에 황소처럼 일을 했지요. 정말 황소처럼 강하기도 하구요. 이제 사정이 어떤지 좀 봅시다."

하인이 사발을 들이밀었고, 슈미트는 헨델의 팔을 쳐들었다. 의사가 혈관 일부를 절단했다. 피가 솟구쳐 올랐다. 선홍색의 뜨거운 피였다. 다음 순간 안도의 신음이 창백한 입술에서 새어 나왔다. 헨델은 깊은숨을 쉬더니 눈을 떴다. 두 눈은 지치고 낯설고 의식이 없는 듯했다. 광채가 사라진 눈이었다.

의사가 지혈을 위해 팔에 붕대를 감았다. 이제 할 일은 다 한 셈이었다. 그가 막 일어서려는데 헨델의 입술이 달싹거렸다. 의사는 자신의 귀를 헨델의 입술에 가져다 댔다. 거의 숨결 같은 나지막한 소리로 헨델이 웅얼거렸다.

"끝났어요… 난 이제 끝이야… 힘이 없어… 힘 없인 살고 싶지 않소."

젠킨스는 몸을 더 굽혔다. 헨델의 오른쪽 눈은 움직이지 않았지만 왼쪽 눈은 아직 살아 있었다. 시험해볼 생각으로 의사는 헨델의 오른팔을 쳐들었다. 팔은 죽은 듯이 도로 떨어졌다. 다시 왼팔을 쳐들었다. 왼팔은 쳐들린 채로 그대로 있었다. 이제 젠킨스는 무슨 병인지 분명히 알 수 있었다.

의사가 방을 나서자 슈미트가 뒤따랐다. 충계까지 따라나온 그는 두려움에 가득 차서 물었다.

"무슨 병입니까?"

"뇌졸중이오. 오른쪽이 마비됐소."

"나을 수 있을까요?" 슈미트가 말을 더듬었다.

젠킨스가 코담배를 한 줌 움켜쥐었다. 그는 그런 질문을 좋아하지 않았다.

"어쩌면 그럴지도 모르지요. 무슨 일이든 가능합니다."

"그럼 선생님은 마비된 상태로 지내게 되는 건가요?"

"어쩌면… 기적이 일어나지 않는다면 말이오."

그러나 몸속의 모든 혈관이 스승과 결부되어 있다고 느껴온 슈미트는 물러서지 않았다.

"그렇다면 적어도 일을 다시 하실 수는 있겠죠? 일을 하지 못한다면 선생님은 살 수 없을 텐데요."

젠킨스는 이미 충계로 내려와 있었다. 그는 나직하게 말했다.

"그것만은 안 될 거요. 어쩌면 사람은 살 수 있을지 모르지요. 하지만 음악가는 잃어버린 거요. 이번 발작은 뇌에 영향을 미쳤어요."

슈미트는 그를 멍하니 바라보았다. 의사가 당황할 정도로 무서운 절망감이 슈미트의 눈에 드리워졌다.

"이미 말했듯이 기적이 일어나지 않는다면 그렇다는 거요. 난 기적 같은 거 본 적이 없지만."

# 지옥에서 살아 나온 남자

넉 달 동안 헨델은 힘없이 살았다. 힘은 그의 생명이었다. 그의 몸 오른쪽은 마비되었다. 걸을 수도 쓸 수도 없었고, 오른손으로는 피아노 건반을 두드려봤자 소리 내는 것조차 불가능했다. 말도 할 수 없었다. 전신이 일그러져 있었고 입술 또한 무섭도록 일그러져 차라리 비스듬히 매달려 있다고 하는 편이 맞았다. 말을 할라치면 소리마저 일그러져 입술 밖으로 새어 나왔다. 친구들이 그를 위해 음악을 연주하면 눈에 한 줄기 빛이 나타나 몸을 움직여 장단을 맞추려 했지만, 마치 꿈속에서처럼 무겁게 짓눌려 도무지 말을 듣지 않았다. 한때 건강했던 이 남자는 이젠 아무런 힘도 없는 채로 보이지 않는 무덤 속에 갇혀 있음을 느꼈다. 음악이 끝나면 눈꺼풀은 곧 도로 감겼고, 시체처럼 누워 있었다. 음악가는 분명히 치료할 수 없는 것처럼 보였다. 의사는 마침내 환자를 아헨Aachen의 온천지로 보낼 것을 권했다. 어쩌면 온천욕이 약간의 차도를 가져올지도 모른다는 것이었다.

땅속의 신비스러운 온천수에 힘이 살아 있듯이, 이 단단하게 마비된 살가죽 아래에도 이해할 수 없는 힘이 살아 있었다. 바로 헨델의 의지력이었다. 의지력만큼은 파괴적인 발작에도 손상을 입지 않았다. 그러한 원천적인 힘은 언젠가 죽을 육체 속에 깃든 불멸의 힘이 완전히 몰락하도록 내버려두지 않았다. 이 거대한 남자는 아직 패배를 인정하지 않았다. 아직 살려고, 창조하려고 했다.

그리고 이러한 의지력은 자연의 한계에 맞서 기적을 만들어냈다.

아헨에서 의사들은 온천수에 세 시간 이상 몸을 담그지 말라고 경고했다. 심장이 견뎌내지 못해서 죽을지도 모른다고 했다. 그러나 의지력은 삶을 위해, 삶에 대한 가장 거친 열망, 치유를 위해 죽음에 맞섰다. 헨델은 매일매일 아홉 시간씩 온천수에 몸을 담갔다. 의사들은 기겁을 했지만, 헨델의 의지력과 더불어 체력도 점점 강해졌다. 일주일이 지나자 비록 어눌했지만 헨델은 다시 걸을 수 있게 되었다. 보름이 지나자 팔도 움직일 수 있게 되었다. 의지력과 자신감의 승리였다. 한 번 더 그는 삶을 마비시키는 죽음의 굴레에서 벗어났다. 삶을 끌어안기 위해서였다. 오직 치유자 자신만이 아는, 이루 말할 수 없는 행복감에 젖어 전보다 더욱 뜨겁고 더욱 열광적으로 삶을 끌어안기 위해 애썼다.

헨델은 이제 몸을 완전히 자유롭게 움직일 수 있게 되었다. 아헨을 떠나던 날, 그는 교회 앞에 멈춰 섰다. 전에는 이토록 경건해 본 적이 없었다. 그러나 이제 은총을 입어 다시 자유로운 걸음걸이로 대형 오르간이 설치된 중앙 제단으로 올라갈 때, 그는 자신이 알 수 없는 어떤 존재에 의해 움직이고 있음을 느꼈다. 그는 왼손으로 건반을 눌렀다. 파이프를 통해 맑은 음이 울려 나왔다. 오랫동안 마비되어 있던 오른손이 이제 천천히 망설이면서 건반을 눌렀다. 보라, 은빛 샘물처럼 소리가 울려 퍼지지 않는가! 서서히 그는 연주하기 시작했다. 환상에 빠져들기 시작했다. 무엇인가가 그를 위대한 흐름 속으로 데려갔다. 울려 나온 소리들은 하나하나

벽돌처럼 쌓여 눈에 보이지 않는 존재로 형상화되고 있었다. 그의 천재성이 만들어내는 건물은 그림자 없는 모습으로 위로 위로 뻗어나갔다. 잡을 길 없는 명랑함, 소리로 이루어진 빛이었다. 아래쪽에서 수녀들과 경건한 신자들이 귀를 기울이고 있었다. 그들이 듣기에 그것은 인간의 연주가 아니었다. 헨델은 고개 숙인 채 경건하게 연주하고 또 연주했다. 다시 자신의 말을 찾은 것이었다. 그 말로써만 그는 신을 향해, 영원을 향해 그리고 인간들을 향해 이야기할 수 있었다. 그는 다시 음악을 만들 수 있게 되었다. 이제야 비로소 자신이 완전히 나았다고 느꼈다.

"지옥에서 살아 나왔소이다."

헨델은 넓은 가슴을 쭉 펴고 양팔을 벌리면서, 자신감에 넘치는 목소리로 런던의 의사에게 말했다. 의사는 놀라움을 감추지 못했다. 그것은 엄밀히 말해 의학상의 기적이었다.


## 주여, 나를 버리시나이까

건강해진 헨델은 폭발적인 열정과 두 배나 강해진 광포한 열광으로 즉시 작업에 덤벼들었다. 옛날의 투쟁 의욕이 쉰셋이 된 음악가에게서 되살아났다. 오페라 한 편이 완성되었다. 완쾌된 손은 그의 말을 잘도 들어주었다. 연이어 두 번째, 세 번째 오페라가 완성되었다. 그리고 〈사울〉, 〈이집트의 이스라엘〉, 〈알레그로, 펜시에로소와 모데라토〉 같은 오라토리오들을 써내려갔다. 오랫동안 막혀 있던 샘에서 한꺼번에 샘물이 터져 나오듯, 쉼 없이 창조적인 열광이 솟아 나왔다.

그러나 시절은 그의 편이 되어주지 않았다. 여왕의 죽음으로 연주회는 중단되었고, 곧이어 영국과 에스파냐의 전쟁이 시작되었다. 광장은 매일 소리 지르고 노래하는 군중으로 들끓었지만, 극장은 텅 비어 있었다. 헨델의 빚은 눈덩이처럼 불어만 갔다.

추운 겨울이 찾아왔다. 썰매가 딸랑딸랑 방울 소리를 내며 얼어붙은 템스강 위를 달릴 정도로 심한 추위가 런던을 덮쳤다. 연주회가 열리던 홀들은 이 냉혹한 추위로 모두 문을 닫았다. 천사의 음악도 넓은 공간을 가득 채운 혹독한 추위를 물리치지는 못했다. 연주회도 가수가 병에 걸리거나, 이런저런 사정으로 취소되었다. 헨델의 처지는 점점 더 비참해졌다. 빚쟁이들이 몰려오고, 비평가들이 조소를 퍼붓고, 관객은 무심한 표정으로 입을 다물고 있었다. 절망적인 상황들이 점차 헨델에게서 용기를 앗아갔다. 가난한 예술가를 위한 자선 연주회가 빚더미에서 그를 구해주기는 했지만, 거지처럼 목숨을 이어가야 하다니 이 얼마나 비참한 일인가! 헨델은 움츠러들었고, 심사는 어두워져만 갔다. 지금처럼 영혼이 마비되는 것보다는 차라리 육체의 반쪽이 마비되어 있던 그때가 더 나았다는 생각마저 들었다.

1740년 헨델은 다시금 자신이 한때 명성의 찌꺼기요, 잿더미에 불과한 패배자라고 느꼈다. 힘겨워하며 초기 작품들을 모아 이리저리 붙여보거나 소품을 창작했다. 다시 건강해진 신체 안에 깃들인 원천적인 힘은 위대한 흐름을 향하고 있었으나 그러한 흐름은 아직 터져 나올 구멍을 찾지 못하고 있었다. 이 강한 남자도 지쳤다는 걸 스스로 실감했다. 이 위대한 전사는 처음으로 패배를 인정하면서 이미 35년 전부터 세상을 뒤덮은 창작 의욕의 성스러운 물결이 막혀버렸음을 느꼈다. 다시 한번 끝난 것이다. 또다시 그리고 완전히 절망한 이 사람은 이제 아주 끝나버렸다는 사실을 알았다. 혹은 그렇다고 생각했다.

'인간들이 나를 다시 파묻어버릴 것이라면 왜 신은 나를 병석에서 일으키셨던가!'

자신의 그림자와 세상의 냉혹함 그리고 공허함 속에서 이렇듯 꺼져가기보다는 차라리 그때 죽었더라면 좋았을 것을. 분노 속에서 그는 십자가에 못 박힌 예수가 했던 말을 몇 번이나 뇌까렸다.

"주여, 나의 주여, 어찌하여 나를 버리시나이까?"

헨델은 이미 절단나 절망한 남자, 스스로에게 넌더리가 난 사람, 자기의 힘을 믿지 못하고 어쩌면 하나님도 믿지 못하는 사람이 되어서, 몇 달을 저녁마다 런던의 거리를 헤매고 다녔다. 어둠이 완전히 내려앉은 뒤에야 집을 나설 용기가 생겼다. 낮에는 차용 증서를 든 빚쟁이들이 문 앞에서 기다리곤 했고, 행여 거리에 나서기라도 할라치면 사람들이 멸시하는 눈초리로 자기를 쳐다볼까 두려웠다.

차라리 아일랜드로 도망쳐버릴까도 생각했다. 거기선 아직 사람들이 그의 명성을 믿고 있었다. 아! 그들은 그의 신체 안에 남아 있는 힘이 이제 얼마나 무너져버렸는지 모르고 있었다. 아니면 독일로, 혹은 이탈리아로 도망치면 어떨까도 생각했다. 어쩌면 거기서는 한 번 더 내면의 서리가 녹을지도, 달콤한 서풍에 닿아서 영혼의 황폐한 바위 땅에서 한 번은 더 멜로디가 흘러나올지도 모르지 않는가. 아니, 그는 견딜 수가 없었다. 창작도 활동도 못 한다는 패배감에 견딜 수가 없었다.

그는 종종 교회 앞에 멈추어 서곤 했다. 그러나 이제 하나님 말씀도 자신에게 위안이 될 수 없음을 너무나 잘 알고 있었다. 그는 선술집도 자주 찾았다. 그러나 창작의 고귀함과 순수함에 도취되어본 적이 있는 이 사람에게 증류수에 불과한 싸구려 브랜디는 역겹게 느껴질 뿐이었다. 그는 몇 번이나 템스강의 다리 위에 서서 검게 빛나는 물살을 말없이 내려다보곤 했다. 단번에 모든 것을 던져버리는 것이 낫지 않을까 하는 생각도 해보았다. 이 공허의 짐만 짊어지지 않을 수 있다면, 신과 인간에게서 버림받았다는 이 고독의 두려움에서 벗어날 수만 있다면!

## 헨델의 부활… 〈메시아〉의 탄생

그는 또다시 거리를 헤매고 다녔다. 1741년 8월 21일은 타는 듯이 무더운 날씨였다. 하늘은 녹아버린 금속처럼 희뿌옇고 후텁지근하게 런던시 위에 걸려 있었다. 밤이 깊어서야 헨델은 그린 파크에서 바람 좀 쐬려고 집을 나섰다. 자기를 알아보는 사람 하나 없는 그곳, 아무도 자기를 괴롭힐 수 없는 그곳, 나무그늘 아래에 몹시 피곤한 얼굴로 앉아 있었다. 이제 이 피곤함은 병처럼 그를 짓누르고 있었다. 말하고 읽고 쓰고 생각하기에 지친 사람, 느끼기에 지치고 살기에 지친 사람. 대체 무엇 때문에 이러고 있단 말인가?

그는 단 하나의 생각에 몰두한 채로 술 취한 사람처럼 폴몰가와 제임스가를 지나 집으로 돌아왔다. 잠을 자자. 더는 모르겠다. 그냥 푹 쉬자. 쉬자. 그래, 영원히 쉴 수 있다면 가장 좋겠지. 브루크가 자신의 집에 깨어 있는 사람은 없었다. 아, 그는 얼마나 고단했던가. 인간들에게 얼마나 고단하게 들볶였던가. 그는 천천히 계단을 올라갔다. 올라갈 때마다 무거운 발걸음에 나무 계단이 삐걱거렸다. 마침내 방으로 돌아왔다. 부싯돌을 쳐서 책상에 있는 초에 불을 붙였다. 일하려고 자리에 앉을 때면 언제나 해오던 습관이었다. 왜냐하면 그날―자기도 모르는 새 우수에 가득 찬 한숨이 새 나왔다―산책 중에 어떤 곡의 주제가 될 만한 하나의 악상을 얻어서 돌아왔기 때문이다. 악상이 떠오를 때면 그는 서둘러 적어두곤 했다. 그런데 그날따라 책상이 비어 있었다. 오선지 공책이 없었다. 얼어붙은 강물에 그만 성스러운 물레방아가 멈추어 버린 것이다. 시작할 것도 끝낼 것도 없었다. 책상은 비어 있었다.

아니, 비어 있는 게 아니었다. 저기 저 책상 한 귀퉁이에 무언가 종이처럼 하얀 것이 빛나고 있었다. 헨델은 그것을 움켜쥐었다. 소포 꾸러미였다. 서류 같은 것이 들어 있는 듯했다. 서둘러 겉봉을 뜯었다. 맨 위에는 편지가 있었다. 〈사울〉과 〈이집트의 이스라엘〉의 가사를 주었던 시인 찰스 제넌스의 편지였다. 새로운 시를 보내니 위대한 음악의 정령께서 자신의 보잘것없는 글을 불쌍히 여겨 음악의 날개에 태워 불멸의 에테르로 데려가주십사 하는 사연이었다.

헨델은 무언가 불쾌한 물건에 닿은 듯 펄쩍 뛰었다. 이놈의 제넌스가 나를 놀리려는 건가? 내 음악의 영혼은 이미 죽어버리거나 마비되어버렸다는 사실을 모를 리 없는 그 인간이? 헨델은 편지를 구겨서 바닥에 내동댕이치고 발로 콱콱 밟아버렸다.

"빌어먹을 자식! 악당 같으니!" 하고 으르렁거렸다.

이 재수 없는 작자가 그의 가장 깊은, 타는 듯한 상처 속으로 기어들어와서는 쓸개즙이 터질 정도로 헤집어놓은 것이었다. 그는 영혼의 가장 쓰라린 저 깊은 속까지 너무나 속이 상한 나머지 불을 끄고 터벅거리며 침실로 가서는 침대에 털썩 누워버렸다. 눈물이 왈칵 쏟아졌다. 무력한 자신에게 화가 나서 사지가 다 떨렸다. 이미 모든 걸 빼앗겨버린 자에게 아직도 조소를 퍼붓고, 고통받는 자를 더욱 괴롭히는 이 세상이여, 저주받을지어다! 심장은 이미 얼어붙어 기운도 다 빠져버렸는데 어쩌자고 자기를 부르는가. 영혼은 마비된 지 오래고 감각조차 잃었는데, 이런 자신에게 어쩌자고 일을 부탁한단 말인가! 잠이나 자자. 짐승처럼 무감각하게 잊어버리자. 더 이상 존재하지 말자! 패배감에 젖어 어쩔 줄 몰라 하는 이 남자는 무겁게 침대에 누워 있었다.

그러나 잘 수가 없었다. 어떤 불안이 그의 내면에 있었다. 폭풍에 바닷물이 뒤집어지듯, 분노로 헤집어진 그의 내면에 어떤 이상하고 사나운 불안이 일고 있었다. 엎치락뒤치락하는 사이 잠은 더 멀리 달아났다. 어쨌든 한번 읽어보기는 해야 하지 않을까? 아니, 싫다! 죽어 있는 자에게 글이 무슨 소용일까! 이제 그에게 위안이란 없다. 신이 나락으로 떨어뜨려버린 인간, 삶의 모든 신성한 흐름에서 떨어져 나온 인간에게 위안이란 있을 수 없다! 그러나 그 안의 무언가가 점점 강하게 뛰었고, 신기하게도 호기심이 일어나 그를 몰아붙였다. 그는 거기에 대항할 수 없었다. 헨델은 일어나서 작업실로 돌아갔다. 흥분해서 떨리는 손으로 다시 불을 켰다. 이미 한번 기적이 일어나 마비된 신체에서 자신을 일으키지 않았던가!

어쩌면 신은 영혼을 치유하고 위로하는 방법을 알고 있었던 것 같다. 헨델은 글씨가 쓰인 종잇장 위로 촛불을 가져갔다. 첫 장에 '메시아'라고 쓰여 있었다. 아, 또 오라토리오구나! 지난번 것들은 실패였다. 불안하긴 했지만, 그는 표제의 장을 넘겨 읽기 시작했다.

첫 마디에 벌써 소스라칠 듯 놀랐다. 'Comfort ye' 하고 텍스트는 시작되고 있었다. '위안받으라!' 이 말은 마법과도 같았다. 아니, 말이 아니었다. 그것은 신이 주는 대답이었다. 구름으로 뒤덮인 하늘에서 자신의 의기소침한 마음에 던져준 천사의 부름이었다. 'Comfort ye.' 이것은 어떤 울림을 가진 말이던가. 창작하는, 아니 창조하는 이 한 마디는 겁 많은 영혼을 얼마나 뒤흔들어놓았던가. 읽고 느끼기 무섭게 헨델은 그것을 음악으로 들었다. 그것은 떨림과 외침과 도취감으로 부르는 노래였다. 오, 행복이여! 문은 열렸도다. 그는 분명히 느꼈다. 다시 말을 음악으로 듣게 된 것이다!

한 장 한 장 넘길 때마다 손이 떨렸다. 그렇다, 그는 부름받고 있었다. 이리 오라! 한 마디 한 마디가 저항할 수 없는 힘이 되어 그의 내면을 파고들었다. '주께서 그렇게 말씀하신다Thus saith the Lord.' 이것은 자기에게 주는 말이 아니던가. 자신을 바닥에 내동댕이쳤던 그 손이 이제 행복하게도 자기를 다시 지상에서 하늘로 끌어올리는 것이 아니겠는가? '그분이 너를 정화하시리And he shall purify.' 그렇다, 바로 그런 일이 자신에게 일어나고 있었다. 단번에 어두운 기분이 마음에서 싹 걷혔다. 밝음이 시작되고, 수정 같은 순수한 광채가 음악이 되어 울려 나오기 시작했다. 자기의 곤궁을 아시는 분, 그분이 아니라면 대체 누가 저 곱셜Gopsall에 사는 보잘것없는 시인 제넨스에게 이토록 외경스러운 말의 힘을 주었으리오. '그들이 주께 제물을 바치도록That they may offer unto the Lord.' 그렇다, 이것을 외치자. 나팔 소리와 우렁찬 코러스로 외치자. 오르간의 굉음과 함께 다시 창조의 첫날처럼 말씀이, 성스러운 로고스가 아직 어둠 속을 헤매는 모든 인간을 일깨우게 하자. 진정 '아직도 어둠이 세상을 뒤덮고 있으니Behold, darkness shall cover the earth' 말이다. 아직도 많은 사람이 이 순간 헨델 자신에게 일어난 것과 같은 깨달음의 행복을 모르고 있으니 말이다. 읽자마자 벌써 '경이롭고 전능한 신이시여Wonderful, counsellor, the mighty God!' 하는 감사의 외침이 솟아 나왔다. 그분을 찬양하자. 무엇을 어떻게 해야 할지 다 아시는 분, 혼란한 마음에 평화를 주시는 그분을! '주님의 천사가 나타나셨네.' 그렇다, 은빛 날개를 단 천사가 방 안으로 들어와 자기를 건드리고 구원하셨다. 어찌 감사하지 않으랴. 어찌 환호하지 않으랴. 수천의 음성이 하나의 목소리로 어찌 노래하고 찬양하지 않으랴! '주께 영광을 돌리세Glory to God!'

헨델은 무서운 폭풍의 위력에 굴복한 듯 종잇장에서 눈을 뗄 수 없었다. 온갖 피로가 사라졌다. 이토록 자신의 힘을 느껴본 적이 없었다. 이처럼 창작의 열의로 온몸이 완전히 관통된 것처럼 느껴본 적이 없었다.

모든 것을 해결하는 따뜻한 빛이 시가 되어 그에게로 흘러넘쳤다. 한 마디 한 마디가 그의 영혼을 불러내고 그를 해방시키며 가슴에 들어와 박혔다. '기뻐하라Rejoice!' 코러스의 합창이 장엄하게 터져 나오듯, 그는 자기도 모르는 새 머리를 쳐들고 팔을 활짝 벌렸다. '진정으로 도움을 주시는 분.' 그렇다, 그 사실을 그는 입증하고 싶었다. 지상의 누구도 해내지 못한 일을, 온 세상을 향해 빛나는 표찰처럼 자신의 증언을 들어올리고 싶었다. 고통 속에 놓여본 사람만이 기쁨을 안다. 시험을 당해본 자만이 은총의 최종적인 선의를 짐작한다. 뭇 사람들 앞에서 죽음으로부터 부활한 것을 증언하는 일은 자신의 몫이다.

'그는 멸시를 받으셨네He was despised.' 무거운 기억이 어둡고 억누르는 듯한 음조로 변해 자기 앞에 다시 나타났다. 사람들은 벌써 그를 굴복시켰다고 생각했다. 그를 산 채로 장사 지내고, 조소를 퍼부으며 그를 쫓아버렸다. '그들은 그를 보자 비웃었다And they that see him, laugh', '그때 고통을 참는 자에게 위안을 주는 사람 없었네.' 누구도 자기를 도와주지 않았다. 자기가 무기력에 빠졌을 때 위안을 주는 사람은 아무도 없었다. 그러나 '그는 하나님을 믿었다He trusted in God.' 그리고 이제 보라! '하나님께서는 그의 영혼을 무덤에 버려두지 않으셨다But thou didst not leave his soul in hell.' 아니, 절망의 무덤과 무기력의 지옥 속에 자기 영혼을 버려두지 않으셨다. 그렇다. 하나님께서는 인류에게 기쁨의 소식을 전하도록 한번 더 자기를 불러올리셨다. '그대들 머리를 쳐들지어다Lift up your heads.' 기쁜 소식을 알리라는 위대한 명령이 그 안에서 음이 되어 솟구쳤다. 갑자기 그는 놀라 몸을 떨었다. 거기에 제넨스가 쓴 말이 있었기 때문이다. '주께서 말씀을 주셨다The Lord gave the word.'

숨이 멎는 듯했다. 여기 우연한 존재인 인간의 입술을 통해 진리가 전해지고 있는 것이다. 주께서 그에게 말씀을 주셨다. 말씀은 위로부터 그에게로 온 것이다. 그분에게서 말씀이 왔으며, 그분에게서 음악이 왔으며, 그분에게서 은총이 온 것이다! 그러니 그분께 돌려드려야 한다. 심정이 넘쳐 나와 그분께로 올라가야 한다. 그분을 찬양하는 것이 창작하는 기쁨과 의무가 되어야 한다. 오! 그 말씀을 들어올려 음악에 태우고, 그 말씀을 늘리고 온 세상 만큼 넓히는 것. 그 말씀이 존재의 모든 환희를 감싸도록, 그것을 주신 하나님 자신처럼 위대해지도록. 오, 죽어서 스러져버릴 말씀을 아름다움과 무한한 열정을 통해 다시 영원으로 바꾸리라! 보라, 거기 무한히 되풀이되고 변화하면서 말씀이 울리고 있질 않은가. '할렐루야! 할렐루야! 할렐루야!' 그렇다. 이 지상의 모든 음성을 이 구절 안에 합치자. 밝은 음과 어두운 음, 남자의 지속적인 음성과 여자의 유연한 음성, 그 모든 음성을 가득 채워서 상승시키고 변화시키자. 그것들을 율동적인 코러스 안에서 죄기도 하고 풀기도 하자. 음으로 만들어진 야곱의 사다리처럼 목소리들이 올라가고 내려가게 하자. 바이올린의 달콤한 현으로 약하게 했다가 팡파르가 터져 나오면서 울려 퍼지게 하자. 천둥 같은 오르간 소리 속에 울려 나오게 하자. '할렐루야! 할렐루야! 할렐루야!' 이 말씀, 이 감사의 말씀으로부터 환희를 만들어내자. 이 지상을 울리고 천지의 창조주께로 올라가도록!

눈물이 헨델의 눈을 흐렸다. 그의 내심이 그토록 무서운 일격을 맞은 것이다. 아직 시가 적힌 종이를 읽고 있는 중이었다. 오라토리오 세 번째 부분이었다. 그러나 이 '할렐루야, 할렐루야' 하는 부분을 읽은 뒤로 더는 읽을 수 없었다. 이 환희의 말은 벌써 음성으로 바뀌어 그의 내면을 가득 채웠다. 그것은 그의 내면에 퍼져 흐르는 불길처럼 그를 괴롭히며 흘러나오려고, 밖으로 나오려고 했다. 오, 이 얼마나 비좁고 옥죄는 곳인가! 음악은 그에게서 빠져나와 위로, 다시 하늘로 돌아가려 했다. 헨델은 서둘러 펜을 움켜쥐곤 음표들을 그렸다. 그리고 또 그렸다. 멈출 수가 없었다. 세찬 바람에 밀리는 범선처럼 그는 계속 몰리듯 적어나갔다. 밤의 침묵 속에 축축한 어둠이 대도시를 감싸고 있었다. 그러나 그의 내면에는 빛이 흘렀다. 들리지는 않았지만, 그의 방은 우주의 음악으로 가득 차서 울리고 있었다.

다음 날 아침 하인이 조심스럽게 방으로 들어섰을 때에도 헨델은 여전히 책상에 앉아 음표들을 그리고 있었다. 슈미트가 혹시 베끼는 일이라도 할까 해서 수줍게 물어보았을 때에도 그는 대꾸조차 하지 않았다. 다만 퉁명스럽고도 위협적으로 으르렁거렸을 뿐이다. 아무도 감히 그에게 다가갈 수 없었다. 3주 동안 그는 방을 떠나지 않았다. 하인이 먹을 것을 가져가면 왼손으로는 바삐 몇 조각의 빵을 떼어먹으면서 오른손으로는 쓰기를 멈추지 않았다. 아니, 멈출 수가 없었다. 마치 거대한 도취 상태가 그를 사로잡은 듯했다. 자리에서 일어나 방 안을 돌아다니며 큰소리로 노래하고 박자를 맞춰 볼 때면 그의 눈빛은 이상했다. 누군가가 그에게 말이라도 걸라치면 깜짝 놀라 알아듣기 어려운 말로 횡설수설하곤 했다.

하인에게는 이 몇 주가 힘든 나날의 연속이었다. 차용 증서를 들고 온 채권자들, 축제일의 칸타타를 얻으려는 가수들, 심지어 초대장을 가지고 온 왕실 심부름꾼까지 들락거리며 그를 힘들게 했다. 하인은 이들을 쫓아보내야만 했던 것이다. 일에 미쳐 있는 주인에게 한마디라도 건넸다가는 성난 사자처럼 으르렁댈 게 뻔했다. 헨델은 그 3주 동안 시간을 잊어버린 듯했다. 낮과 밤을 구분하지 못한 채, 오직 음악의 리듬과 박자만이 존재하는 공간에서 살았다. 끝이 다가올수록 점점 더 거칠게, 점점 더 절박하게 자기 내부에서 밖으로 솟구쳐 나오는 물살의 흐름에 이끌려갔다. 그는 발을 쾅쾅 구르며 박자 맞추는 발걸음으로 스스로 만들어낸 감옥 안을 걸어다녔다. 노래하는가 싶더니 어느새 하프시코드에 덤벼들었고, 다시 자리에 앉아서 손가락이 부르트도록 쓰고 또 썼다. 창작의 폭포가 이처럼 그를 덮친 적은 지금까지 단 한 번도 없었다. 그렇게 산 적도, 그토록 음악 속으로 빨려들어가 고통받은 적도 없었다.

오늘날에도 여전히 이해할 수 없는 일이며 앞으로도 영원히 이해할 수 없는 일이겠지만! 3주 후, 정확히 9월 14일에 마침내 곡이 완성되었다. 말은 음악으로 바뀌었다. 메마르고 무미건조한 말들이 싱싱한 꽃으로 피어나 음악이 되었다. 마비된 육체에 부활의 기적이 일어났듯이 타오르는 영혼에 의지력의 기적이 일어난 것이다. 모든 것은 이미 쓰여지고, 창작되고, 형상화되어 멜로디와 열광 안에 펼쳐졌다.

오직 한마디 말만이 남았다. 작품의 마지막 말 '아멘'이 아직 끝나지 않았다. 짧고 빠른 두 음절 '아멘'이 하늘에 오르는 음의 계단을 만들도록 헨델을 붙잡았다. 한쪽에는 말을 주고 다른 한쪽에는 번갈아가며 코러스를 이루도록 했다. 그는 이 두 음절을 늘렸다. 그것을 거듭해서 서로 분리했다가 더욱 열광적으로 하나로 합쳤다. 그의 열정은 신의 숨결과도 같은 이 위대한 기도의 마지막 울림말 속으로 들어갔다. 그 말은 이 세상처럼 넓어지고 풍부해졌다. 이 마지막 말 한마디는 그를 놓아주지 않았고 그 또한 이 말을 놓지 않았다.

그는 이 '아멘' 부분을 위대한 푸가 형식으로 만들어냈다. 밝게 울리는 첫 울림, '아' 하는 소리가 대성당을 가득 울리기 시작한다. 그 소리는 점점 높이 올라가 하늘까지 닿을 듯하다. 이내 떨어지는가 싶더니 다시 올라간다. 마지막에는 오르간의 굉음에 휩싸여 합창을 이룬 채 한 번 더 높이 올라가 공간을 가득 메운다. 마침내 이 감사의 대찬가를 천사도 함께 노래하는 듯, 영원한 '아멘! 아멘! 아멘!' 하는 노랫소리에 대들보가 무너져내릴 정도까지 상승하는 것이다.

헨델은 힘겹게 일어섰다. 펜이 그의 손에서 미끄러져 떨어졌다. 그는 자기가 어디 있는지 몰랐다. 보지도 듣지도 못했다. 오직 피로만을, 헤아릴 길 없는 피로만을 느꼈다. 벽에 몸을 기대야 할 정도로 비틀거렸다. 힘은 완전히 빠져버렸고 몸은 죽을 만큼 피곤했고 감각은 혼란스러웠다. 그는 벽을 짚으면서 침대까지 겨우 걸어갈 수 있었다. 이내 쓰러져 죽은 사람처럼 잠들었다.

하인이 오전에 세 번이나 나지막이 문을 두드렸다. 그러나 그때마다 주인은 여전히 자고 있었다. 차가운 석상처럼 꿈쩍도 하지 않았다. 정오가 되었다. 하인이 다시 그를 깨우려고 큰소리로 헛기침을 하고 문을 두드렸다. 그러나 어떤 소리도 이 측량하기 어려운 잠의 깊이에 도달하지 못했다.

오후가 되자 크리스토프 슈미트가 합세했지만 헨델은 여전히 꼼짝도 하지 않았다. 슈미트는 몸을 굽혀 잠자는 헨델의 얼굴을 살펴보았다. 승리를 얻은 후 전쟁터에 쓰러져 죽은 영웅처럼, 그는 이루 말로 할 수 없는 업적을 이루고 지쳐 쓰러져 있었다. 그러나 슈미트와 하인은 승리도 업적도 알지 못했다. 다만 그토록 오래, 게다가 이상할 정도로 꼼짝 않고 누워 있는 그를 보자니 두려움이 엄습해왔다. 혹시 예전처럼 발작이 일어나 쓰러진 것은 아닐까 몹시 걱정되었다.

헨델은 열일곱 시간이나 그렇게 꿈쩍도 않고 누워만 있었다. 저녁때가 되었는데도 헨델이 깨어나지 않자 슈미트가 다시 의사 젠킨스를 부르러 갔다. 금방 의사를 찾을 수가 없었다. 의사는 따뜻한 저녁 시간을 이용해 템스강에서 낚시를 즐기고 있었다. 그러니 때아닌 방문을 반길 리 없었다. 헨델의 상태를 듣고 나서야 겨우 낚시줄과 도구를 거두어들였다. 그리고는 만일의 경우를 대비해 방혈放血할 수 있는 도구까지 챙겨 들었다. 이렇게 시간이 한참 흐른 뒤에야 터벅거리는 조랑말이 두 사람을 태운 마차를 끌고 브루크가로 향했다.

마차가 집 앞에 도착하니 하인이 마중 나와 있었다. 그는 두 손을 흔들며 아직 길에 있는 슈미트 일행을 향해 소리쳤다.

"깨어나셨어요. 지금은 일꾼 여섯 명분쯤 되는 식사를 하시는 중입지요. 요크셔햄을 반 마리분이나 단번에 해치우셨고 맥주도 4파인트째예요. 그래도 여전히 모자란 것 같습니다요."

3주간 미루었던 잠을 하룻밤과 하루 낮으로 대신한 헨델은 잔뜩 차려진 식탁에 앉아서, 거대한 육체의 모든 힘과 열의를 다해 먹고 마시는 중이었다. 마치 지난 몇 주 동안 일하느라 써버린 힘을 한꺼번에 보충하려는 것 같았다. 의사를 보자마자 그는 웃기 시작했다. 그것은 점점 무시무시하고 날카로운 우렁우렁 울리는 과장된 웃음으로 변해갔다. 슈미트는 이 몇 주 동안 헨델의 입술에서 웃음기는커녕 긴장과 분노만을 보았다는 사실을 기억해냈다. 이제 헨델의 억눌렸던 유쾌한 천성이 터져 나오는 것이었다. 바위에 부딪히는 파도처럼 울리면서 거품을 내고 꾸르륵거리는 소리가 이어져 나왔다. 헨델은 이제 완전히 나았다고 느끼면서 존재의 즐거움이 자기 몸을 도취시킬 듯 관통하고 있는 이 순간에 의사를 보았던 것이다. 헨델은 일생 동안 이 순간처럼 원초적으로 웃은 적이 없었다. 그는 잔을 높이 들어 흔들면서 검은 옷을 입은 의사에게 인사를 했다. 젠킨스는 깜짝 놀랐다.

"맙소사! 어떻게 된 거죠? 무슨 영약을 마신 겁니까? 힘이 넘치는군요! 도대체 무슨 일이 생긴 거예요?"

웃고 있던 헨델은 빛나는 눈으로 그를 바라보았다. 이내 진지해진 얼굴로 천천히 일어나서는 하프시코드가 있는 곳으로 걸어갔다. 자리를 잡고 앉아 소리나지 않게 양손을 건반 위에 올렸다. 그러고 나서 몸을 돌려 이상스럽게 웃었다. 반은 이야기하듯 반은 노래하듯, 그는 나지막이 레치타티보 멜로디를 시작했다.

'들어보라, 나는 신비스런 이야기를 하겠네Behold, I tell you a mystery.' 〈메시아〉의 1절은 그렇게 농담처럼 시작되었다. 그러나 손가락을 미지근한 음악의 기류에 담그자마자 음악이 그를 이끌었다. 이제 헨델은 다른 사람은 물론이거니와 자기 자신마저 잊었다. 그 흐름이 그를 나꿔채서 이끌어갔다. 갑자기 그는 다시 작업의 한가운데로 들어가 지금까지는 오직 꿈속에서만 만들어냈던 마지막 코러스를 노래하고 연주했다. 지금 그는 깨어 있는 상태로 그 코러스를 처음 듣는 것이었다. '오 죽음이여, 너의 가시는 어디 있느냐Oh death where is thy sting.' 그는 삶의 불길이 자신을 꿰뚫고 있음을 느꼈다. 목소리는 더욱 강해졌다. 그는 환호하고 경탄하는 코러스까지 연주한 후 마지막의 '아멘, 아멘, 아멘'까지 불렀다. 방 안이 온통 음악으로 가득할 정도로 강하고 육중하게 자신의 모든 힘을 음악에 쏟아부었다.

젠킨스는 마비된 듯 서 있었다. 헨델이 마침내 몸을 일으키자 그는 당황해서 겨우 이런 말을 했을 뿐이다.

"맙소사! 이런 것은 한 번도 들은 적이 없습니다. 당신 속에 악마가 있는 모양이군요."

헨델의 얼굴에 어둠이 드리웠다. 그 역시 자기에게 주어진 은총이 믿기지 않는 듯했다. 그는 부끄러운 듯 몸을 돌리고는 나지막하게 말했다. 다른 사람들은 거의 들을 수 없을 정도로 작은 목소리였다.

"난 오히려 하나님께서 나와 함께 계셨다고 생각되는데요."


## 〈메시아〉가 울려 퍼지다

몇 달이 지난 어느 날, 잘 차려입은 두 신사가 더블린 아베이가에 있는 셋집 문을 두드렸다. 그 집은 런던에서 온 고귀한 손님인 음악가 헨델이 묵고 있는 곳이었다. 그들은 존경에 넘쳐 헨델에게 간청했다. 헨델이 머무는 몇 달 동안 이곳에서는 한 번도 들어본 적이 없는 위대한 작품들로 아일랜드의 수도 더블린을 기쁘게 해주십사 하는 간청이었다. 그들은 헨델이 자신의 새로운 오라토리오인 〈메시아〉를 이곳에서 초연할 생각을 한다는 이야기를 들었다고 했다. 런던에 앞서 바로 더블린에 헨델의 최신작 공연을 허용하는 것은 자기들로선 적지 않은 명예라고 했다. 그리고 저 비범한 협주곡을 생각해보면 이번 경우에도 아주 특별한 수익이 기대된다고도 했다. 이제 그들은 관대하다고 널리 알려진 작곡가 헨델이 작품 초연의 수익금을 자신들이 몸담고 있는 자선 단체에 기부할 의향이 있는가를 물었다.

헨델은 친절한 태도로 그들을 바라보았다. 그는 더블린을 사랑했다. 이 도시가 자기에게 사랑을 주었기 때문이다. 그리고 그의 마음은 열려 있었다. 그는 웃으며 기꺼이 동의한다고 말했다. 그리고 어떤 단체를 위한 수익금인가를 물었다.

"여러 감옥에 있는 죄수들을 후원하는 단체입니다"라고 선량해 보이는 백발의 신사가 말했다.

"그리고 메르시에 병원에 있는 환자들을 위한 단체입니다." 또 한 사람이 덧붙였다. 그들은 이 너그러운 헌금은 최초 공연의 수익금에만 한정되고, 이후의 수익금은 작곡가의 것이라고 말했다. 그러나 헨델은 거부했다.

"안 됩니다. 이 작품에서 나오는 어떤 돈도 나는 받지 않겠습니다. 절대로 돈을 받지 않겠어요. 나는 다른 분께 빚지고 있습니다. 그러니 이 수익금은 환자와 죄수 들에게 돌아가야 합니다. 나 자신이 환자였는데 이제 건강해졌습니다. 나는 죄수였으나 이 음악이 나를 해방시켰습니다."

두 남자는 어리둥절해했다. 완전히 이해하지 못하는 것 같았다. 그러나 이내 매우 감사해하며 깊이 머리를 숙이고는 그 자리를 떠났다. 그리고 그 기쁜 소식을 더블린에 전파했다.

1742년 4월 7일, 마침내 최종 리허설이 시작되었다. 주교좌 성당 두 곳의 코러스 단원 중 몇 명만이 청중으로 입장이 허용되었고, 피셈블가에 있는 이 뮤직홀은 돈을 절약하기 위해 조명을 약하게 했다. 청중은 런던에서 온 작곡가의 새 작품을 감상하기 위해 이쪽에 두어 명, 저쪽에 몇 명 하는 식으로 여기저기에 흩어져 앉아 있었다. 게다가 넓은 홀은 어두컴컴하고 춥기까지 했다.

코러스가 웅얼거리는 폭포처럼 나지막이 노래하기 시작했다.

그러자 이상한 일이 벌어졌다. 여기저기 흩어져 있던 사람들이 자신들도 모르는 사이 한곳으로 모여들어 한 무리의 청중을 이루고는 놀라운 표정으로 음악을 듣고 있는 게 아닌가! 지금까지 한 번도 들어본 적 없는 이 음악의 힘이 흩어져 있는 한 사람 한 사람을 마치 쓸어갈 것처럼 여겨졌기 때문이다.

그들은 점점 더 가까이 모여들었다. 마치 하나의 심정으로 음악을 들으려는 듯이, 하나의 경건한 집단이 되어서 '신뢰'라는 단어를 받아들이려는 것 같았다. '신뢰'라는 말은 계속 다른 말로 표현되고 다른 형태를 띠며 그들에게 힘차게 울려오고 있었다. 이 원천적인 강렬한 힘 앞에 그들 각자는 나약한 존재였다. 그러면서도 행복하게 그 음악에 사로잡혀 이끌려갔으며, 즐거운 전율이 그들 모두를 마치 한 몸처럼 관통했다.

'할렐루야!' 하는 음이 우렁차게 울리자마자 모든 사람이 한꺼번에 자리에서 일어났다. 그들은 그 힘에 휩쓸려 도저히 땅에 붙어 있을 수 없었다. 그들은 자신들의 목소리로 신께 1인치라도 더 가까이 가서 자신들의 경외심을 바치기 위해 그곳을 나섰다. 이곳 저곳을 다니며 천상의 음악이 만들어졌노라고 이야기했다. 도시 전체가 이 작품에 대한 기대감으로 긴장과 기쁨에 휩싸여 들떠 있었다.

4월 13일 저녁, 수많은 사람이 뮤직홀 문 앞에 모여들었다. 부인들은 잔뜩 부풀어오른 치마를 입지 않았고, 기사들은 칼을 차지 않았다. 더 많은 청중이 홀에 입장할 수 있게 하기 위해서였다. 작품의 명성을 듣고 700명이나 몰려들었다. 음악이 시작되자 숨소리조차 내지 않았다. 장내는 점점 더 조용해졌다. 코러스가 태풍 같은 힘으로 내리덮치자 청중은 가슴이 떨리기 시작했다.

헨델은 애초에 작품을 감독하고 이끌어갈 심산으로 오르간 옆에 서 있었다. 그러나 작품은 이미 그와는 별개의 것이 되어 있었다. 그는 음악 속에 자신을 잃어버렸다. 음악은 마치 그가 한 번도 들어본 적이 없던 것 같았다. 그것을 만든 자신에게도 그렇게 낯선 것이었다. 그는 한 번 더 자기 자신의 격류 속으로 이끌려 들어갔다. 마지막 '아멘'이 시작되었을 때는 자기도 모르게 입이 벌어지더니 코러스와 함께 노래를 했다. 아직 한 번도 그렇게 노래해본 적이 없었다. 연주가 끝나자 사람들의 환호성이 홀을 가득 채웠다. 그러나 그는 자기에게 감사의 말을 전하려고 야단인 사람들을 피해 슬며시 옆으로 빠져나왔다. 그러고는 이 작품을 주신 하나님께 감사드렸다.


## 창작의 빛이 꺼지다

수문水門은 열렸다. 이제 몇 해를 두고 거듭 음악의 격류가 흘러나왔다. 이제부터는 어떤 것도 헨델을 꺾을 수가 없었다. 부활한 자를 다시 쓰러뜨릴 수 없었다. 그가 런던에서 설립한 오페라단이 다시 파산하고 빚쟁이들이 다시 쫓아다녔지만, 그는 꿋꿋

하게 그 모든 어려움을 견뎌냈다. 예순이 된 그는 길 위의 이정표를 지나치듯, 작품 하나하나를 완성해나갔다. 사람들은 여러 가지 어려움을 만들어내곤 했으나 그는 영광스럽게도 그 모든 것을 극복했다.

세월이 그에게서 힘을 빼앗았다. 팔이 마비되고 다리에 통풍이 생겼으나 그는 지치지 않는 영혼으로 창작하고 또 창작했다. 마침내 눈에서 빛이 꺼졌다. 〈예프타〉를 쓰는 도중 눈이 먼 것이다. 그러나 눈이 먼 채로, 마치 귀가 먼 베토벤이 뒷날 그러하듯이, 그는 계속해서 쓰고 또 썼다. 무적의 용사처럼 지치지 않고 지상에서의 승리가 위대할수록 신 앞에서는 더욱 겸손하게 일했다.

모든 참다운 예술가가 그렇듯이 그는 자신의 작품을 자화자찬하지 않았다. 그러나 단 한 작품, 〈메시아〉만은 사랑했다. 그는 감사하는 마음으로 이 작품을 사랑했다. 그것은 그를 구렁텅이에서 구해냈으며, 그 작품 안에서 그는 구제되었기 때문이다. 〈메시아〉는 해마다 런던에서 공연되었고 그때마다 그는 수익금 전액을 기부했다. 그중 500파운드는 매번 병원에 기부되었다. 치유된 자가 병든 자들에게, 풀려난 자가 아직도 묶여 있는 자들에게 보내는 돈이었다. 이렇게 이 작품과 더불어 그는 저승에서 돌아왔다.

그러나 마침내 이 작품과도 이별할 시간이 다가왔다. 1759년 4월 6일, 이미 심하게 병이 든 일흔넷의 노인은 다시 한번 코벤트 가든의 무대 위에 섰다. 이 거구의 눈먼 노인은 자신과 가까운 사람들, 즉 연주자와 가수들 가운데에 섰다. 빛이 꺼져 텅 비어버린 그의 눈은 그들을 볼 수 없었다. 그러나 수백의 목소리가 거대하고 우렁찬 진동을 내며 그를 향해 울려오자, 환희가 태풍처럼 밀려와 지쳐 있던 그의 얼굴을 환한 빛으로 물들였다. 그는 박자를 맞추려는 듯 두 팔을 흔들며 진지함과 믿음으로 가득 차 그들과 함께 노래했다. 마치 사제처럼, 자신의 관 머리맡에 서서 모두와 더불어 자신과 모두의 구원을 간구했다. '나팔 소리 울려 퍼져라 The trumpet shall sound' 하는 외침에서는 실제로 트럼펫이 울리기 시작했다. 그는 깜짝 놀라더니, 이미 굳어버린 눈길로 최후의 심판대에 선 것처럼 위를 올려다보았다. 그 자신이 작품을 얼마나 잘 만들었는지 알고 있었다. 그는 머리를 꼿꼿이 쳐들고 신 앞에 나설 수 있었다.

감동한 친구들이 그를 집으로 데려갔다. 그들도 직감하고 있었다. 이것이 마지막 작별임을. 침대에 몸을 뉘인 헨델은 나직이 입술을 움직였다.

"수난의 금요일에 죽고 싶다."

의사들은 그의 말을 이해할 수 없었다. 그해 수난일은 4월 13일이었다. 그런데 그날이 바로 저 무거운 손이 그를 바닥에 쓰러뜨린 날이었고, 그의 〈메시아〉가 처음으로 세상에 울려 퍼진 날이라는 것을 의사들은 알지 못했다. 그의 안에서 모든 것이 죽어버린 그날에 그는 부활했던 것이다. 그가 부활한 그날에 그는 죽기를 바랐다. 영원히 살기 위해서, 부활의 확신을 갖고자 했기 때문이다.

삶에서 그러했듯이, 그의 강한 의지력은 죽음마저도 통제했다.

4월 13일, 헨델은 힘을 잃었다. 더는 보지도 듣지도 못했다. 거대한 몸은 텅 빈, 무거운 껍질처럼 그렇게 꼼짝도 않고 베개에 기대 누워 있었다. 그러나 텅 빈 조개껍질이 바다의 울림을 내듯 그의 내면에 들리지 않던 음악이 울렸다. 전에 듣던 것보다 더 신비하고 더 장엄한, 그 절박한 울림은 영혼을 천천히 지친 몸에서 풀어주었다. 영혼이 무게가 없는 곳으로 날아가도록, 영원한 세계를 향해 파도처럼 영원한 울림이 되어 날아오르도록. 그리고 다음날, 아직 부활절의 종소리가 울리기 전에 헨델은 죽었다. 그러나 그것은 단지 게오르크 프리드리히 헨델의 죽어야 할 부분만이 죽은 것이었다.

# 하룻밤의 기적

1792년 4월 26일

혁명의 노래 〈라 마르세예즈〉

## 선전포고

1792년, 프랑스 국민의회는 벌써 두 달, 아니 세 달이 지나도록 결정을 내리지 못하고 있었다. 오스트리아-프로이센 연합군에 맞서 전쟁을 할 것이냐, 아니면 평화를 선택할 것이냐 하는 문제였다. 루이 16세도 결단을 내리지 못했다. 그는 혁명군이 승리할 경우 자신에게 닥칠 위험을 알고 있었다. 패배할 경우의 위험 또한 알고 있었다. 혁명파들도 결정을 내리지 못하기는 마찬가지였다. 권력을 장악하고 있는 온건파 지롱드 당원들은 권력 유지를 위해 전쟁을 주장했다. 과격 혁명파인 로베스피에르와 자코뱅 당원들은 권력을 자기편으로 끌어들이기 위해 평화를 주장했다. 하루하루 사정은 점점 더 긴박해졌다. 신문들이 떠들고, 살롱에서는 토론이 벌어졌다. 소문은 점점 더 시끄러워졌고, 여론은 그 소문으로 인해 흥분했다. 4월 20일, 마침내 프랑스 왕이 오스트리아 황제와 프로이센 왕에게 전쟁을 선포했다. 결정이 내려지면 언제나 그렇듯이 그것은 일종의 해방처럼 여겨졌다.

이 몇 주 동안 감전된 듯한 긴장이 파리의 하늘을 무겁고도 심란하게 뒤덮고 있었다. 그러나 국경 도시들의 흥분은 파리보다 더욱 격하고 위협적인 것이었다. 모든 야영장에는 벌써 군대가 집결해 있었고, 마을마다 도시마다 지원병과 국민군이 무장을 갖추었으며, 사방의 요새들이 정비되었다. 특히 알자스 지방 사람들은 독일과 프랑스 사이에 전쟁이 일어날 경우 언제나처럼 바로 자기들 땅에서 최초의 결전이 벌어지리라는 사실을 잘 알고 있었다.

라인강변에는 적군이 주둔해 있었다. 파리의 경우처럼 막연하고 수사적인 개념으로서의 적군이 아니라, 눈에 확실하게 보이는 현실로서의 적군이었다. 방어 준비를 갖춘 교두보에서도, 대성당 탑 꼭대기에서도 진군해오는 프로이센 연대가 맨눈으로도 보였다. 밤이면 대포를 실은 적군의 수레가 굴러오는 소리, 무기가 떨그럭거리는 소리 그리고 나팔 소리가 달빛 아래 무심하게 흐르는 강을 건너 바람에 실려왔다. 누구나 알고 있었다. 단 한 마디 명령이면 족하다는 것을. 그러면 프로이센군의 대포는 천둥과 번개를 뿜어댈 것이다. 독일과 프랑스 사이에 천년 묵은 전쟁이 다시 한 번 시작될 판이었다. 이번에는 새로운 자유와 오래된 질서가 서로의 이름으로 벌이는 전쟁이 될 것이다.

1792년 4월 25일, 마침내 전령이 파리에서 스트라스부르로 선전포고령을 가져왔다. 그리고 그날은 특별한 날이 되었다. 소식을 듣자마자 모든 거리, 모든 집에서 사람들이 쏟아져 나와 광장으로 모여들었다. 최종 열병식을 하기 위해 수비대 전체가 무장을 갖추고 연대별로 행군했다. 중앙 광장에서는 프랑스 국기와 똑같은 세 가지 색깔로 칠해진 어깨띠를 두르고 기다리던 시장 디트리히가 병사들을 향해 모표가 달린 모자를 흔들어 보였다. 이내 나팔과 요란한 북소리가 조용히 하라는 신호를 보냈다. 시장은 도시의 여러 광장을 돌면서 큰 목소리로 프랑스어와 독일어로 선전포고령을 낭독했다. 그의 낭독이 끝날 때마다 연대 악사들이 임시 혁명군가 〈사이라ça ira〉를 연주했다. 원래는 자극적이면서도 극히 발랄하고 비꼬는 듯한 춤곡임에도 연대가 우렁찬 발걸음으로 행진을 시작하면 그것은 마치 군악 같은 박자를 냈다. 낭독이 끝나면 모였던 사람들은 시끌벅적했던 열광에서 헤어나지 못한 채 제각기 흩어지곤 했다. 카페나 클럽은 연설들로 불붙었다.

"병사들이여, 시민들이여! 전쟁의 깃발이 올랐다! 시작 나팔이 울렸다!"

그런 연설들은 대개 이런 식의 하소연으로 시작되었다. 연설이나 신문, 플래카드 그리고 사람들의 입에서 이렇게 단호하고도 리드미컬한 외침이 되풀이되었다.

"병사들이여, 시민들이여! 왕관을 쓴 폭군들은 곧 두려움에 떨게 되리라! 행군하자, 자유의 자식들이여!"

대중은 이런 말들에 열광하고 환호했다. 하지만 이 순간, 이 열화와 같은 환호성의 순간에도 다른 목소리들이 존재했다. 선전포 고령은 두려움과 근심도 불러일으켰다. 다만 이 목소리는 남몰래 골방에서 속삭이거나 창백한 입술로 침묵을 지키고 있을 뿐이었 다. 바로 언제 어디에나 있는 어머니들의 목소리였다. '타국의 병 사들이 내 자식을 죽이지나 않을까?' 농부들의 목소리도 있었다. '내가 뿌린 씨앗이 짓밟히지 않을까, 야수 같은 병사들이 우리 집 을 약탈하지 않을까, 내가 일한 들판에 피가 거름으로 뿌려지는 것은 아닐까?' 어느 나라에든 재산을 잃을까 걱정하고, 경작지와 오두막과 가축과 수확물을 잃을까 두려워하는 농부들이 있게 마 련이다.

스트라스부르의 시장 프리드리히 디트리히 남작은 귀족이었지 만, 당시 프랑스 최고 귀족들이 으레 그랬듯이 새로운 자유를 위 한 일에 온 영혼을 다 바치고 있었다. 그는 확신에 차서 쩌렁쩌렁 울리는 목소리들만이 발언대에 나서기를 바랐다. 그래서 선전포 고의 날을 일부러 축제일로 변화시켰다. 그는 가슴 위로 비스듬하 게 견장을 차고 이 모임 저 모임을 돌아다니며 시민들을 부추겼 다. 전장으로 떠나는 병사들에게는 포도주와 먹을 것을 나누어주 라고 명령했다.

디트리히 시장은 저녁이 되자 브로글리Broglie 광장에 있는 자신 의 저택에서 장군과 장교, 중요한 관리 들을 모아놓고 환송 파티 를 열었다. 열광된 분위기는 이 파티를 마치 승리의 축제처럼 만 들었다. 언제나 그렇지만 장군들은 승리를 확신하며 상석에 앉아 있었고, 전장에서야 비로소 자기 삶의 의미가 실현된다고 여기는 젊은 장교들이 자유롭게 발언했다. 서로가 서로에게 불을 붙였다. 사람들은 군도를 흔들고 포옹하고 건배로 자축하고 좋은 술에 취해 점점 더 열정적인 연설을 했다. 당시 신문과 선전문에는 자극적인 발언들이 연일 쏟아져 나왔다.

"무기를 향해 달려가라. 시민들이여, 행군하자! 조국을 구하자! 왕관을 쓴 폭군들은 곧 두려움에 떨게 되리라. 이제 승리의 깃발이 올랐으니 삼색기가 전 세계에 펄럭일 날이 왔도다! 각자 최선을 다하라. 왕을 위해, 국기를 위해, 자유를 위해!"

그 순간만큼은 온 나라가 승리에 대한 확신으로, 자유를 향한 열정으로 성스러운 일체가 되었다.

열띤 연설과 잔 부딪치는 소리로 소란스러운 가운데 디트리히 시장이 갑자기 공병대에 속해 있는 루제라는 이름의 한 젊은 대위를 향해 몸을 돌렸다. 그는 시장 옆자리에 앉아 있었다. 잘생긴 얼굴은 아니지만 싹싹하고 매우 호감 가는 이 장교가 반년 전 헌법 공포를 계기로 자유를 위한 멋진 송가를 썼다는 사실을 시장은 떠올렸다. 연대의 악사 플레옐Pleyel이 그 송가에 곡을 붙였다. 공들여 만든 것은 아니었지만 제법 괜찮아서 노래로 부를 만한 것이었다. 군악대가 그것을 익혀서 공공장소에서 연주하고 코러스로 노래를 부르기도 했다. 선전포고와 진군을 앞둔 이 시점이 바로 그와 같은 축하를 할 만한 기회가 아니겠는가. 그래서 시장은 잘 아는 사람에게 부탁할 때 그런 것처럼, 별생각 없이 루제 대위—그는 아무런 근거도 없이 스스로를 귀족으로 만들어서 루제 드 릴Rouget de Lisle이라고 부르고 있었다—에게 물었다. 이 애국적인 계기를 맞아 행군하며 떠나는 군대를 위해 시를 한 편 쓰지 않겠는가, 내일이면 적을 향해 떠날 라인 군대를 위해 노래를 짓지 않겠는가 하고.

루제는 겸손해서 주목을 끌지 않는 인물이었고, 스스로를 위대한 작곡가라고 생각해본 적도 없었다. 그의 시는 인쇄된 적이 없었고, 오페라는 언제나 거절되었다. 하지만 즉흥적인 시들만은 자신의 펜 끝에서 쉽게 만들어져 나온다는 사실을 알고 있었다. 요직에 있는 데다 좋은 친구이기도 한 시장을 기쁘게 할 요량으로 그는 이렇게 대답했다.

"네, 한번 해보겠습니다."

"브라보! 루제."

맞은편에 앉아 있던 장군이 그에게 잔을 들어보이며 노래가 완성되면 곧장 자기 진영으로도 보내달라고 했다. 라인 군대는 애국적인 행진곡이 정말 필요하다고도 했다.

그러는 사이 누군가의 연설이 시작되었다. 소란스런 가운데 다시 술잔이 부딪치고 비워졌다. 격한 감정의 파도와 열광이 그 작고 우연한 대화를 덮쳐서 밀쳐버렸다. 술자리는 점점 더 흥분되어 시끄럽고, 광적으로 흘러갔다. 손님들이 시장의 집을 나선 것은 자정이 훨씬 지나서였다.

## 하룻밤의 기적

스트라스부르에 선전포고령이 전해진 흥분의 날 4월 25일이 지나고 벌써 4월 26일이 시작되고 있었다. 밤의 어둠이 도시를 덮고 있었으나 이 어둠은 진짜가 아니었다. 도시는 아직도 흥분에 들떠 있었다. 병영의 병사들은 행군 준비를 하고 있었고, 조심스런 사람들은 닫힌 가게 문 뒤에서 어쩌면 도망칠 준비를 하고 있었는지도 모른다. 거리에서는 소대들이 개별적으로 행진을 했고, 그 사이로 전령의 서두르는 말발굽 소리가 지나갔다. 다시 무거운 대포 행렬이 다가오기도 하고, 초소에서 초소로 이어지는 보초병의 외침 소리가 단조롭게 울려 퍼지기도 했다. 잠을 이루기에는 적이 너무나 가까이 있었다. 도시는 불안과 흥분으로 밤새 잠들지 못했다.

그랑드가 126번지의 보잘것없는 숙소 계단을 오르는 루제도 이상하리만치 흥분되어 있었다. 그는 라인 군대를 위한 행진곡을 가능한 한 빨리 만들어보겠노라는 약속을 잊지 않고 있었다. 그는 좁은 방 안을 불안하게 이리저리 쿵쾅거리며 걸어다녔다. 어떻게 시작한다, 어떻게 시작한다? 포고령과 연설과 술잔을 앞에 둔 축사, 그 모든 열광적인 외침이 아직도 그의 귓전에 울리고 있었다.

"병사들이여, 시민들이여! … 행군하자, 자유의 자식들이여! … 폭군은 깨졌도다! … 전쟁의 깃발이 올랐다!"

그러나 길에서 무심결에 들었던 다른 말들도 떠올랐다. 아들을 걱정하는 여인네들의 목소리와 프랑스의 들판이 짓밟히고 이방인의 피로 거름을 주게 되지 않을까 하던 농부들의 근심 섞인 목소리였다. 반쯤은 무의식적으로 두 줄을 써내려갔다. 그것은 그저 전날 들었던 외침들의 반향, 메아리, 되풀이일 뿐이었다.

나가자, 조국의 자식들아Allons, enfants de la patrie,

영광의 날이 왔도다Le jour de gloire est arrivé !

그는 멈칫했다. 그래, 감은 잡았다. 시작은 좋다. 이제 제대로 된 리듬만 찾으면 된다. 말에 맞는 멜로디를 찾아야 한다. 그는 옷장에서 바이올린을 꺼내 곡을 붙여보았다. 그런데 놀랍게도 첫 박자에서 이미 노래말에 리듬이 완전히 들어맞는 것이 아닌가. 그는 서둘러 써내려갔다. 자기 안에 들어온 어떤 힘에 이끌렸다. 갑자기 모든 것이 그 안에 들어왔다. 이 시간에 폭발하고 있는 모든 감정, 거리의 이야기들, 술잔들이 부딪치는 가운데 흘러가던 이야기들, 폭군에 대한 증오, 고향 땅에 대한 염려, 승리에 대한 확신, 자유를 향한 사랑 등, 모든 것이 한 데 합쳐졌다.

루제는 굳이 시를 지을 필요가 없었다. 운율만 맞추면 되었다. 그저 자기 안에 있는 멜로디에 이 하루 동안 입에서 입으로 전해진 말들을 집어넣기만 하면 되었다. 그는 프랑스 국민이 가장 깊은 영혼으로 느낀 그 모든 것을 말로 뱉어내고, 표현하고, 노래로 만들어냈다. 작곡할 필요도 없었다. 닫힌 덧창으로 거리의 리듬,

그 순간의 리듬이 들어오고 있었기 때문이다. 그것은 군인들의 행진, 난타하는 북소리, 대포 굴러가는 소리에 담긴 저항과 도전의 리듬이었다. 어쩌면 그 소리를 듣고 있는 것은 그 자신이 아닐지도 몰랐다. 그 소리를 듣는 것은 깨어 있는 그의 귀가 아니라, 이날 밤 그의 육체 안에 자리잡은 그 순간의 시대 정신인지도 몰랐다.

멜로디는 유연하게 박자를 따라갔다. 난타하는 듯 환호하는 박자, 한 국민의 심장 박동 소리이기도 한 그 박자를 따라갔다. 낯선 힘에 억압당하는 듯 루제는 빨리, 점점 더 빨리 노래말을, 그리고 곡을 써내려갔다. 폭풍이 그에게 내리덮친 것이다. 그의 작고 소시민적인 영혼은 이제껏 그런 폭풍을 겪어본 적이 한번도 없었다. 결코 그의 것이 아니고 어떤 마법 같은 힘이 몇 시간 안 되는 이 순간에 응축되어 가련한 아마추어 시인으로 하여금 그가 가진 것의 수십만 배나 되는 힘을 끌어내고 있는 것이다. 그를 단 한순간만 빛나는 불꽃으로 만들어진 로켓처럼 별나라로 쏘아올린 것이다. 이 하룻밤으로 루제 드 릴 대위는 불멸의 예술인 대열에 발을 들이게 된다. 길거리나 신문에서 주워온 말들은 점차 창조적인 말들이 되어갔다. 이내 그의 시와 멜로디는 불멸의 것이 되었다.

신성한 조국애여Amour sacré de la patrie,

복수하는 우리 팔을 인도하라, 후원하라Conduis, soutiens nos bras vengeurs!

자유여, 사랑스런 자유여Liberté, liberté chérie,

그대의 후원자들과 함께 싸우라Combats avec tes défenseurs!

흥분 상태에서 마지막 5연까지 단숨에 만들어졌다. 노래말과 멜로디가 완벽하게 조화를 이룬 이 불멸의 노래는 먼동이 트기 전에 완성되었다.

루제는 불을 끄고 침대에 몸을 던졌다. 그 자신도 모르는 그 무엇인가가 아직 한 번도 느껴보지 못한 감각의 명랑성 안으로 그를 안내하더니, 이제 그를 무거운 피로 속에 내던진 것이다. 죽음과도 같은 끝 모를 잠을 잤다. 그리고 실제로 그의 내면에서 창조자, 시인, 천재가 다시 죽어버렸다. 그러나 탁자 위에는 신성한 도취 상태에서 어떤 기적을 경험했던 사람, 이제는 잠자는 이 사람이 만들어낸 작품이 놓여 있었다. 어떤 민족의 역사에서도 이토록 빠르고 완벽하게 노래말과 음악이 동시에 완성된 경우는 없을 것이다.


## 무슨 일인가가 일어났다. 그러나 …

대성당의 종들은 언제나처럼 새로운 아침을 알렸다. 때때로 바람이 라인강에서 총소리를 실어왔다. 소규모 전투들이 이미 시작된 것이다. 루제는 깨어났다. 무거운 잠의 깊은 골짜기에서 겨우 몸을 일으켰다. '무슨 일인가가 일어났다'라고 막연히 느꼈다. 희미하게 기억에 남아 있는 무엇인가가 간밤에 일어났다. 그는 탁자 위의 종이를 보았다. 시였던가? 내가 이것을 언제 썼지? 음악인데, 내 필체인걸? 언제 이걸 작곡했더라? 아 참, 그렇지. 디트리히가 어제 부탁한 노래지. 라인 군대를 위한 행진곡이지. 루제는 자신의 시를 읽으며 멜로디를 흥얼거려보았다. 하지만 방금 전 만들어낸 작품을 앞에 둔 창작인들이 언제나 그렇듯, 자신감이 생기질 않았다. 옆방에 살고 있던 연대의 동료에게 그것을 보여주면서 노래를 들려주었다. 동료는 만족하는 듯했고 다만 아주 조금만 고칠 것을 제안했다. 이 최초의 만족감을 보고 루제는 자신감을 얻었다.

작가로서의 초조함은 있었지만 한편으로는 약속을 빨리 이행한 것을 자랑스럽게 여기면서 그는 곧장 디트리히 시장의 집으로 달려갔다. 시장은 정원에서 아침 산책을 하면서 새로운 연설을 구상하고 있었다. 뭐? 벌써 다 되었다고? 그렇다면 당장 들어봅시다.

두 사람은 정원에서 집 안의 살롱으로 자리를 옮겼다. 디트리히가 피아노 반주를, 루제가 노래를 했다. 생각지도 않던 음악에 이끌려 시장 부인이 방으로 들어왔다. 그러고는 그녀 자신이 음악 공부를 한 사람으로서 새 노래의 사본을 만들어 반주 연습을 하겠노라고 약속했다. 그날 저녁 모임에서 다른 모든 노래에 앞서 그 노래를 부르겠다는 것이었다. 디트리히는 자신의 상냥한 테너 음성을 자랑스럽게 여기던 터라 그 노래를 더욱 완벽히 익히기로 했다. 새벽에 노래말을 쓰고 곡이 붙여진 4월 26일 같은 날 저녁, 이 노래는 시장의 집 살롱에 우연히 모여든 사람들 앞에서 최초로 발표되었다.

청중은 친절한 박수를 보냈던 것 같다. 그리고 그 자리에 참석

한 작곡가에게도 온갖 찬사가 쏟아졌던 것 같다. 그러나 물론 스트라스부르 대광장에 위치한 브로글리 호텔의 손님들은 이 영원한 멜로디가 눈에 보이지 않는 날개를 타고 자기들의 현실 속으로 내려와 앉았다는 사실을 상상도 하지 못했다. 동시대 사람들이 첫눈에 한 인간이나 어떤 작품의 위대성을 알아보기란 드물다. 시장 부인 역시 그것이 놀라운 역사적 순간으로 기억될 것이란 사실을 전혀 짐작하지 못했다. 이것은 그녀가 남동생에게 보낸 편지를 보면 분명해진다. 이 편지에서 그녀는 이 놀라운 사건을 하나의 평범한 사회적인 사건으로 서술하고 있다.

우리가 언제나 많은 손님을 맞아들이고, 그래서 오락에도 변화를 주기 위해 언제나 새로운 생각을 해내야 한다는 사실을 너도 알고 있지? 네 매형은 특별한 기회가 있을 때마다 작곡을 청탁해야겠다고 생각했단다. 공병부대 대위인 루제 드 릴은 근사한 시인이자 작곡가인데 굉장히 빨리 이 전쟁 노래를 만들었어. 멋진 테너 음성을 가진 네 매형이 그 노래를 불렀지. 그건 정말 매력적이고도 독특한 작품이었어. 작곡가 글루크의 작품보다 한결 낫고 더 생동적이고 더 살아있단다. 나도 연주의 재능을 살려서 피아노와 다른 악기들로 이루어진 반주 악단을 만들었어. 그래, 나도 할 일이 많았지. 그 곡을 우리 집에서 연주했는데, 손님들이 모두 만족스러워했단다.

'손님들이 모두 만족스러워했다.' 오늘날 우리가 보기에는 놀라울 정도로 인색한 표현이다. 그러나 이 정도의 좋은 인상, 이 정도의 미지근한 공감도 이해가 되기는 한다. 이 최초의 연주에서 이 노래, 바로 〈라 마르세예즈〉는 아직 완전히 자신의 힘을 드러내지 못했기 때문이다. 이 노래는 사실 사람들 앞에서 듣기 좋은 테너 음성으로 부를 목적으로 만든 음악이 아니다. 살롱에서 로망스와 이탈리아 아리아들 사이에 끼여 테너 한 사람이 불러서는 그 맛이 제대로 살아날 리 없는 노래다. 망치질하듯 탄력 있고 경쾌한 박자로 'Aux armes, citoyens(오자르메, 시투아엥)' 하고 시작되는 이 노래는 군중을 향한 것이다. 그 진짜배기 반주 악단은 무기 쩔그럭거리는 소리와 울려 퍼지는 나팔 소리 그리고 행진하는 연대 들의 소리인 것이다. 이 노래는 차분하게 앉아서 편안하게 즐기려는 살롱의 청중을 위해 만들어진 노래가 아니라, 함께 행동하는 이들과 함께 싸우는 이들을 위한 노래다. 한 가수가 부르는 노래가 아니라 천 개의 목구멍으로 외치는 대중 노래이며, 국민 전체의 모범적인 행진 노래, 승리 노래, 죽음 노래, 고향 노래, 국민 노래인 것이다. 그것이 만들어질 때 그 자리에 함께했던 열광만이 루제의 노래에 사람을 열광케 하는 힘을 부여한다. 아직 이 노래는 불이 붙지 않았다. 아직 가사는 마법적인 공명에 이르지 못했고 곡은 민족의 영혼에 도달하지 못했다. 군대는 아직 그 행진 노래, 승리 노래를 알지 못했다. 혁명은 아직 자신의 영원한 개선가를 모르고 있었던 것이다.

하룻밤 동안 기적이 깃들었던 사람, 루제도 다른 사람과 마찬가지로 자신이 무심한 수호천사에 이끌려 꿈속 같은 지난 밤에 무엇을 만들어냈는지 전혀 짐작도 못하고 있었다. 이 선량하고 사랑스러운 아마추어는 초대된 손님들의 박수와 자신을 향한 기품 있는 칭송에 마냥 기뻐했다. 한 인간의 보잘것없는 허영심은 이 작은 변두리에서 작은 성공을 누리는 데 부지런을 떨고 있었다. 카페에서 동료들을 위해 노래를 불렀고, 사본을 만들어 라인 군대의 장군들에게도 보냈다.

그러는 사이 시장의 명령과 군 당국의 추천으로 스트라스부르 군악대는 이 라인 군대를 위한 행진곡을 연습했다. 나흘 뒤 스트라스부르 군악대는 대광장에서 떠나는 군인들을 위해 이 새로운 행진곡을 연주했다. 스트라스부르 출판사는 애국적인 열광에 넘쳐서 존경하는 루크너 장군에게 한 부하 장교가 바친 이 노래의 악보를 '라인 군대를 위한 군가'라는 제목으로 인쇄하기도 했다. 그러나 라인 군대의 장군 누구도 행진할 때 실제로 이 노래를 연주하거나 부르게 하지는 않았다. 루제의 지금까지의 노력이 모두 그랬듯이 '나가자, 조국의 자식들아'로 시작하는 이 노래의 성공은 그저 살롱에서 하루 정도 관심을 모은 변방의 시시한 사건쯤으로 잊힐 듯 보였다.

그러나 이 노래의 힘이 항구적으로 감추어지거나 은폐될 수는 없었다. 어떤 예술 작품이 시간에 따라 잊힐 수도 금지될 수도 사장될 수도 있겠으나, 그것이 본질적인 힘을 가진 것이라면 언젠가는 하루살이의 운명을 넘어 승리를 쟁취하게 마련이다. 한두 달이

지나자 라인 군대의 행진곡은 사람들 사이에서 더는 이야깃거리
가 되지 않았다. 인쇄본이나 손으로 베껴 쓴 사본들도 무심한 손
길들 사이로 이리저리 굴러다닐 뿐이었다. 그러나 어떤 작품이 단
한 사람이라도 진정으로 열광케 했다면 그것으로 족하지 않을까?
진정한 열광이란 스스로 창조적이기 때문이다.


## 노래가 혁명에 날개를 달다


　　프랑스의 다른 쪽 끝 마르세유, '헌법의 친구들' 모임이 6월
22일, 전쟁터로 떠나는 지원병들을 위해 향연을 베풀었다. 호국군
의 새 군복을 입은 열혈 청년들이 긴 테이블을 따라 열지어 앉아
있었다. 이 모임에는 지난 4월 25일 스트라스부르에서와 똑같은
열기가 흐르고 있었다. 차이가 있다면, 남부의 기질 그대로 마르
세유 사람들이 한층 더 열광적이고 열렬하며 정열적이라는 것과
선전포고 당시처럼 공허한 확신으로 가득 차 있지 않다는 정도였
다. 전쟁의 시작과 함께 장군들이 허풍을 쳐낸 것처럼 프랑스 혁
명군이 곧장 라인강을 넘어 환영을 받으며 진군하지 못했기 때문
이다. 오히려 적군이 프랑스 영토 내로 깊숙이 들어와 있는 상황
이었다. 자유는 위협받고 있었고 자유를 위한 일, 곧 혁명은 위험
한 상황에 놓여 있었다.
　잔치 도중에 갑자기 한 젊은이가 잔을 땅땅 치더니 몸을 일으

켰다. 그는 미뢰르라는 이름의 몽펠리에 대학 의학부 학생이었다. 모두가 입을 다물고 그를 바라보았다. 연설이나 구호를 외치려나 보다 생각했다. 그는 오른팔을 쳐들더니 노래를 부르기 시작했다. 어떻게 해서 그 노래가 그의 귀에 들어가게 되었는지 아무도 모르는, 전혀 새로운 노래였다. "나가자, 조국의 자식들아." 그러자 마치 화약통에 빠진 듯이 불꽃이 일었다. 극과 극의 감정이 만난 것이다. 내일이면 자유를 위한 전장으로 나가 조국을 위해 죽을 준비가 되어 있는 이 젊은이들은 모두 이 노래말 속에 자기들의 가장 내밀한 의지와 가장 깊은 생각이 녹아 있음을 느꼈다. 그리듬은 항거할 수 없는 힘으로 그들을 이구동성의, 무아지경의 열광으로 이끌었다. 한 연 한 연마다 열광이 뒤따랐고 노래는 쉴새 없이 반복되었다. 이제 멜로디를 익혀버린 그들은 흥분해서 뛰어오르고 잔을 쳐들면서 우렁찬 목소리로 후렴구를 따라 불렀다.

"병사들이여, 시민들이여! 그대들의 군대를 만들어라!"

호기심에 찬 사람들이 거리에서 몰려들었다. 무슨 노래이기에 이토록 열광적으로 부르는가! 어느새 그들도 함께 노래를 부르고 있었다.

다음 날 벌써 그 멜로디는 수천, 수만의 입에서 불렸다. 노래는 새로 인쇄되어 널리 퍼져나갔다. 7월 2일, 싸움터를 향해 행진하는 500명의 지원군과 함께 노래도 출발했다. 행군 도중 피로하거나 걸음걸이가 느슨해질 때, 그저 누군가가 이 찬가의 한 구절을 선창하기만 하면 되었다. 노래의 박자가 그들 모두에게 새로운 기상을 불어넣었다. 시골 마을을 지나가노라면 놀란 농부들과 호기심에 찬 주민들이 모여들었고 그들 역시 이 노래를 따라 불렀다. 그것은 이미 그들의 노래였다. 그들은 이 노래가 라인 군대를 위해 만들어진 것임은 물론, 누가 언제 쓴 것인지도 전혀 알지 못했다. 그러나 그들은 이 찬가를 자기들 군대의 노래로, 자기 삶과 죽음의 고백으로 받아들였던 것이다. 그것은 그저 국기처럼 자연스레 그들 자신의 것이었다. 그들의 정열적인 행군 중에 노래는 전 세계로 퍼져나갔다.

곧 〈라 마르세예즈〉라 불리게 될 이 노래의 최초의 위대한 승리는 파리에서 이루어졌다. 7월 30일, 마르세유 군대는 깃발을 앞세우고 노래를 부르며 파리 교외 지역을 행군했다. 거리에는 수천 수만의 환영 인파가 그들을 기다리고 있었다. 500명의 마르세유 젊은이들은 한목소리로 박자에 맞추어 행진하면서 같은 노래를 부르고 또 불렀다. 사람들이 귀를 기울이기 시작했다. 마르세유 사람들이 부르는 위풍당당하고도 사람의 마음을 빼앗는 이 노래는 대체 뭔가? 모든 사람의 마음을 꿰뚫고 지나가는 이 나팔 소리는? 난타하는 북소리에 맞추어 '병사들이여, 시민들이여!' 하는 이 외침은? 두세 시간 뒤에는 벌써 후렴이 파리의 골목마다 메아리쳤다. 옛 행진곡은 벌써 잊혔다. 혁명은 자신의 고유한 음성을 알아보았고 자신의 고유한 노래를 찾아낸 것이다.

노래의 전파력은 마치 눈사태 같았다. 그 승리의 전파력은 통제할 수 없는 것이었다. 축제마다 극장마다 클럽마다 이 찬가가 불

렸다. 교회에서도 찬송가 다음에 이 노래를 불렀다. 그리고 마침
내 이 노래가 찬송가를 대신하게 되었다. 한두 달 뒤, 〈라 마르세
예즈〉는 전 국민과 군대의 노래가 되었다. 최초의 공화국 국방장
관 조지프 세르방은 이 독특한 국민적인 행진곡에 깃들인 강화하
고 고양하는 힘을 느꼈다. 그는 긴급령으로 10만 장의 사본을 모
든 지휘 본부에 나누어 보내도록 했다. 3일 만에 이 작자 미상의
노래는 몰리에르, 라신느, 볼테르의 모든 작품보다도 더 널리 전
파되었다. 모든 축제는 〈라 마르세예즈〉를 부르며 끝이 났고, 모
든 전투는 이 노래와 함께 시작되었다. 주마프와 네르빈덴의 결전
에서도 연대들은 이 노래를 불렀다. 병사들의 사기를 진작시키는
방법이라고는 나누어주던 술의 양을 두 배로 늘리는 것밖에 모르
는 적의 장군들은 이 '무시무시한' 노래의 폭발적인 위력에 어쩔
줄 몰라 했다. 이 노래가 수천의 병사 입에서 동시에 터져 나와 철
썩이는 파도처럼 자기들 진영을 향해 몰려들 때면 당혹감을 감추
지 못했다. 프랑스의 모든 전선에서, 무수히 많은 사람이 열광하
고 죽어가던 그 전쟁터에서 〈라 마르세예즈〉는 날개를 단 승리의
여신처럼 하늘에 떠돌았다.


## 운명이 버린 사람

휘닝겐의 작은 수비대에는 루제라고 하는 전혀 알려지지 않

은 한 대위가 요새의 방벽과 보루를 설계하고 있었다. 어쩌면 그는 1792년 4월 26일 새벽에 자신이 만든 라인 군대를 위한 행진곡을 벌써 까맣게 잊고 있는지도 몰랐다. 신문에서 어떤 전쟁 노래가 폭풍처럼 파리를 점령했다는 기사를 읽었을 때에도, 이 승리에 찬 '마르세유 군대의 노래'가 한 마디 한 마디 그대로, 박자 하나하나 그대로 저 4월의 밤 기적이 찾아온 자신에게서 나온 바로 그 노래라고는 꿈에도 생각지 못했다. 운명의 잔인한 아이러니는 이 노래를 하늘 끝까지 울려 퍼지게 하고 별나라까지도 올려보냈건만 오직 한 사람, 바로 그 노래를 지은 사람에게만은 닿지 않던 것이다.

프랑스 전체를 통틀어 그 누구도 루제 드 릴 대위를 〈라 마르세예즈〉와 연관 짓는 사람은 없었다. 역사상 지금까지 하나의 노래가 얻을 수 있는 최고의 명성은 오직 노래 그 자체에만 국한된 것이었다. 루제에게는 명성의 그림자조차 머물지 않았다. 노래 가사와 악보에는 그의 이름이 함께 인쇄되지 않았다. 그 자신은 완전히 무시당한 채 시간이라는 주인 곁에 남아 있었다. 게다가 저 화나는 기억 속으로 되돌아가고 싶어하지도 않았다. 오직 역사만이 만들어낼 수 있는 참으로 기막힌 역설이지만, 이 혁명 찬가의 지은이는 이제 혁명 동참자가 아니었다. 오히려 혁명에 반대하는 사람이었다. 저 불멸의 노래를 지어 다른 어떤 사람보다도 혁명을 앞으로 나아가도록 만들었던 그 사람이 이제 온 힘을 다해 혁명을 가라앉히고 싶어했다.

마르세유와 파리의 천민들이 그가 지은 노래를 부르면서 튀일리 궁전으로 몰려가 국왕을 끌어냈을 때(1792년 8월 10일), 루 제 드릴은 혁명에 염증을 내고 있었다. 그는 공화국(프랑스 제1공화국)에 대한 충성의 맹세를 거부했고, 자코뱅파에 봉사하기도 싫었다. 그래서 직위를 떠났다. 그의 찬가에 나오는 '사랑스런 자유'라는 말은 적어도 이 정직한 사내에게는 공허한 말이 아니었다. 그는 국경 저편에 있는 왕관 쓴 폭군들을 미워하듯, 국민공회의 폭군들을 혐오했다. 친구이자 〈라 마르세예즈〉의 후원자이던 디트리히 시장과, 자신이 노래를 헌정했던 루크너 장군, 그 밖의 그날 저녁 이노래의 최초의 청중이 되었던 모든 장교와 귀족이 단두대의 이슬로 사라져간 것이다. 그는 이제 공공연히 공화국 최고 권력 기구인 공안위원회에 대해 불만을 토로했다. 뒤이어 혁명가를 지은 시인이 반혁명 분자로 낙인찍혀 체포되는 기묘한 상황이 벌어졌다. 그는 조국을 배신했다는 죄목으로 재판정에 섰다. 다만 테르미도르 9일(1794년 7월 27일), 로베스피에르가 실각하면서 감옥의 문이 열렸기에 프랑스혁명은 이 불멸의 혁명가를 지은 작가를 '국민의 면도날(단두대)'로 보내는 수치를 면하게 되었다.

아니, 차라리 그랬더라면 영웅적인 죽음이 되었을지도 모른다. 이제 루제에게 남은 운명은 어둠 속에서 비참하게 시들어가는 것뿐이었다. 가련한 루제는 자기 생애에서 진정으로 창조적이었던 단 하루를 넘기고도 무려 40년 이상을, 수천의 날을 더 살았다. 군복은 빼앗겼고 연금은 취소되었다. 그가 쓰는 시, 오페라, 모든 글은 인쇄되지도 공연되지도 않았다. 운명은 이 아마추어 작가가 부름도 받지 않은 채 불멸의 시인들 틈으로 끼어들어온 것을 용서하려 하지 않았다. 이 보잘것없는 사내는 온갖 보잘것없는 일들로 자신의 보잘것없는 생을 연명했다. 카르노와 보나파르트(나폴레옹)가 동정심이 넘쳐 그를 도우려 했으나 헛일이었다. 루제의 성격 어떤 부분이 구제불능으로 망가지고 뒤틀려버린 것이었다. 신과 수호 정령을 보내 세 시간 동안 그를 보살펴주고, 그러고 나서는 그를 다시 본래의 하잘것없는 상태로 되돌려보낸 저 우연의 잔인함 때문이었다.

그는 모든 권력에 덤벼들고 불평을 해댔다. 자신을 도우려는 보나파르트에게 뻔뻔스럽고도 부담스러운 편지를 보내고, 국민투표에서 보나파르트에 반대표를 던졌다고 공공연히 자랑하고 다니기도 했다. 깨끗하지 못한 일에 얽히는 일도 있었다. 심지어 약속어음이 부도나 생펠라지 감옥에 수감되기도 했다. 어떤 장소에서도 환영받지 못하고 채권자들에 쫓기며 경찰의 미행을 당하다가, 마침내 어느 변방으로 숨어들었다. 거기서 고립되고 잊힌 채로 마치 무덤 속에서 내다보듯 자신이 만든 노래의 운명을 지켜보았다. 〈라 마르세예즈〉가 승리한 군대와 더불어 유럽의 모든 나라로 퍼져나가는 것도, 나폴레옹이 황제가 된 뒤 너무 혁명적이라는 이유로 〈라 마르세예즈〉를 모든 공식 행사에서 빼버리는 것도, 부르봉 왕조가 이 노래를 완전히 금지해버리는 것도 보았다.

그러고 나서 산전수전 다 겪은 노인에게 참으로 놀라운 일이 일어났다. 한 세대가 지난 1830년 7월혁명 때 파리의 바리케이드에서 그의 말과 그의 멜로디가 그 옛날의 힘을 되찾으며 부활한 것이다. 시민왕 루이 필리프는 루제가 이 노래의 작가라는 이유를 들어 그에게 얼마 안 되지만 연금을 내리기까지 했다. 사람들이 아직도 자기를 기억한다는 사실은, 자신이 완전히 잊혔다고 생각한 이 은둔자에게는 꿈 같은 일이었다. 그러나 그것은 보잘것없는 기억에 불과했다. 1836년, 그가 일흔여섯의 나이로 슈아지르루아에서 숨을 거두었을 때, 그의 이름을 부르는 사람도 그를 알아보는 사람도 없었다. 다만 제1차 세계대전 중 이미 오래전에 국가가 된 〈라 마르세예즈〉가 프랑스의 모든 전선에서 다시 우렁차게 울려 퍼진 이후에야, 루제 대위의 시신을 앵발리드에 있는 보나파르트 소위의 시신 옆에 안치하라는 명령이 내려졌다. 그리하여 마침내 영원한 노래의 지은이가 전혀 유명하지 않으면서도 조국의 자랑인 명예의 납골당에서 쉬게 되었다. 이로써 단 하룻밤의 시인에 불과했다는 실망에서 벗어나게 되었던 것이다.

# 워털루의 세계 시간

1815년 6월 18일

나폴레옹의 워털루 전투

운명은 강한 자와 난폭한 자에게 밀어닥친다. 여러 해 동안 그것은 노예처럼 단 한 사람에게만 복종한다. 예컨대 카이사르, 알렉산드로스 대왕, 나폴레옹 같은 사람들이다. 운명이란 원소적인 인간을 사랑하기 때문이다. 그러한 인간은 잡을 수 없는 원소의 운명과 비슷한 존재다.

그러나 아주 드물기는 하지만, 운명은 이상한 변덕에 사로잡혀 아무에게나 자신을 맡기기도 했다. 그리고 이것은 세계사에서 가장 놀라운 순간들이기도 했다. 운명의 실이 아주 보잘것없는 사람의 손에 떨어지면, 그는 영웅적인 놀이 속으로 자신을 끌어들인 태풍 앞에 행복해하기보다는 파랗게 질려 벌벌 떨면서 자신의 손에 쥐어진 운명의 실을 놓아버린다. 그런 사람이 운명을 꽉 붙잡아 그것과 함께 자신도 올라서는 일은 극히 드물다. 위대한 것이 하찮은 것에 자신을 내주는 일은 겨우 1초면 이루어지기 때문이다. 그런 기회는 한 번 놓치고 나면 두 번 다시 오지 않는다.

## 나폴레옹의 선택

춤과 애정 행각과 음모와 싸움으로 뒤범벅된 오스트리아 빈 회의장에 사슬에 묶인 사자 나폴레옹이 엘바섬에 있는 자신의 우리를 탈출했다는 소식이 대포알 같은 소리를 내면서 날아들었다. 다른 파발마들도 뒤따라 달려왔다. 나폴레옹이 리옹을 점령했다, 국왕을 쫓아냈다, 광신적인 군대가 깃발을 쳐들고 그에게로 모여들고 있다, 그는 벌써 파리 튀일리궁에 있다. 라이프치히도, 지난 20년간 사람깨나 죽인 전쟁도 소용없어졌다.

불평만 해대던 각국 대표들이 독수리 발톱에 낚아채이기라도 한 듯 속속 몰려들었다. 영국, 프로이센, 오스트리아, 러시아 군대는 다시 한번 저 권력 찬탈자를 영구히 물리치라는 명령을 받았다. 황제와 국왕으로 대표되는 유럽 왕조들은 이 공포의 순간에 완전히 하나가 되었다. 영국의 웰링턴이 부대를 이끌고 북쪽에서 프랑스 쪽으로 진군해오는 가운데 블뤼허가 지휘하는 프로이센 군대가 웰링턴 부대의 측면을 보조하며 합세했다. 라인강에는 오스트리아의 슈바르첸베르크와 러시아 연대들이 예비 군대로서 천천히 독일 영토를 가로질러 진군해오고 있었다.

나폴레옹은 단숨에 치명적인 위험을 넘어선다. 그는 일을 늦추어 사냥개 떼에게 모여들 시간을 주어서는 안 된다고 생각했다. 프로이센, 영국, 오스트리아 등이 연합군을 결성해 자신의 군대를 쓰러뜨리기 전에 자신이 먼저 그들을 하나씩 차례로 쓰러뜨려야 했다. 그는 서둘렀다. 그러지 않으면 나라 안의 불평분자들이 들고일어날 것이기 때문이다. 공화파가 힘을 키워 왕당파와 합세하기 전에, 속을 알 수 없는 푸셰가 앙숙이면서도 꼭 닮은 탈레랑과 합세해 등 뒤에서 자신의 명줄을 끊어버리기 전에 그는 승리자가 되어 있어야 했다. 나폴레옹은 지금 이 순간 열광하는 군대를 이끌고 단 한 번의 도약으로 적을 공격해야만 하는 것이다. 그러기에 하루하루가 손실이고 매시간이 위험이다. 그는 서둘러 유럽의 싸움터 벨기에를 향해 쩔꺽거리는 주사위를 던졌다.

6월 15일 새벽 3시, 나폴레옹의 대규모의, 그러나 단 하나뿐인 군대는 국경을 넘었다. 16일에는 벌써 벨기에의 리니 근처에서 프로이센군을 격퇴했다. 그것은 풀려난 사자의 첫 일격이었다. 그 일격은 두려운 것이었지만 치명적이지는 않았다. 프로이센 군대는 얻어터지기는 했지만 괴멸되지는 않은 채 브뤼셀로 퇴각했다.

나폴레옹은 두 번째 일격을 위해 웰링턴으로 향했다. 그에게는 숨 돌릴 여유가 없었다. 적은 하루하루 강해지고, 피를 흘릴 대로 흘린 불안한 프랑스 국민은 승리 소식만을 간절히 기다리고 있었다. 그는 17일에도 군대를 거느리고 카트르브라의 언덕으로 행군했다. 그곳은 강철과 같은 성격을 가진 냉혹한 적장 웰링턴이 보루를 쌓아둔 곳이다. 이날 나폴레옹의 군대 배치는 그 어느 때보다 현명했으며, 작전 명령 또한 그 어느 때보다 분명했다. 그는 자신의 공격만 아니라 자신이 직면할 수 있는 위험도 고려했다. 즉, 퇴각하기는 했지만 괴멸되지 않은 블뤼허의 프로이센 군대가 웰링턴 부대와 합세할 수도 있으리라는 점을 염두에 두었다. 나폴레옹은 그 둘의 합세를 막기 위해 군대의 일부를 떼어내어 프로이센군을 추격할 수 있도록 배치해놓았다.

나폴레옹은 추격 부대의 명령권을 에마뉘엘 드 그루시 장군에게 맡겼다. 그루시는 중간 정도의 능력에 선량하고 정직하고 용감하고 신뢰할 만한 기병대장이었다. 그러나 그저 믿을 만할 뿐 그 이상은 못 되는 인간이었다. 뮈라처럼 열렬하게 몰입하는 전사도 아니었고, 생시르나 베르티에 같은 전략가도 아니었으며, 네이 같은 영웅도 아니었다. 그에게는 전사의 홍갑도, 전장의 전설도 없었다. 눈에 보이는 어떤 특성도 그에게, 나폴레옹 전설의 영웅적인 세계에 그 어떤 명예나 지위를 마련해주지 못했다. 오직 그의 불행만이, 그의 잘못만이 그를 유명하게 만들었다. 그루시는 지난 20년간 에스파냐에서 러시아에 이르기까지, 네덜란드에서 이탈리아에 이르기까지 모든 전장에서 싸웠다. 그는 차근차근 원수의 자리에까지 올랐다. 공이 없지는 않았으나 특별한 공적이 있는 것도 아니었다. 그저 오스트리아 군대의 총탄과 이집트의 태양, 아랍인들의 단도 그리고 러시아의 서리가 그의 상관들을 저세상으로 데려갔기 때문이었다. 드제는 마렝고 전투에서, 클레버는 카이로에서, 란네는 바그람에서 전사했다. 즉, 그루시는 자신이 공을 세워 최고 영예직에 오른 것이 아니라, 그저 20년간의 전쟁을 통해 저절로 길이 열린 것이다.

나폴레옹도 그루시라는 인물이 영웅도 전략가도 아닌, 충직하고 선량하고 쓸모 있는, 신뢰할 만한 인물일 뿐이라고 여겼다. 그러나 그의 원수들 중 절반은 이미 땅 속에 잠들어 있었고, 그 밖의 사람들은 전쟁과 끝없는 야영에 넌덜머리가 나 자기 영지에 웅크리고 있는 상황이었다. 나폴레옹에게는 선택의 여지가 별로 없었던 것이다.

리니에서 승리한 다음 날이자 워털루 전투 하루 전날인 6월 17일 오전 11시, 나폴레옹은 그루시에게 처음으로 독자적인 명령권을 넘겨주었다. 이로써 그루시는 단 하루 동안 세계사의 영역으로 들어섰다. 이 단 한순간, 그러나 그 어떤 순간이던가! 나폴레옹의 명령은 명료했다. 나폴레옹 자신이 영국군에 맞서 싸우는 동안 그루시는 군대의 3분의 1을 거느리고 프로이센군을 추격하라는 것이었다. 이것은 단순하고 오해의 여지가 없는 분명한 명령으로 보인다. 그러나 이 명령은 사실 칼처럼 휘기 쉽고 또 양날을 가진 명령이었다. 추격전을 벌이는 동안 끊임없이 본대와 연락을 취하라는 명령도 함께 받았기 때문이다.

그루시는 망설이면서 명령을 받아들였다. 독자적으로 싸우는 일에 익숙하지 않았기 때문이다. 적극성 없이 사려 깊기만 한 그의 성격은 황제의 천재적인 눈길이 자신에게 행동을 지시할 경우에만 안심하는 그런 것이었다. 등 뒤에 서 있는 휘하 장군들의 불만 역시 망설이는 또 하나의 이유가 되었다. 어쩌면 그는 운명의 어두운 날갯짓을 느꼈는지도 모른다. 본부가 가까이 있다는 사실만이 그를 진정시킬 수 있었다. 빠른 걸음으로 세 시간 정도 되는 거리에 황제의 군대가 있었다.

그루시는 폭풍우 속에서 작별을 고했다. 그의 군사들은 진창을 걸으며 천천히 프로이센군을 향해 나아갔다. 아니, 블뤼허와 그의 군대가 있으리라고 짐작되는 곳으로 나아갔다.


## 카이유의 밤

북국의 비는 그칠 줄 몰랐다. 나폴레옹의 연대는 젖은 짐승 떼처럼 어둠 속에서 천천히 발걸음을 옮겼다. 병사들은 모두 신발 밑창에 2파운드나 되는 진흙을 매단 채 걸어야 했다. 사방 어디를 보아도 잠자리 삼을 만한 곳도 지붕 삼을 만한 것도 없었다. 짚은 푹 젖어서 그 위에 누울 수가 없었다. 열두 명쯤의 병사가 한데 모여 서로 등을 기대고 앉아 퍼붓는 빗속에서 잠을 청하는 수밖에 없었다.

황제도 쉬지 않았다. 열병 같은 긴장감이 때때로 그를 엄습했기 때문이다. 정찰병들은 날씨 때문에 제대로 정찰을 못했고, 염탐하러 간 병사들은 저마다 다른 보고를 해왔다. 나폴레옹으로서는 적의 지휘관이 웰링턴이 맞는지조차 확인할 수 없었다. 그루시 또한 프로이센군에 대한 소식을 전혀 전해오지 않았다. 그래서 손수 새벽 1시에 퍼붓는 소나기에도 아랑곳하지 않고 전초지를 따라 영국군의 대포 사정거리에 들 만한 지역까지 접근했다. 희뿌연 비 사이로 여기저기 희미한 불빛들이 보였다. 영국군은 이 새벽에도 공격 계획을 세우고 있었던 것이다.

나폴레옹은 먼동이 틀 무렵에야 본부로 쓰고 있는 카이유의 보잘것없는 오두막으로 돌아왔다. 그루시가 보낸 첫 연락병이 먼저 도착해 있었다. 프로이센군의 퇴각에 대한 확실하지 않은 소식과 그들을 뒤쫓고 있다는 내용이었다. 비가 멎으면서 지평선이 노란빛을 더해가고 있었다. 초조한 황제는 방안을 왔다 갔다 하면서 이제 적진이 확연히 보이는지, 그렇다면 결단을 내려야 할지를 고민했다.

오전 5시, 날이 개었다. 결심의 구름 또한 밝아졌다. 9시 정각, 폭풍우처럼 전군에 진군 명령이 떨어졌다. 전령들이 사방으로 내달리기 시작했다. 곧이어 집결의 북소리가 울렸다. 그제야 나폴레옹은 야전 침대에 몸을 뉘고 정확히 두 시간 동안 잠을 잤다.


## 워털루의 아침

오전 9시. 군대는 아직도 집결이 완료되지 않았다. 3일간 퍼부은 비로 땅이 물러 대포의 이동을 방해했다. 이제야 서서히 태양이 나타나서 사나운 바람 가운데 빛을 내기 시작했다. 그러나 그것은 아우스터리츠의 행복을 약속하던 그 빛나던 태양이 아니었다. 이 북방의 태양빛은 못마땅한 듯 엷은 누런빛을 낼 뿐이었다. 마침내 집결이 완료되자, 나폴레옹은 전투에 앞서 자신의 흰색 암말을 타고 전선을 따라 말을 달렸다. 깃발에 그려진 독수리들은 사납게 부는 바람에 내려앉는 듯했고, 기마병들은 용맹스럽게 군도를 흔들었다. 보병 부대는 환영의 뜻으로 총검 끝에 곰 가죽 모자를 걸었다. 북이란 북은 죄다 광란하듯 울려대고 나팔수들은 날카로운 음으로 야전 사령관께 인사했다. 그러나 7만 병사들의 목구멍에서 울려 나오는 환호성과 "황제 만세!" 하는 소리가 다른 모든 소리를 누르고 천둥소리처럼 우렁차게 연대 뒤로 날아올랐다.

20년이나 계속된 나폴레옹의 열병식 가운데 마지막인 이날의 열병식보다 더 위대하고 열광적인 것은 없었다. 환호성이 잦아든 직후인 11시 정각,―계획보다 두 시간이 늦어졌다. 운명적인 두 시간이 늦어진 것이다!―언덕에 있는 붉은 군복의 영국군을 산탄 사격으로 날려버리라는 명령이 포병 부대에 전달되었다. 그러고 나면 '용자 중의 용자' 네이 장군이 보병을 거느리고 진격할 것이었다. 운명의 시간이 시작된 것이다.

이 전투는 헤아릴 수 없을 만큼 수없이 묘사되었다. 그런데도 사람들은 뒤집히고 또 뒤집히는 운명의 역전에 흥분되어 이 이야기를 지겨워하지 않는다. 때로는 월터 스콧의 위대한 묘사를, 때로는 스탕달의 에피소드식 묘사를 읽기도 한다. 이 전투는 가까이서 보든 멀리서 보든 여전히 위대하고 다양하다. 언덕 위에 있는 장수의 입장에서 보든 경기병의 뛰는 말 위에서 보든, 위대하고 다채롭기는 마찬가지다. 두려움과 희망이 끊임없이 교차하고 긴장과 극적인 요소들로 가득 찬 예술 작품이다. 두려움과 희망의 교차는 갑작스럽게 하나의 극단적인 파멸의 순간으로 끝나게 된다. 진정한 비극의 모범이다. 이 하나의 운명과 더불어 유럽의 운명이 결정되었으며, 나폴레옹이라는 존재가 하늘을 온통 수놓은 불꽃놀이처럼 다시 화려하게 유럽의 하늘에서 빛을 내고는 영원히 꺼져버렸기 때문이다.

전투가 시작되고 두 시간 동안, 프랑스군은 언덕으로 밀고 올라가 마을과 진지 들을 점령했다가는 쫓겨나고, 다시 밀고 올라가기를 수차례 반복했다. 이미 1만여 명의 시체가 진흙탕으로 변해버린 언덕을 뒤덮었건만, 이편이나 저편이나 기진맥진했을 뿐 성과가 없기는 마찬가지였다. 양쪽 군대는 지쳤고, 양쪽 사령관은 불안해했다. 양쪽 모두 지원군이 먼저 오는 쪽이 승리하리라는 사실을 알고 있었다. 웰링턴은 블뤼허를, 나폴레옹은 그루시를 기다렸다. 나폴레옹의 손은 초조하게 망원경에 가닿곤 했다. 전령들이 새로이 파견되었다. 그루시가 제 때에 와주기만 한다면 프랑스의 하늘에 다시 한번 아우스터리츠의 태양이 빛나게 될 것이다.

## 그루시의 실책

자신도 모르는 사이 나폴레옹의 운명을 손에 쥐게 된 그루시는 명령에 따라 6월 17일 저녁에 프로이센군을 뒤쫓았다. 비가 멎었다. 어제 처음으로 탄약 냄새를 맡은 애송이 병사들은 후방의 평화 지역을 걷듯, 조심성 없게 앞으로 나아갔다. 적은 보이지 않았다. 패퇴한 프로이센 군대는 흔적조차 찾을 수 없었다.

그루시가 농가에서 서둘러 아침을 먹으려던 참이었다. 갑자기 발아래 땅이 나지막이 울렸다. 모두 귀를 기울였다. 아직은 희미하게 들려왔지만, 연거푸 둔중하게 울리는 그것은 분명 대포 소리였다. 멀지만 아주 멀지 않은, 고작해야 세 시간쯤 떨어진 곳에서 불 뿜는 대포들의 소리였다. 몇몇 장교들은 소리의 진원지를 가늠하기 위해 인디언처럼 땅바닥에 귀를 대보았다. 둔중한 대포 소리가 끊임없이 들려왔다. 그것은 생장Saint-Jean의 대포소리로, 워털루 전투가 시작된 것이었다. 그루시는 참모 회의를 열었다. 부사령관 제라르가 강력하게 요구했다.

"대포 소리를 향해 진군해야 합니다!"

다른 장교들도 같은 의견이었다. 얼른 그쪽으로 갑시다! 황제가 영국군을 향해 돌진해 힘든 싸움을 벌이고 있음이 분명했다. 그루시는 불안해했다. 복종에만 익숙한 그는 두려운 듯 황제의 명령이 적힌 쪽지, 프로이센군의 퇴로를 추격하라는 쪽지에만 매달렸다. 그루시의 망설임을 본 제라르가 더욱 과격해졌다.

"대포 쪽으로 갑시다!"

20명의 장교와 사병들 앞에서 부사령관의 외침은 간청이 아닌 명령처럼 들렸다. 그것이 그루시의 기분을 상하게 했다. 그는 더욱 강경하고 엄격하게, 황제로부터 다른 명령이 내려오지 않는 한 자신의 임무에서 벗어날 수 없다고 선언했다. 장교들은 실망했고 대포 소리가 침통한 침묵 속으로 파고들었다.

제라르는 최후의 시도를 했다. 자기 연대와 약간의 기병대만이라도 전쟁터로 떠나 제시간에 닿을 수 있도록 허락해달라고 청원했다. 그루시는 아주 잠시 생각했다.

## 일순간의 세계사

이 찰나의 순간은 그루시 자신의 운명뿐 아니라 나폴레옹의 운명, 나아가 세계의 운명을 결정하게 된다. 발하임 농가에서의 일순간이 19세기를 결정하게 되는 것이다. 이 세기의 운명이 정직하기는 하나 참으로 평범한 한 인간의 입에, 황제의 저주스런 명령을 신경질적으로 붙잡고 있는 그에게 달려 있었다. 그루시가 상황 판단을 제대로 해서 명령을 어길 용기를 갖기만 한다면, 프랑스는 구원될 수 있을 것이다. 그러나 주체성 없는 인간은 종이에 쓰인 것에만 집착할 뿐, 운명의 부름에는 절대 스스로 응하지 못하는 법이다.

그루시는 단호하게 거절했다. 안 된다. 이 작은 부대를 다시 나누는 것은 무책임한 일이다. 내가 받은 명령은 프로이센군을 추격하라는 것뿐이다. 그렇게 그는 황제의 명령에 반하는 행동을 거절했다. 짜증이 난 장교들은 침묵했다. 침묵이 그의 주위를 둘러쌌다. 장교들은 여전히 그의 말과 행동을 이해할 수 없었지만 그래도 침묵했다. 이로써 역사의 결정적인 순간이 돌이킬 수 없이 사라져갔다. 웰링턴이 승리할 것이다.

그들은 계속 행진했다. 제라르와 반담은 분노로 주먹을 움켜쥐었다. 그루시는 시간이 흐를수록 더욱 불안해졌다. 그 어디에도 프로이센군은 보이지 않았다. 적군은 브뤼셀 방향을 벗어난 것 같았다. 정찰병들은 퇴각하던 프로이센군이 전쟁터를 향해 측면으로 행군해갔음을 증명하는 불길한 조짐들을 알려왔다. 아직 시간이 있었다. 서두른다면 황제를 도울 수 있는 시간이 아직은 있었다. 그러나 그루시는 점점 더 초조해하며 돌아오라는 명령만 기다렸다. 소식은 오지 않았다. 대포 소리만 둔하게 소나기 내리는 땅을 가로질러 들려올 뿐이었다. 그 대포알은 쇠로 만든 워털루의 주사위였던 셈이다.

## 워털루의 오후

그러는 사이 오후 1시가 되었다. 네 번의 공격 모두 실패했다. 그러나 프랑스군의 공격은 웰링턴 중앙 부대를 약올려 지치게 하기에는 충분했다. 나폴레옹은 이미 결전의 순간을 준비하고 있었다. 그는 벨알리앙스 앞쪽에 포병대를 보강하라고 명령했다. 포병대의 공격이 양쪽 언덕 사이에 구름 장막을 드리우기 전에 나폴레옹은 마지막으로 전쟁터를 굽어보았다.

그때 북동쪽 숲에서 물밀듯이 흘러나오는 검은 그림자들을 보았다. 새로운 병력이다! 곧장 망원경을 눈에 갖다 댔다. 놀랍게도 명령을 거스르고 제시간에 나타난 그루시일까? 아니었다. 잡혀 온 포로는 그것이 프로이센 블뤼허 장군 병력의 전초대임을 알렸다. 황제는 패퇴한 프로이센군이 프랑스군의 추격을 따돌리고 영국군과 합세하려고 한다는 사실을 깨달았다. 프랑스군 3분의 1은 그사이에 쓸데없이 방황하고 있는 것이다. 그 즉시 나폴레옹은 무슨 일이 있어도 본대에 합류하면서 프로이센군이 전투에 투입되는 것을 막으라는 내용의 명령서를 그루시에게 보냈다.

그와 동시에 네이 원수는 공격 명령을 받았다. 프로이센군이 오기 전에 웰링턴을 격퇴해야 한다. 그토록 급작스럽게 승리의 가능성이 줄어든 차에 그보다 더 무모한 출동은 없을 것이다. 보병 부대는 오후 내내 저 언덕을, 대포로 붕괴된 마을들을 공략했다. 그러다 격퇴당하고, 또다시 펄럭이는 깃발을 들고 적진을 향해 파도를 이루어 덤벼들었다. 그러나 웰링턴은 꿈쩍 않고 버티고 있었다. 여전히 그루시에게서는 아무런 소식이 없었다.

프로이센군의 선봉대가 서서히 밀려들어오는 것을 본 황제가 초조해져서 중얼거렸다.

"그루시는 어디 있지? 대체 어디 머물러 있단 말인가?"

휘하 장수들도 점점 초조해졌다. 끝장을 보고야 말겠다고 결심한 네이 원수는 그루시가 신중했던 만큼이나 지나칠 정도로 대담하게—그가 탔던 말이 벌써 세 마리나 총에 맞아 죽어나갔다—프랑스 기병대 전원을 공격에 투입했다. 1만 명의 중기병과 경기병 들이 무시무시한 죽음을 향해 돌진했다. 적군의 방진을 파괴하고 포병대를 쓰러뜨리면서 제일선을 무너뜨렸다. 또다시 격퇴당했지만, 영국군의 전력 역시 큰 손상을 입었다. 언덕을 둘러싼 전장은 소강상태에 접어들었다. 전력의 손상을 크게 입은 프랑스 기병대가 대포 뒤로 물러서자, 나폴레옹의 비장의 무기인 친위 부대가 언덕을 공략하기 위해 무겁고도 느린 걸음으로 앞으로 나섰다. 언덕 장악이 곧 유럽의 운명을 결정할 것이었다.

## 결전의 시간

아침부터 양쪽 진영에서 400개의 대포가 쉬지 않고 불을 뿜었다. 전선에서는 기마 부대의 행렬이 불 뿜는 방진을 향해 덤벼들었고, 북 가죽이 찢어지도록 북을 울렸다. 평원 전체가 그렇게 뒤섞인 소리들로 진동했다. 그러나 양쪽 언덕 위에서 사령관들은 전장 너머 먼 곳에 귀를 기울이고 있었다.

그들의 손에서는 두 개의 시계가 새의 심장처럼 나직이 똑딱이고 있었다. 나폴레옹과 웰링턴, 이 두 사람은 끊임없이 회중시계를 들여다보면서 최후의 원군이 도착할 시간을 분까지 헤아리고 있었다. 웰링턴은 블뤼허가 가까이 있음을 알고 있었다. 나폴레옹은 그루시가 오기를 희망했다. 두 사람에게 더 이상의 비축 병력은 없었다. 원군이 먼저 도착하는 편이 승리하는 것이었다. 두 사람은 망원경을 들고 숲 가장자리를 뚫어져라 보았다.

얼마나 지났을까? 거기서 가벼운 구름처럼 프로이센의 전초 부대가 보이기 시작했다. 그루시에게 쫓겨 도망쳐온 병사들일까, 아니면 본대일까? 영국군은 이미 마지막 저항을 하고 있었다. 프랑스군 역시 지쳐 있었다. 그들은 두 명의 투사처럼 헐떡이면서 이미 마비된 팔로 서로 마주 서서 마지막 돌진을 앞두고 숨을 고르고 있었다. 돌이킬 수 없는 결전의 시간이 다가오고 있었다.

그때 갑자기 프로이센군의 측면에서 대포가 불을 뿜었다. 수색전이다. 경보병의 총소리다! 그루시다! 마침내 그루시다! 나폴레옹은 안도의 숨을 쉬었다. 이제 측면은 안전하리라고 믿은 나폴레옹은 자신의 마지막 병력을 모아 한 번 더 웰링턴의 중앙부, 브뤼셀을 가로막고 있는 영국군의 빗장을 향해 병력을 투입했다.

그러나 프로이센군의 측면에서 대포가 발사된 것은 오해 때문에 생겨난 가벼운 헤프닝일 뿐이었다. 프로이센군이 군복이 다른 같은 편 하노버 연대를 적군이라 착각해 공격한 것이었다. 프로이센군은 금세 잘못을 시정하고는 거침없이 넓게 퍼져서, 강력한 힘으로 숲에서 쏟아져 나왔다. 그렇다. 그것은 병력을 이끌고 온 그루시가 아니라 프로이센의 블뤼허였다! 그와 함께 불운도 같이 왔다.

전령은 황제군 사이로 질서를 유지하며 퇴각하라는 명령을 전달했다. 그러나 적장 웰링턴이 이 순간을 놓칠 리 없었다. 그는 그때까지 지켜낸 언덕의 가장자리까지 말을 타고 나와 모자를 벗어 쳐들고는 약해진 적을 향해 흔들었다. 그의 군대는 승리를 알리는 이 몸짓을 금세 이해했다. 살아남은 영국군이 모두 몸을 일으켜 흔들리고 있는 적군을 향해 돌진했다. 그와 동시에 프로이센 기병대가 이미 지쳐서 너덜너덜해진 프랑스군의 측면을 파고들었다. 치명적인 외침이 들려왔다.

"할 수 있는 자는 생명을 구하라!"

대군은 몇 분 만에 고삐 풀린 망아지처럼 도망치는 두려움의 물결, 나폴레옹조차도 휩쓸어버릴 것 같은 두려움의 물결로 변해 버렸다. 뒤에서 채찍질해대던 영국군 기병대는 이 성급하게 도망치는 물결 속으로 느긋하게 뛰어들어 나폴레옹의 마차, 이 진귀한 군대의 보물을 낚아챘다. 미칠 듯한 두려움으로 이미 물거품이 되어버린 프랑스 군대의 대포들도 모조리 빼앗아버렸다.

막 깔리기 시작한 어둠 덕에 황제는 간신히 영국군에게서 빠져나올 수 있었다. 그러나 한밤중에 더럽고 넋이 나간 모습으로 지붕 낮은 시골 여인숙 안락의자에 지친 몸을 기댄 사람은 이제 더는 황제가 아니었다. 그의 왕국, 그의 왕조, 그의 운명은 끝났다.

한 소심하고 평범한 인물로 인해 가장 용감하고 가장 멀리 내다보던 인물의 영웅적인 20년 세월이 한꺼번에 무너져 내렸다.

## 일상으로의 복귀

영국의 공격이 나폴레옹을 쓰러뜨리자마자 당시에는 거의 이름이 알려지지 않았던 한 사람이 칼레를 우회해 브뤼셀에 도착했다. 그리고 배 한 척이 기다리고 있던 바닷가로 나갔다. 그는 정부의 전령보다 앞서 런던에 도착하기 위해 거기서 배를 띄운 것이다. 아직 소식이 전해지지 않았던 덕택에 그는 주식을 처분할 수가 있었다. 그는 이 천재적인 조치를 취함으로써 새로운 왕국을 세우게 될, 유럽의 대표 은행가 반열에 오를 로스차일드였다. 다음 날 영국에는 승전보가 날아들었다. 반면 파리에서는 영원한 배신자 푸셰가 패배 소식을 들었다. 브뤼셀과 독일에도 승리의 종소리가 울려 퍼졌다.

오직 한 사람, 불행한 그루시만이 운명의 장소에서 겨우 네 시간 거리에 있었으면서도 다음 날 아침까지 워털루의 소식을 듣지 못했다. 그는 여전히 명령에 따라 끈질기고도 정확하게 프로이센군을 추적하고 있었다. 그러나 이상하리만치 프로이센군은 보이지 않았고 그 사실이 그의 마음을 불안하게 만들었다. 대포 소리는 도움을 요청하듯 점점 크게 울려와 그의 마음을 괴롭혔다. 그들은 이제 땅이 진동하는 것을 느꼈다. 대포 소리 한 방 한 방이 가슴 속까지 밀려들었다. 이제는 누가 생각해도 소규모 전투가 아니라 결전의 전투에서 들려오는 소리였다.

그루시는 장교들 사이에서 말을 탄 채 초조해하고 있었다. 장교들은 그와의 토론을 꺼렸다. 충고가 거절되었기 때문이다.

마침내 와브르에서 블뤼허의 후방 부대 하나를 만났다. 그것은 그러니까 구원인 셈이었는데, 그들은 꼭 미친 사람처럼 적군의 보루를 향해 뛰어들었다. 제라르가 맨 선두였다. 마치 어두운 예감에 쫓겨서 죽음을 원하는 것 같았다. 총탄 하나가 그를 쓰러뜨렸다. 그루시에게 가장 큰 소리로 경고하던 사람이 이제 입을 다물게 된 것이다. 밤이 되자 그들은 마을을 습격했다. 하지만 이 소규모 후방 부대를 상대로 거둔 승리는 아무런 의미가 없다는 것 또한 알고 있었다. 언제부터인가 저쪽 전장으로부터 들려오던 소리가 죽어버렸기 때문이다. 두렵도록 조용하고, 소름 끼치도록 평화롭고, 끔찍하게도 죽은 듯한 침묵만이 흘렀다. 이토록 신경을 파먹는 불확실성보다는 차라리 무기 굴러가는 소리가 낫다고 느꼈다. 전투는 결판난 게 분명했다.

마침내, 그러나 너무 늦게 그루시는 워털루에서 보낸 도움을 요청하는 나폴레옹의 편지를 받았다. 그러나 이 거대한 전투는 이미 결판난 뒤였다. 하지만 누가 이긴 걸까? 그들은 밤새 기다렸다. 헛일이었다! 소식은 오지 않았다. 마치 본부의 대군이 자기들을 잊어버린 것 같았다. 그들은 투시할 수 없는 공간 속에 공허하고 의미 없이 서 있는 것 같았다.

아침이 되자 막사를 걷고 다시 행군을 시작했다. 하지만 이 모든 행진이나 작전이 이제 의미가 없다는 사실을 알고 있었기에 죽을 만큼 피곤했다. 오전 10시경에 참모부의 장교 하나가 달려왔다. 그들은 그가 말에서 내리는 것을 도와주면서 질문을 퍼부었다. 그러나 젖은 머리카락이 관자놀이에 달라붙은 채 긴장과 두려움에 일그러진 얼굴을 한 이 사람은 몸을 떨며 알아들을 수 없는 말만 되풀이했다. 아니, 어쩌면 알아듣고 싶지 않았는지도 모른다. 황제는 없다, 황제군도 이제 없다, 프랑스는 패배했다고 그가 말했을 때 그들은 그가 미친 사람이라고, 술 취한 사람이라고 생각했다. 그러나 이내 그에게서 진실을 보았다. 기운을 쑥 빼놓는, 넋을 잃게 만드는 진실이었다.

그루시는 창백한 얼굴로 몸을 떨면서 군도에 몸을 의지했다. 삶의 고문이 시작되고 있음을 알았다. 그러나 굳건하게 그 모든 짐을 떠맡았다. 지극히 평범하고 충직하기만 한 부하였던 이 사람, 그래서 위대한 결정의 순간에 잘못된 판단을 내렸던 이 사람이 이제 가까이 다가오는 위험에 직면해 다시 남자가, 거의 영웅이 되었다. 그는 곧장 장교들을 집결시키고는 눈에는 분노와 슬픔의 눈물을 담은 채 짤막한 연설을 했다. 자신의 망설임을 정당화하는 동시에 탄식하는 연설이었다. 어제만 해도 그를 원망하던 장교들은 그의 말에 귀 기울이고 있었다. 그들 각자는 장군을 비난하며 자기가 더 나은 의견을 가졌었다고 자화자찬할 수도 있었을 것이다. 그러나 아무도 그러지 않았다. 그들은 다만 침묵할 따름이었다. 미칠 듯한 슬픔이 모두를 침묵하게 만들었던 것이다.

그루시는 결정적인 순간을 흘려보내고 난 지금에서야, 너무 늦게서야 군인으로서의 모든 힘을 발휘했다. 그가 자신을 되찾고 더는 명령서에 의존하지 않게 된 다음에야 그의 모든 위대한 미덕들, 사려 깊음과 근면함, 통찰력과 양심이 분명하게 드러났다. 그는 다섯 배나 힘을 내어서―그것은 전략상의 위대한 업적이다―적진 한가운데를 뚫으며 자기 군대를 퇴각시켰다. 대포 하나, 인명 하나 잃지 않고서 프랑스 제국 최후의 병력을 구해낸 것이다. 그러나 그가 돌아와도 그에게 고맙다고 말해줄 황제도 그 군대를 이끌고 맞서 싸울 적도 더는 없었다. 너무 늦게 온 것이다. 영원히 너무 늦게.

겉으로 보기에 그의 삶은 이후에도 상승 곡선을 그렸다. 그는 프랑스군 최고사령관이 되고 상원의원이 되었다. 그리고 그 모든 직무를 수행하는 데 언제나 남자답고 유용한 인물이었다. 그러나 그 어떤 것도, 운명의 주인이어야 할 순간에 주인이 되지 못했던 이 역사적인 과오를 덮어주지는 못했다.

인간의 삶에 아주 드물게 찾아오는 이런 위대한 순간은, 잘못 불려나와 그 운명의 순간을 장악하지 못한 인간에게는 모질게 복수하는 법이다. 조심성, 복종, 노력, 신중함 같은 소시민적인 미덕들은 저 위대한 순간의 불길 속에 아무런 힘도 없이 녹아내리고 만다. 위대한 운명의 순간은 언제나 천재를 원하고 그에게는 또 불멸의 모범이라는 명예를 안겨주지만, 유순한 자에게는 그렇지 못하다. 오히려 경멸하며 밀쳐버린다. 지상의 다른 신이기도 한 위대한 운명의 순간은, 불같은 팔로 대담한 자들만 들어올려 영웅들의 하늘로 보내주는 것이다.

# 칼스바트와 바이마르
# 중간 지점에 선 괴테

---

## 1823년 9월 5일

---

### 괴테의 〈마리엔바트 비가〉

## 늙은 베르테르의 열망

1823년 9월 5일, 사륜마차 한 대가 칼스바트에서 에거(오늘날 체코의 헤프)로 가는 지방 도로 위를 천천히 달리고 있었다. 계절은 이미 가을로 접어들어 아침 공기는 서늘했고, 차가운 바람이 추수 끝난 들판을 가로질러 불었다. 하지만 하늘만은 널따란 풍경 위에 푸른빛을 펼치고 있었다.

마차 안에는 세 남자가 앉아 있었다. 작센-바이마르 공작의 추밀 고문관 폰 괴테(요양지 칼스바트의 객실 명부에 그렇게 적혀 있었다)와 충복인 늙은 하인 슈타델만과 비서관 에커만이었다. 이 비서관의 손은 19세기 이후 나온 괴테의 거의 모든 작품을 처음으로 쓴 손이었다. 슈타델만과 에커만은 한마디 말도 입 밖에 내지 않았다. 아가씨들의 인사와 키스를 받으며 칼스바트를 떠난 이후 괴테가 전혀 입을 열지 않았기 때문이다. 그는 미동조차 하지 않았다. 생각에 잠긴 채 눈빛만이 내심의 동요를 드러낼 뿐이었다.

괴테는 말을 바꾸기 위해 멈춘 첫 번째 역참에서 내렸다. 두 동반자는 그가 우연히 구한 종이 쪽지에 연필로 무엇인가를 휘갈겨 쓰는 것을 보았다. 그 같은 일은 바이마르에 도착할 때까지 계속되었다. 츠보타우(오늘날 체코의 스바타바)에서, 다음 날 하르덴베르크성에서, 에거에서 그리고 푀스넥에서. 어디서나 내리자마자 그가 맨 먼저 하는 일은 마차가 달리는 동안 생각한 것들을 서둘러 적는 것이었다. 일기장에는 간결한 말투로 다음과 같이 적혀 있을 뿐이다. '시詩를 정리하다.'(9월 6일) / '일요일, 시를 계속하다.'(9월 7일) / '도중에 시를 다시 검토해보다.'(9월 12일)

목적지인 바이마르에서 작품은 완성되었다. 그것은 다름 아닌 〈마리엔바트의 비가〉였다. 괴테의 가장 중요하고 개인적으로 가장 친밀하며 괴테 자신이 노년에 가장 사랑했던 시, 그 자신의 영웅적인 이별인 동시에 영웅적인 새 출발이었던 작품이다.

괴테는 어느 대화에서 자신의 시들을 '내적 상태의 일기장'이라고 말한 적 있다. 사실 그의 일기장 어디에도 이 비극적으로 울리는, 가슴속 깊은 곳에 자리한 감정의 기록인 이 비가만큼 분명하고도 선명하게 그러한 내면 상태가 형성된 기원을 보여주는 예는 없다. 젊은 시절의 그 어떤 시도 이토록 직접적으로 사건 자체로부터 튀어나온 적은 없었다. 그 어떤 작품도 호흡마다, 시련詩聯마다, 시간마다 그 형성 과정이 이토록 분명하게 드러나는 것은 없었다. 이것은 '우리를 준비하도록 만드는 경이로운 시'이자 일흔넷의 대가가 쓴 가장 깊고 가장 성숙하고 실로 가을처럼 이글거리는 말년의 시다. 괴테가 에커만에게 말했듯이 이것은 '최고로 정열적인 상태의 산물'이다. 그러한 산물은 고귀한 형식의 엄격한 제약과 결합되었다. 그래서 인생의 가장 열렬한 한순간이 분명하고도 신비로운 방식으로 시로 형상화된 것이다. 100년 이상이 지난 오늘날에도 광범하게 펼쳐진, 도취시키는 인생의 이 장엄한 페이지에서 시든 모습이나 어두운 빛은 찾아볼 수가 없다. 앞으로 수백 년이 더 흘러도 이 9월 5일은 독일인들의 기억과 감정 속에서 기념할 만한 시간으로 소중하게 남을 것이다.

이 페이지, 이 시, 이 사람, 이 시간 위에는 새로운 탄생을 알리는 진기한 별이 빛나고 있었다. 1822년 2월, 괴테는 병을 심하게 앓았다. 고열이 전신을 뒤흔들어 여러 시간 의식이 없는 상태에 빠지곤 했다. 지상에서 그가 사라져버린 듯한 시간들이었다. 의사는 뚜렷한 병명을 찾지 못한 채 매우 위독하다는 말만 되풀이했다. 그러나 갑작스럽게 다가왔던 병은 갑작스럽게 물러가버렸다. 6월, 괴테는 휴양지 마리엔바트로 갔다. 그의 모습은 완전히 달라졌다. 그의 병은 단지 내면의 회춘의 징후였을 뿐이며 '새로운 사춘기'의 징후에 불과했던 것 같았다.

시적인 것은 교훈적인 것이어야 한다고 여기던 이 폐쇄적이고 무감각하고 현학적인 남자가 수십 년 만에 다시 감정에만 귀를 기울이게 되었다. 그의 말을 빌리면 음악이 '자신의 마음을 활짝 열어' 피아노를 칠 때면 눈물이 넘쳐흐르곤 했다. 특히 저 시마노프스카가 연주하는 것을 들을 때면 더욱 그랬다. 가장 깊은 충동으로부터 그는 청춘을 다시 끌어냈다. 친구들은 일흔네 살의 남자가 한밤중까지 여자들과 유쾌하게 떠들고, 수십 년 만에 다시 춤을 추는 것을 놀란 눈으로 지켜보았다. 괴테는 "파트너를 바꿀 때가 되면 예쁜 여성들 대부분이 내 손으로 들어왔다"고 자랑스럽게 이야기했다.

이 여름, 뻣뻣하던 그의 특성은 다시 부드러움으로 변했다. 그의 영혼은 활짝 열려 저 오래된 마법, 영원한 마법 앞에 자신을 숙였다. 일기장은 '사랑스런 꿈들'에 대해 이야기하고 있다. '늙은 베르테르'가 다시 그의 내면에서 깨어난 것이다. 여자들이 가까이 있다는 사실에 열광한 그는 사랑스런 시들을 썼고 릴리 쇠네만과 50년 전쯤에나 했을 법한 유희와 장난을 즐겼다. 다만 어떤 특정한 여성에게 마음을 기울이는 일만은 머뭇거렸다.

처음에는 저 아름다운 폴란드 여성 시마노프스카에게 마음이 끌렸다. 그런데 이제는 열아홉 살짜리 울리케 폰 레베초프에게 마음이 향하고 있었다. 15년 전에는 울리케의 어머니를 사랑하고 숭배했다. 불과 1년 전만 해도 그는 '꼬마' 울리케를 아버지 같은 말투로 놀리곤 했다. 그런데 이제 애착이 정열로 변해 스스로를 사로잡았다. 그 어떤 체험도 이토록 깊이 화산 같은 감정의 열화 속에서 그를 뒤흔들어놓지 못했다. 일흔넷 노인은 소년처럼 몽상했다. 산책로에서 깔깔거리는 울리케의 목소리를 듣기만 해도 하던 일을 팽개친 채 모자도 지팡이도 없이, 그 명랑한 아가씨에게로 달려갔다. 그는 젊은이처럼, 한 남자처럼 그녀를 원했다.

진지한 비극에 가벼운 풍자가 섞여든 것 같은 그로테스크한 구경거리가 벌어졌다. 의사와 비밀리에 상담을 끝낸 괴테는 자신의 가장 오랜 친구 대공작에게 부탁했다. 울리케의 어머니에게 가서 괴테가 울리케를 아내로 맞이하고 싶어한다는 말을 전해달라고 했다. 대공작은 어쩌면 50년 전 괴테와 함께 벌였던 여자들과의 모험스런 밤들을 떠올리며 남몰래 심술궂은 웃음을 지었는지도 모른다. 독일이, 아니 전 유럽이 현자 중의 현자라고, 이번 세기의 가장 성숙하고 위대한 정신이라고 떠받드는 이 남자를 슬며시 비웃었는지도 모른다. 어쨌든 공작은 별이며 훈장 들을 주렁주렁 매달고는 이 일흔네 살 노인을 위해 열아홉 소녀의 어머니에게로 향했다. 정확한 답변은 알려져 있지 않다. 기다리라고, 시간을 두고 생각해보자고 했던 것 같다. 그래서 괴테는 아직 확답을 듣지 못한 구혼자가 되어 잠깐 지나치는 키스와 사랑의 말 들만으로 만족해야 했다. 그러나 소녀의 예쁜 모습 안에 깃들인 청춘을 소유하고 싶다는 열망은 점점 더 커졌다. 영원히 참을성 없는 이 인간이 한번 더 순간의 최고 은총을 얻어보려고 싸웠다. 그는 애인을 따라 마리엔바트에서 칼스바트로 왔다. 하지만 여기서도 불확실성만을 보았을 뿐이다. 시들어가는 여름과 더불어 고통도 커져갔다. 아무것도 약속받지 못한 채로, 아무것도 기대할 수 없는 채로, 마침내 이별의 순간이 다가왔다.

# 시에게로 도망치다

마차가 달려오는 것을 본 순간, 그는 자기 생애의 이 끔찍한 일이 마지막에 도달했다는 것을 직감했다. 이 순간 그는 가장 깊은 고통의 영원한 친구, 힘든 시간이면 나타나곤 했던 저 오래된 위안자를 갈구했다. 고통받는 사람의 머리 위로는 수호 정령이 몸을 굽히고, 이승에서 위로받지 못한 사람들은 신을 부르는 법이다. 이제 마지막으로 한 번 더 괴테는 체험 세계에서 문학 세계로 도망쳤다. 이 최후의 은총에 감사하면서 일흔네 살의 시인은 이미 40년 전에 써 두었던 〈타소Tasso〉의 한 구절을 떠올렸다.

> 인간이 고통에 빠져 침묵하게 될 때
> 내 고통받음을 말할 재능을 어떤 신이 내게 주었네.

생각에 잠긴 노인은 마차 안에 앉아 내면에서 나오는 불확실한 질문들에 시달리고 있었다. 울리케는 이른 아침 여동생과 함께 이 '시끌벅적한 이별' 장소에 자신을 위해 달려와주었다. 그러고는 아직 어린애 같은 사랑스런 입술로 키스를 해주었다. 하지만 그 키스는 애인의 키스였을까, 딸의 키스였을까? 그녀는 나를 사랑할 수 있을까? 나를 잊지는 않을까? 불안한 마음으로 풍족한 유산을 기다리고 있는 아들과 며느리는 또 어떤가. 그들은 이 결혼을 용납할까? 그리고 세상은, 세상은 나를 비웃지나 않을까? 벌써 내

년쯤이면 내가 그녀에 비해 너무 늙어버리는 건 아닐까? 그녀를 만난다 해도 다시 만나기를 희망할 수 있을까?

질문들이 불안스럽게 춤을 추었다. 그런데 갑자기 가장 본질적인 질문 하나가 시구로, 시련詩聯으로 형상화되어 나온다. 질문이, 고뇌가 시가 된 것이다. 신이 그에게 '내 고통받음을 말할' 재능을 주었기에, 내면에 있는 강렬한 불안의 외침이 거의 노골적인 방식으로 쏟아져 나와 시로 변했다.

어찌 다시 만나기를 희망하랴,
이날에도 아직 닫혀 있는 저 꽃봉우리를.
낙원도 지옥도 네 앞에 열려 있으니
마음속 생각들은 얼마나 불안하게 흔들리는지!


이제 고통은 수정 같은 시구 안으로 스며들어 경이롭게도 본래의 혼란에서 벗어나 맑아진다. 내면의 무질서한 고뇌를, '무거운 분위기'를 이리저리 방황하며 통과하던 시인의 눈길이 우연히 밖으로 향한다. 굴러가는 마차 안에서 아침나절 고요한 보헤미아 풍경을 바라본다. 자기 내면의 불안과는 상반된, 신과 같은 평화가 깃들인 풍경이다. 방금 본 그 바깥 풍경이 그의 시 위로 흘러간다.

세상은 여전히 그대로 남아 있지 않느냐? 암벽들은
성스러운 그림자의 왕관을 쓰고 있지 않느냐?

곡식이 여물지 않더냐? 관목과 초지 사이로 흐르는
강변에는 녹색의 땅이 펼쳐져 있지 않느냐?
이 세상 것이 아닌 듯한 위대함이 저기 드러나 있지 않느냐?
지금 저토록 풍요한 모습은 겨울이 오면 스러지지 않겠느냐?

하지만 그가 보기에 이 세계에는 영혼이 결핍되어 있다. 이 정
열적인 순간에 그는 모든 것을 오직 애인의 모습과 결합해야만
파악할 수 있다. 추억은 새로운 모습으로 변용된다.

진지한 구름 합창대로부터 얼마나 가볍고도 우아하게,
분명하고 사랑스럽게 떠오르는가, 천사와도 같이.
마치 저 하늘 푸르른 에테르 연한 향기로부터
날씬한 그 모습 솟아오르는 것 같구나.
사랑스런 모습 중에 가장 사랑스러운
그녀가 즐겁게 춤추는 모습을 본다.
그러나 잡으려 들면 사랑스러운 그 모습 대신
허공의 모습만을 움켜쥐게 될 뿐.
가슴속으로 돌아가자! 거기서 그 모습 더 잘 보게 되리라,
저 하늘에 나타난 모습 자꾸만 바뀌고 있으니.
하나의 모습이 여러 가지 모습으로 자꾸만 바뀌고,
수천의 모습으로 바뀌며 점점 더 사랑스러워진다.

울리케의 초상은 불러내자마자 감각적인 모습으로 바뀌고 있다. 그녀가 어떻게 자기를 맞아들여 '단계적으로 행복하게 하는지', 마지막 키스 뒤에도 '더 마지막' 키스를 자기 입술에 어떻게 해주는지를 묘사한다. 행복에 사로잡힌 노대가는 일찍이 독일어 혹은 이 세상 어떤 언어로 형상화된 것보다도 순수한 시구를 써서 헌신과 사랑의 감정을 가장 고귀한 형식에 담아 표현한다.

> 우리 가슴속 순수함 안에서 열망은
> 더 높은, 더 순수한, 더 새로운 것으로 변하고
> 감사하는 마음에서 자발적으로 헌신하며
> 영원히 이름 붙일 수 없는 것의 신비를 푼다.
> 우리는 그것을 경건함이라 부르리! 그녀 앞에 서면
> 그토록 지고한 고결함에 나 또한 동참한다고 느끼노라.

그러나 이 행복의 뒷맛을 느끼는 동안 벌써 버림받은 자는 홀로 현재의 이별에 괴로워한다. 하나의 고통이 솟구쳐 나와 위대한 시의 비가적인 분위기를 깨뜨릴 정도로 노골적인 모습을 드러낸다. 그러한 표현은 직접적인 체험이 변하는 가운데 생겨나는 것으로, 몇 년에 한 번 있을까 말까 한 현상이다. 이 탄식이 우리 마음을 뒤흔들어놓는다.

> 이제 나는 멀리 있구나! 지금 이 순간, 그 무엇이

이 순간에 어울리랴? 무어라 표현해야 할지 모르겠네.

이 순간은 아름답게 묘사하라고 좋은 것들을 내게 주건만,

그것은 오직 부담스러울 뿐, 나는 거기서 벗어나야만 하리.

쫓아 보낼 수 없는 그리움만이 나를 이리저리 몰아가니

끝 모를 눈물밖에는 어떤 위안도 없구나.

## 그러고 나서는 거의 절망적인, 무시무시한 외침이 터져 나온다.

여기 나를 버려주오, 충실한 길벗들이여.

여기 암벽, 수렁과 이끼 사이에 나를 홀로 남겨주오!

언제까지나! 그대들에게는 세상이 열려 있으니

땅은 넓으며 하늘은 고귀하고 위대하다.

관찰하고, 탐구하고, 개별적 사례들을 수집하시오,

자연의 비밀이 서서히 벗겨지리니.

난 이제 끝이요, 내가 보아도 나는 이미 끝장이니,

그래도 한때는 신들의 총아였건만.

신들은 나를 시험하고 내게 판도라의 상자를 주었다오,

재물이 풍부하게 들어 있는, 위험은 더욱 많은 그것을.

그들은 나를 행복한 입술로 데려가더니

이제 나를 떼어놓았다오. 그리고 나더러 '몰락하라' 판결하고 있다오.

## 자신을 통제하는 데 익숙한 괴테의 다른 작품에서는 이와 비슷

한 시구를 찾아볼 수 없다. 청년일 때는 감추었고 어른이 되어서는 억제했던 사람이, 언제나 거울에 비친 모습처럼 기호와 상징으로만 자신의 깊은 비밀을 드러내던 시인이, 노인이 된 지금 처음으로 자기 감정을 있는 그대로 내뱉고 있는 것이다. 50년 전부터 따져보아도 여기 이 잊지 못할 페이지, 그 삶의 기억할 만한 전환점에 서 있는 지금보다 더 생생하게 그의 내면에 감추어진 감성적인 한 인간, 위대한 서정 시인이 모습을 드러낸 적이 없었다.


## 상처입힌 창으로부터 치유되다

신비롭게도 괴테 자신도 이 시가 운명의 드문 은총이라는 것을 느꼈다. 바이마르로 돌아오자마자 그는 다른 모든 일을 제쳐두고 정성스럽게 이 비가를 자기 손으로 정서淨書했다. 특별히 고른 종이에 사흘 내내 크고 멋진 글자들을 썼다. 마치 중세의 수도승이 필사하듯 시를 베꼈다. 그러나 가장 가까운 집안 사람들, 가장 가까운 벗들에게조차 보이지 않았다. 수다스러운 소문이 번지지 않도록 손수 제본까지 마치고서, 붉은 모로코가죽으로 덮개를 하고 비단끈으로 묶었다. 그는 이 모로코가죽 덮개를 뒷날 푸른색의 특별한 아마포 제본으로 바꾸었는데, 그것은 오늘날에도 괴테-쉴러사료보관소에서 볼 수 있다.

힘들고 넌더리 나는 시간이 계속되었다. 그의 결혼 계획은 집안에서 오직 조롱거리일 뿐이었다. 아들은 공공연히 증오심을 드러냈다. 그는 다만 자신의 시어들 속에서만 사랑스런 존재 곁에 머물 수가 있었다. 시마노프스카가 그를 다시 찾아오고 나서야, 저 명랑하던 마리엔바트 시절의 감정을 내비쳤다. 그는 다시 다른 사람에게 자기 속을 털어놓을 수 있게 되었다.

10월 27일, 비로소 그는 에커만을 불렀다. 이때 시 낭독을 위해 괴테가 취한 특별한 태도는 그가 이 시에 얼마나 애착을 가지고 있는가를 보여준다. 그는 하인을 시켜 책상 위에 촛불 두 개를 켜놓았다. 그런 다음 에커만을 불렀다. 불려들어간 에커만은 촛대 앞에 자리를 잡고 비가를 읽어보라는 말을 들었다. 점차 다른 사람들도 이 비가의 낭독을 들을 수 있게 되었다. 그러나 이는 가장 친밀한 사람들에게만 한정된 것이었다. 에커만의 말에 따르면, 괴테는 이 비가를 '마치 신성한 물건처럼' 여겼다고 한다.

이것이 그의 생애에서 특별한 의미를 가진다는 사실은 다음 몇 달 동안의 그의 상태에서도 드러난다. 젊어진 시인의 격앙된 감정은 곧 붕괴되었다. 그는 다시금 죽음에 가까이 다가간 듯 보였다. 오직 침대에서 안락의자로, 안락의자에서 침대로 옮겨다니면서도 진정한 휴식을 얻지 못했다. 며느리는 여행 중이었고 아들은 증오에 가득 차 있었다. 누구도 이 늙고 버림받은 노인을 보살펴주거나 충고해주지 않았다. 그때, 친구들의 연락을 받은 것이겠지만 그의 가장 가까운 벗이던 첼터가 베를린에서 왔다. 첼터는 괴테의 내면에서 타오르고 있는 불길을 금방 알아챘다. 그는 놀라워하면서 다음과 같은 글을 썼다.

"내가 지금 무엇을 보고 있는가. 청춘의 고통을 고스란히 간직한, 완전한 사랑을 몸 안에 지니고 있는 사람이다."

그는 괴테의 치유를 위해 '내심의 깊은 관심을 가지고' 거듭해서 괴테의 비가를 읽어주었다. 괴테 역시 듣기를 지겨워하지 않았다. 병이 나아갈 무렵, 괴테는 첼터에게 "자네가 감정이 풍부하게 실린 부드러운 목소리로 여러 번이나, 고백하기 힘들 만큼 내게 사랑스럽게 여겨지는 그것을 거듭해서 들려준 것은 내게 특별한 일이었네"라며, "나는 그것을 손에서 놓을 수가 없네만, 우리가 함께 지내고 있으니만큼 자네가 그것을 완전히 외울 수 있을 때까지 낭독하고 노래해서 들려주면 좋겠네"라는 글을 남겼다.

첼터의 표현을 빌리자면, '그에게 상처입힌 창으로부터의 치유'는 그렇게 해서 가능했다. 아마 이렇게 표현해도 되리라. 괴테는 이 시를 통해 스스로를 구원했다. 마침내 고통은 극복되었고 최후의 비극적인 희망, 사랑스런 울리케와의 결혼 생활의 꿈도 끝났다. 그는 이제 절대로 마리엔바트나 칼스바트로 가지 않을 것이다. 걱정 없는 자들의 명랑한 놀이 세계로 들어가는 일도 없을 것이다. 삶은 오로지 일에만 바쳐질 것이다. 신들의 시험을 받은 자는 운명의 새로운 시작을 이렇게 체념했다. 그 대신 다른 위대한 단어가 그의 생활 속으로 들어왔다. 바로 '완성'이었다.

그는 60년간이나 계속되어온 자신의 작품을 향해 진지하게 눈을 돌렸다. 그것들은 토막나고 흩어져 있었다. 이제 더는 새로운 것을 세울 수는 없으니, 적어도 작품을 한데 모으기로 결심한다. '전집'을 출간하기 위한 계약을 맺고 저작권도 확보한다. 열아홉 소녀를 얻으려고 방황하던 그의 사랑은 이제 청년 시절의 가장 오래된 두 동반자를 얻으려고 애썼다. '빌헬름 마이스터'와 '파우스트'였다. 그는 힘차게 그 작품들로 향했다. 지난 세기의 계획이 누렇게 변한 종이들 위에서 새롭게 태어났다. 여든이 되기 전에 〈빌헬름 마이스터의 편력 시대〉가 끝을 맺는다. 여든한 살의 시인은 또다시 영웅적인 용기를 가지고 자기 필생의 '중요 사업'인 〈파우스트〉로 향한다. 〈파우스트〉는 〈마리엔바트 비가〉를 탄생시킨 저 비극적인 운명의 날들로부터 7년 만에 완성되었다. 괴테는 그것 역시 비가와 똑같은 경건한 심정으로 봉인해서 한동안 세상에 드러내지 않았다.

마지막 욕망과 마지막 체념이라는 감정의 두 영역 사이에는 하나의 분기점으로서, 잊을 수 없는 내적인 전환의 순간으로서, 저 9월 5일 칼스바트의 이별이 자리하고 있다. 이 순간은 영혼을 뒤흔드는 탄식을 통과해 영원으로 바뀌었다. 우리는 이날을 기념할 만한 날이라 이야기할 수 있을 것이다. 이후 독일 문학은 그토록 강렬한 감정이 범람해 이 강렬한 시 속으로 들어갔던 순간보다 감각적으로 더 위대한 순간을 갖지 못했기 때문이다.

# 황금의 땅 엘도라도

1848년 1월 샌프란시스코

골드러시

## 유럽에 지친 사람

1834년, 아메리카 증기선 한 척이 프랑스의 르아브르 항구를 떠나 뉴욕으로 향했다. 수백 명의 절망한 사람 중 한 명인 요한 아우구스트 수터는 스위스 바젤 근교의 리넨베르크 태생으로 이제 서른한 살이었다. 그는 대서양이 서둘러 자신을 유럽의 재판소에서 멀리 떼어놓기를 바랐다. 파산과 더불어 도둑으로, 어음 위조범으로 몰린 그는 아내와 세 아이를 곤경 속에 버려둔 채, 파리에서 약간의 돈과 엉터리 신분증을 장만해 미국으로 건너가 새로운 인생을 개척하려 했다.

7월 7일, 드디어 뉴욕에 도착했다. 이후 꼬박 2년 동안 닥치는 대로 일했다. 짐꾼, 약종상, 치과의사, 의약품 판매인, 심지어 선술집까지 운영했다. 어느 정도 자리를 잡은 후에는 음식점 겸 여관을 경영하다가 팔고, 시간의 마술을 쫓아 미주리로 갔다. 거기서 그는 농부가 되었다. 짧은 시간이었지만 어느 정도 돈도 모았다. 이제는 편안하게 살 수 있었다.

그의 집은 항상 오가는 사람들로 붐볐다. 모피상이나 사냥꾼, 모험가와 군인 들이었다. 그들은 모두 서부에서 왔거나 서부로 가는 사람들이었다. '서부', 이 서부라는 말은 그에게 점차 마술 같은 울림으로 다가왔다. 우선 광대한 초원이 있다. 엄청나게 많은 물소 떼가 있는 초원이다. 며칠 혹은 몇 주가 지나도록 사람 하나 만날 수가 없다. 가끔 원주민에게 쫓기는 경우가 있을 뿐이다. 그런 다음에는 오를 수 없는 높은 산들이 죽 펼쳐진다. 그러고 나서 드디어 저 서부가 보인다.

그 땅에 대해 정확하게 아는 사람은 없었다. '캘리포니아', 누구나 그 전설적인 부富를 찬양하는 미개척의 땅. 누구나 공짜로 갖고 싶은 만큼 가질 수 있는 젖과 꿀이 흐르는 땅. 하지만 끝없이 멀고 험해서 너무나도 가기 힘든 땅. 누구나 그 정도로만 알고 있는, 그런 땅이었다.

그러나 수터의 몸에는 모험가의 피가 흐르고 있었다. 자리잡고 앉아 토지나 지키는 일은 그에게 더 이상 재미있지 않았다. 1837년 어느 날, 그는 처분한 재산으로 마련한 마차와 말과 물소 떼를 이끌고 인디펜던스 요새를 떠나 미지의 땅으로 향했다.

## 캘리포니아로 가다

1838년, 장교 둘에 선교사 다섯 그리고 세 명의 여인네가 물소 마차를 타고서 무한한 공허를 향해 나아갔다. 석 달 뒤인 10월 말, 그들은 밴쿠버 요새에 도착했다. 그러나 두 장교는 이미 수터의 곁을 떠난 뒤였다. 선교사들은 더 이상 가려 하지 않았고 세 여자도 요새에 도착하기 전에 영양실조로 죽었다.

수터는 혼자였다. 사람들은 그를 밴쿠버에 눌러 앉히려고 자리를 제안하기도 했다. 그러나 그는 그 모든 것을 거절했다. '서부'라는 마법 같은 단어가 그의 피를 유혹하고 있었기 때문이다. 그는 보잘것없는 범선에 의지해 태평양을 가로질렀다. 우선 샌드위치섬에 들렀다가 이루 말할 수 없는 고초를 겪으며 알래스카 해안을 지나 버려진 땅 샌프란시스코에 도착했다. 샌프란시스코는 오늘날의 그 도시가 아니었다. 지진이 지나간 뒤로 두 배나 성장해 인구가 100만이나 되어버린 오늘날의 그 도시가 아니었다. 그곳은 단지 프란체스코 수도회의 이름을 따서 그렇게 불리는, 보잘것없는 어촌에 불과했다. 아직 전혀 알려지지 않아 멕시코의 변방으로 남아 있던 캘리포니아의 주도州都도 되지 못했다. 당시 캘리포니아주는 철저히 버려진 땅 그 이상도 그 이하도 아니었다. 농사도 꽃도 없는, 신대륙의 남는 땅일 뿐이었다.

일꾼은 차치하더라도 사람 자체가 부족했다. 에너지도 부족했다. 다만 어떠한 형태의 권위도 없어 더욱 심각해진 에스파냐식

무질서만이 넘쳐났다. 수터는 말 한 마리를 빌려 새크라멘토의 비옥한 골짜기로 내려갔다. 그곳이 단지 광활한 농장만이 아니라 하나의 왕국을 건설하기에도 충분한 땅이라는 사실을 확인하는 데는 하루면 충분했다. 다음 날 그는 보잘것없는 주도인 몬테레이로 가서 주지사 알베라도에게 자신을 소개했다. 그러고는 이 땅을 경작하겠노라고 했다. 앞서 그는 주변의 여러 섬에서 카나카 사람들을 데리고 왔다. 정기적으로 이 부지런하고 일 잘하는 유색인들을 데려와 작은 왕국, 노이 헬베티엔Neu-Helvetien(새로운 스위스)이라는 이민자 마을을 건설하겠다는 자신의 계획을 이야기했다.

"어째서 노이 헬베티엔이오?"

"나는 스위스 사람이고 공화주의자거든요."

"좋소, 하고 싶은 대로 하구려. 10년간 특허권을 주겠소."

이곳에서는 사업이 빨리빨리 진행되었다. 문명 세계로부터 1,000마일이나 떨어진 곳에서 단 한 사람의 에너지는 고향 땅에서와는 다른 보상을 받고 있었다.


## 노이 헬베티엔

1839년, 한 떼의 사람들이 천천히 새크라멘토 해안을 따라 위로 올라갔다. 맨 앞에는 총을 매고 말을 탄 수터가 있었다. 그의 뒤에는 두세 명의 유럽인과 짧은 셔츠를 입은 150명의 카나카 사람이 있었고, 그 뒤로 식료품과 씨앗, 탄약을 실은 물소 마차들, 말 50마리와 노새 75마리, 암소, 양, 마지막으로 몇 명의 후방 부대가 따르고 있었다. 이것이 노이 헬베티엔을 정복하려고 하는 군대 전부였다.

그들 앞에서 거대한 불파도가 밀려갔다. 그들은 숲을 태우기로 한 것이다. 그것은 숲을 개간하는 것보다 손쉬운 방법이었다. 그 거대한 불꽃이 땅 위로 퍼져나가자마자 그들은 아직도 연기를 내는 나무 둥치 위에서 일을 시작했다. 창고를 만들고 샘을 파고, 쟁기질도 거의 필요 없는 땅에 씨를 뿌리고, 수많은 가축 떼를 위해 우리를 지었다. 버려진 선교 이민촌에서 사람들이 몰려들었다.

성과는 어마어마했다. 씨앗들은 곧바로 500퍼센트의 결실을 맺었다. 창고들은 터져나갈 지경이었고, 가축은 천 단위를 헤아릴 만큼 불어났다. 힘든 일들이 계속되었고 번성하는 식민지를 습격하는 원주민에 대항해 탐사도 벌여야 했다. 그럼에도 노이 헬베티엔은 열대우림 기후 덕에 엄청나게 발전했다. 운하가 건설되고 방앗간과 해외 대리점이 들어섰다. 강에는 배들이 수없이 오갔다. 수터는 밴쿠버와 샌드위치섬은 물론, 캘리포니아에 정박하는 모든 범선에 농산물을 공급했다. 그는 과일나무를 심었다. 그것이 오늘날 유명한 캘리포니아산 과일들이다. 이곳에서는 과일 농사가 해마다 풍작이었다. 수터는 프랑스와 라인강변에서 포도를 들여왔다. 몇 년 뒤에는 포도 덩굴이 넓은 지역을 뒤덮었다. 그 자신도 집들과 널찍한 농장들을 짓고, 오는 데 180일이나 걸리는 멀리 떨어진 파리에서 플레옐 피아노를 가져오게 했다. 그런 다음 물소 60마리의 힘을 이용해 증기기관 한 대를 대륙을 가로질러 실어왔다. 그는 영국과 프랑스의 최대 은행에서 신용을 얻었고 예금 구좌도 여러 개 가지게 되었다. 그는 마흔다섯 살에 성공의 최고봉에 올랐다.

그제야 14년 전 한 여자와 세 아이를 이 세상 어딘가에 버려두었다는 사실이 기억났다. 수터는 그들에게 편지를 썼다. 자기 왕국으로 오라고. 이제서야 그는 두 주먹이 가득 찼다고 느꼈다. 그는 노이 헬베티엔의 주인으로서 세계에서 부유한 사람들 중 하나였으며 앞으로도 그럴 것이었다.

마침내 아메리카합중국은 이 버려진 식민지를 멕시코의 손에서 빼앗았다. 이제 모든 것이 안전하게 보장받을 수 있게 되었다. 몇 년이 지나고 수터는 세계에서 가장 부유한 사람이 되었다.


## 저주스러운 한 삽


1848년 1월, 가구를 제작하는 목수 제임스 마셜이 잔뜩 흥분해서는 갑자기 수터의 집으로 뛰어들어와 이야기할 게 있다고 했다. 수터는 놀랐다. 새 제재소를 세우기 위해 이 남자를 콜로마에 있는 농장으로 보낸 게 바로 어제였다. 그런 그가 하루 만에 돌아와서는 흥분으로 몸을 떨며 자기 앞에 서 있지 않은가. 그는 수터더러 방으로 가자고 독촉하더니 방문을 잠그고 호주머니에서 몇 알의 노란 알갱이가 섞인 모래를 한 줌 꺼냈다. 어제 땅을 파다가 이 특별한 금속이 눈에 띄었는데, 금인 것 같다고 했더니 다른 사람들이 자기를 비웃더라는 이야기였다. 수터는 알갱이를 깨물어보았다. 금이었다! 다음 날로 당장 마셜과 함께 농장으로 올라가보기로 했다. 하지만 목수는 저 무시무시한 황금 열병에 걸린 최초의 인물이었다. 그것은 곧 전 세계를 뒤흔들 열병이었다. 마셜은 폭풍우가 몰아치는 이 밤에 말을 몰아 금이 나오는 그곳으로 돌아가버렸던 것이다.

다음 날 아침, 수터는 콜로마에 있었다. 그들은 운하를 막고서 모래를 조사했다. 그저 체를 하나 집어들고 몇 번 이리저리 흔들기만 하면 금알갱이가 검은 그물 위에 남아 반짝였다. 수터는 몇 명의 백인을 자기 주위로 불러들였다. 그러고는 그들로부터 제재소가 완성될 때까지 침묵하겠노라는 약속을 확실히 받아낸 다음 농장으로 돌아왔다.

수터는 별별 생각이 다 들었다. 아무리 생각해보아도 금이 그렇게 쉽게 손에 잡힌 적이 없었다. 그렇게 땅 위에 노출되었던 적도 없었다. 그런데 그런 땅이 바로 자기 것, 수터 자신의 재산이 아니던가. 10년을 하룻밤 사이에 건너뛴 것 같았다. 그는 이제 세계에서 가장 부유한 남자였다.

# 골드러시

가장 부유한 남자? 아니었다. 오히려 이 지구상에서 가장 가난하고 비참한, 실의에 빠진 남자였다. 8일 뒤, 비밀이 새나간 것이다. 어떤 여자가 한 나그네에게 그 이야기를 하면서 금알갱이 몇 개를 주었다. 그 후 역사상 전례가 없는 일이 일어났다. 수터의 일꾼들은 너나없이 하던 일을 때려치웠다. 철물공은 대장간에서 뛰쳐나왔고, 목동은 가축 떼를 나몰라라 했다. 포도 농사꾼은 포도밭을 등졌고, 병사들은 무기를 집어던졌다. 모두 귀신에 홀린 듯 성급하게 체와 손잡이 달린 냄비를 집어들고 제재소 자리로 달려갔다. 모래에서 금을 가려내기 위해서였다.

하룻밤 새 지역 전체가 완전히 버려졌다. 젖소는 아무도 젖을 짜 주지 않아 고통에 울부짖다가 쓰러져 죽었다. 물소 떼는 축사를 부수고 나와 곡식이 줄기에 매달린 채 썩어가는 들판을 마구 헤집어놓았다. 치즈 공장은 가동을 멈추었고 곡식 창고는 무너져내렸다. 결국 그 거대한 기업의 거대한 톱니바퀴가 멈춰섰다.

전신기가 황금의 약속을 바다 건너까지 전파했다. 도시에서, 항구에서 사람들이 몰려들었다. 뱃사람들은 배를 버렸고, 정부 관리들은 직책을 버렸다. 끝도 없이 길다란 줄을 지어 동쪽에서, 서쪽에서, 걸어서, 말을 타고, 마차를 타고 몰려들었다. 인간 메뚜기 떼였다. 금에 미친 사람들이었다. 주먹의 법칙밖에는 아무것도 모르는 잔인한 떼거리였고, 자기 권총의 계율 외에는 다른 계율은 모르는 사람들이었다. 그런 사람들이 번성하던 식민지로 몰려든 것이다. 그들에게 그 모든 것은 주인 없는 것이었고, 누구도 이 무법자들에게 맞설 수가 없었다. 그들은 수터의 암소들을 죽였다. 그의 광을 허물어 그 자리에 자신들의 집을 지었고, 경작터를 짓밟고 기계들을 훔쳤다. 하룻밤 새 수터는 거지가 되어버렸다. 황금손을 가진 미다스 왕이 자기 손이 만들어내는 황금에 파묻혀 질식하는 꼴이었다.

이 유례 없는 황금을 향한 돌진은 점점 더 난폭해졌다. 그 소식은 전 세계로 퍼져나갔다. 뉴욕에서만도 100척의 배가 떠났고, 독일, 영국, 프랑스 그리고 에스파냐에서 1848년부터 1851년까지 엄청나게 많은 모험가가 건너왔다. 어떤 사람들은 남아메리카의 케이프 혼을 돌아서 왔지만 성질 급한 사람들에게 그것은 너무 먼 길이었다. 그래서 그들은 파나마의 지협을 지나는 훨씬 더 위험한 길을 선택했다. 세상 물정에 밝은 어떤 회사는 이 지협에 번개같이 빠르게 철도를 건설했다. 참을성 없는 사람들에게 3, 4주의 시간을 단축해줘 남보다 빨리 황금의 땅에 도착하게 한다는 것이 이유였다. 하지만 이 철도를 건설하는 과정에서 수천명의 노동자가 열병에 걸려 쓰러졌다.

수많은 사람이 대륙을 가로질러 대열을 이루어 몰려들었다. 인종과 언어를 막론하고 많은 사람이 몰려와 수터의 땅을 제 땅 파듯 파헤쳤다. 정부의 인장이 찍힌 계약으로 수터의 소유가 된 샌프란시스코 땅 위에 꿈결 같은 속도로 도시가 세워졌다. 낯선 사람들이 서로 토지를 팔고 사면서 '노이 헬베티엔'이라는 이름은 황금의 땅 엘도라도, 곧 캘리포니아라는 마법 같은 말 뒤로 사라져갔다.

이로써 수터는 또다시 파산했다. 그는 마비된 듯 거대한 용의 새끼들을 바라보고만 있었다. 처음에는 자기도 함께 땅을 파려고 생각했다. 부富를 이용해 자기 하인들과 직원들과 함께 땅을 파보려고 했다. 그러나 모두 그를 떠났다. 그래서 그는 금이 출토되는 지역에서 완전히 벗어난, 그러니까 저 강과 빌어먹을 모래와는 아주 멀리 떨어져 있는 자기 농장에 은둔했다. 마침내 그의 아내가 세 명의 다 큰 자식들을 데리고 그곳에 도착했다. 그러나 아내는 도착하자마자 여행의 피로로 죽고 말았다. 그래도 아직 세 아들이 있었다. 그러니까 팔이 총 여덟이었다. 수터는 아들들과 함께 농사를 짓기 시작했다. 이번에는 축복받은 비옥한 이 땅을 조용하고 끈질기게 일궜다. 그는 다시 원대한 계획을 품었던 것이다.

## 지상의 권리를 되찾다

1850년, 캘리포니아는 아메리카합중국에 편입되었다. 아메리카합중국의 엄격한 규율 아래 마침내 황금에 썰 땅에도 질서라는 것이 생겨났다. 무정부 상태는 통제되었고 법이 다시 그 권리를 찾았다.

수터는 이제 자기 권리를 주장하며 나섰다. 샌프란시스코시가 자리잡은 이 땅은 허가된 권리로 보아 수터 자신의 것이었다. 국가는 그가 재산을 도둑맞아 입게 된 손실을 보상해줄 의무가 있었다. 그는 자기 땅에서 채집된 모든 금에 대해서도 자기 몫을 요구했다. 소송이 시작되었다. 그것은 수터 이전에 인류가 경험해보지 못한 엄청난 규모의 소송이었다. 수터는 자기 농장에 들어와 살고 있는 1만 7,221가구를 상대로 소송을 걸었다. 그들에게 훔친 땅에서 나가라고 요구했다. 캘리포니아주에는 자신이 건설한 도로, 운하, 다리, 댐, 방앗간 등을 소유하게 된 대가로 2,200만 달러를 요구했다. 아메리카합중국에 대해서는 망가진 토지와 채굴된 금에 대한 자기 몫의 손해배상으로 2,500만 달러를 청구했다. 그는 맏아들 에밀을 워싱턴으로 보내 법을 공부시켰다. 소송을 이끌어가기 위해서였다. 그리고 새로운 농장에서 나오는 엄청난 이익금을 모조리 소송비로 썼다. 그는 4년 동안 이 소송을 온갖 심급의 법원으로 끌고 다녔다.

1855년 3월 15일, 마침내 판결이 내려졌다. 캘리포니아 최고위직 판사였던 고지식한 톰슨 판사는 수터가 그 땅에 대해 완전한 권리를 가지고 있음을 인정했다.

이날 수터는 목표에 도달했다. 그는 세계에서 가장 부유한 남자였다.

## 운명에 당하다

　세계에서 가장 부유한 남자? 아니었다. 이번에도 역시 아니었다. 가장 가난한 거지이자 가장 불행한, 가장 많은 고통을 맛본 사내였다. 다시금 운명이 그에게 치명적인 스트라이크를 날렸다. 아니, 이번에는 그야말로 완전히 바닥에 때려눕힐 만한 일격이었다. 샌프란시스코와 전 지역이 판결에 불복한 것이다. 폭동이 일어났다. 수만 명의 사람이 한데 모여들었다. 자기 재산에 대한 도전을 받은 자들이었다. 그들은 다시 거리의 폭도가 되었다. 언제라도 약탈하기를 좋아하는 천박한 무리였다. 그들은 법원으로 몰려가 불을 지르고, 때려눕히려고 판사를 찾아 돌아다녔다. 그리고 떼를 지어서 수터의 전 재산을 약탈하려고 몰려갔다. 그의 맏아들은 폭도들에게 쫓기다 권총으로 자살했다. 둘째 아들은 살해당했다. 셋째 아들은 도망쳤으나 돌아오는 길에 물에 빠져 죽었다. 불파도가 노이 헬베티엔을 뒤덮었다. 농장은 불타고, 포도나무들은 짓밟히고, 그의 수집품과 돈은 도둑맞았다. 엄청난 재산이 인정머리 없는 분노 때문에 잿더미로 변했다. 수터는 겨우 목숨만 구했다.

　수터는 이제 다시는 일어서지 못했다. 그가 생애를 바쳐 이루어낸 작품은 사라져버렸고, 아내와 자식들은 죽었고, 정신은 온전치 못했다. 단 하나의 생각만이 이미 빛을 잃은 두뇌에서 어지럽게 빛을 발했다. 권리, 소송에 대한 생각이었다.

　이 늙고 미쳐버린 사내는 그 후로도 25년을 싸구려 옷을 걸친 채 워싱턴의 법원 근처를 맴돌았다. 법률 사무소의 누구나가 더러운 윗도리에 너덜너덜해진 구두를 신고서 자신의 수십억 재산을 돌려달라고 다니는 '장군'을 알고 있었다. 수터에게서 마지막 남은 연금마저 훑어 내려고 소송을 부추기는 변호사, 야바위꾼, 사기꾼 등이 득실거렸다. 그 자신은 돈을 원하지 않았다. 오히려 돈을 미워했다. 돈은 그를 비참하게 만들었고 자신의 세 아들을 빼앗아갔으며, 삶을 망쳐놓았다. 그는 권리를 되찾고 싶을 뿐이었다. 소송에 미친 편집증 환자의 분노로써 권리를 옹호했던 것이다. 그는 상원에 손해배상을 청구하고, 의회에도 청구했다. 또한 자신에게 도움을 주겠노라 자청하는 사람들의 말을 모조리 믿었다. 그들은 화려하게 소송을 걸면서 그에게 우스꽝스러운 장군 제복을 입혀서는 이 사무실에서 저 사무실로, 이 국회의원에게서 저 국회의원에게로 허수아비처럼 끌고 다녔다. 1860년에서 1880년까지 무려 20년이나 그렇게 했다. 20년간의 불쌍한 거지 생활이었다. 그는 매일매일 의회 건물을 돌아다니며 모든 관리의 비웃음을 샀다. 길거리에서는 불량배의 놀림감이 되었다. 지구상에서 가장 부유한 땅이 자기 것인 남자, 자기 땅 위에서 이 거대한 나라의 두 번째로 중요한 도시가 점점 더 번창하고 있었건만.

1880년 6월 18일, 수터는 의회 건물 계단에서 심장 발작을 일으켰다. 그것이 그에게는 구원인 셈이었다. 사람들은 죽은 거지를 치웠다. 아니, 죽은 거지에 불과했지만, 호주머니에 항의 문서를 넣고 다닌 거지였다. 그 문서는 그와 그의 후계자에게 지상의 권리에 따라서 세계 역사상 최고의 재산을 보장해주는 것이었다.

지금까지 아무도 수터의 후계자라고 나선 사람은 없다. 그 어떤 후손도 자신의 권리를 주장하지 않았다. 여전히 샌프란시스코와 그 주 전체는 남의 땅 위에 서 있다. 수터 이후로 이 지역에서 이 권리에 대해 거론된 적은 없다. 다만 블레즈 상드라르라는 한 시인이 저 잊힌 요한 아우구스트 수터에게 위대한 운명이 가지는 유일한 권리를 주었다. 후세 사람들을 놀라게 만드는 생각의 권리를.

# 죽음에서 건져 올린 삶

1849년 12월 22일, 세메놉스크 광장

사형 직전의 도스토옙스키

밤중에 그들은 그를 잠에서 깨웠다.

요새의 방마다 군도 소리 쩔렁거리며 울려 퍼지고

목소리들이 명령한다. 모르는 가운데

유령처럼 위협적인 그림자들이 움직인다.

그들은 그를 앞으로 밀어붙인다. 복도가 깊이 입을 벌린다.

길고도 어둡게, 어둡고도 길게.

빗장이 끽 소리를 내고 문이 철컥 열린다.

그러자 그는 하늘과 얼음처럼 차가운 공기를 느낀다.

마차가 대기하고 있다. 그것은 굴러가는 무덤.

그 안으로 그는 밀려들어간다.

그 옆에는 단단한 쇠창살에 갇힌 채

말없이 창백한 얼굴을 한

동료 죄수 아홉이 더 있다.

아무도 말은 않지만
마차가 자신들을 어디로
데려가는지 모두 직감하고 있다.
아래서 굴러가는 마차가 바큇살
사이로 자기들의 생명을 끌어가고 있음을.

딸그락거리며 마차는 서고
문이 열린다.
열린 쇠창살 사이로 그들은
흐리게 잠에 취한 눈길로
어두운 세상 한 조각을 바라본다.
둘러선 집들이 만들어내는 커다란 사각형의 광장,
서리가 덮인 낮고 더러운 지붕들이
어둠과 눈에 덮인 광장을 둘러싸고 있다.
안개는 회색천으로
형장을 뒤덮고
황금빛 교회 주변만을 아침 빛이
서릿발 피흘리는 빛으로 감싸고 있다.

말없이 그들 모두 광장으로 들어선다.
소위 하나가 그들의 판결문을 읽는다.
국가 배신죄에 대해 총살형.

사형!
그 말은 무거운 돌처럼
고요한 서리의 거울 속으로 떨어지고
무엇인가가 둘로 쪼개지는 것 같은
날카로운 소리가 울린다.
그러고 나서 공허한 메아리는
소리 없는 아침 정적의
무덤 속으로 가라앉는다.

꿈속처럼
그는 자신의 모든 것이 끝났음을 느낀다.
이제 자신이 죽어야 한다는 것을 알 뿐이다.
누군가 앞으로 나서서 그에게 말없이
하얗게 나부끼는 사형수의 셔츠를 입힌다.
동료들에게 마지막 인사를 보내고
뜨거운 눈길,
말 없는 외침으로
그는 신부가 진지하게 경고하듯 내미는
십자고상에 키스한다.
그러고 나서
그들 열 사람은 셋씩
밧줄로 기둥에 묶인다.

벌써

코사크 사람 하나가 성급하게 다가와

총을 보지 못하게 두 눈을 묶는다.

그리고―그는 안다. 이제 마지막이구나!―

그의 눈길은 이제 눈멀기에 앞서

탐욕스럽게 저쪽에 펼쳐진

저 작은 한 조각 세상을 바라본다.

아침 빛 속에 교회가 타오르는 것을 본다.

최후의 행복한 만찬을 위해서인 듯

그 접시는 성스런 아침노을로

가득 채워져 불타고 있다.

그리고 그는 갑작스러운 행복감에 넘쳐

죽음 뒤에 신의 삶을 그리워하듯 교회를 바라본다….


그때 그들이 그의 눈 위로 밤의 띠를 둘렀다.


그러나 내면에서는

피가 색깔을 가지고 돌기 시작한다.

모든 것을 비추어주는 물속에서

이미 지나가버린 삶이

피로부터 솟구쳐 나온다.

그리고 그는

죽음에 바쳐진 이 순간이
한 번 더 자기 영혼을 통과하며
잃어버린 모든 과거를 씻어버리는 것을 느낀다.
그의 전 일생이 다시 깨어나서
그림이 되어 그의 가슴을 유령처럼 스쳐간다.
창백하고 잃어버린 잿빛 유년 시절,
아버지와 어머니, 동생, 아내,
세 개의 파편 같은 우정, 두 잔의 즐거움,
명성의 꿈, 한 더미의 수치.
그리고 불같은 충동으로 길을 잃은
청년 시절을 혈관을 따라 굴린다.
그들이 자신을 기둥에 묶는 이 순간에
이르기까지 자신이 살아온 순간의 모든 존재를
그는 한 번 더 깊은 내면으로 느낀다.
사려 깊은 생각이 어둡고 무겁게
그 자신의 그림자들을
그의 영혼 위로 던진다.
그리고 그때
누군가 자기 쪽으로 걸어오는 것을 느낀다.
검고 침묵하는 걸음걸이를 느낀다.
가까이, 아주 가까이
그가 손을 자기 가슴 위에 올려놓는 것을,

심장은 점점 약하게… 약하게… 그러다가 이제 더는
뛰지 않는다.
1분이 지나면… 그러면 끝이다.
코사크 사람들은
저편에서 사격을 위해 대열을 이룬다….
총을 맨 벨트는 흔들리고…
손들은 방아쇠 소리를 내고…
북이 울려서 공기를 가른다.
그 1초는 수천 년 나이를 먹게 한다.


그때 외침 소리 하나,
멈추어라!
장교가 앞으로
나선다. 종이 한 장이 하얗게 펄럭인다.
그의 음성은 맑고도 분명하게
기다리는 적막 속으로 파고든다.
차르께서
그 성스러운 의지의 은총으로
판결을 취소하셨다. 이제
판결은 감형되었다.


그 말들은 아직

낯설게 들린다. 그는 그 의미를 알 수가 없다.
하지만 그의 혈관 속을
흐르는 피는 다시 붉어지고,
솟구쳐 흐르며 다시 조용히 노래하기 시작한다.
죽음은 망설이면서 마비된 관절에서 물러서고
두 눈은 아직 캄캄하지만 영원한 빛이
둘러싸며 인사하는 것을 느낀다.
형리는
말없이 묶은 끈을 풀어 주고
두 손이 갈라진 자작나무 껍질 벗기듯
하얀 천을
타오르는 관자놀이에서 벗겨낸다.
비틀거리며 두 눈은 무덤에서 빠져나온다.
아직도 약하게 눈이 먼 채로
이미 사라졌던 존재 속으로
다시 서투르게 더듬으며 들어간다.

그리고 그때 그는
아까의 그 황금빛 교회 지붕을 본다.
그것은 이제 떠오르는 아침의 붉은빛 속에
신비롭게 불타고 있다.

성숙한 장미 같은 아침 빛이
경건한 기도로 감싸듯 그 지붕을 감싸고
반짝이는 기둥머리는
십자가에 못 박힌 손으로 성스러운
칼을 가리킨다. 높이 기쁨으로 붉게 물든
구름의 가장자리까지.
그리고 거기서 아침 광채 속으로 소리내며
신의 교회는 교회를 넘어 자란다.
빛의
흐름 하나가 빛나는 파도를
종소리 울리는 하늘로 던져 올린다.
짙은 안개가 지상의 온갖 어두운
짐을 실은 듯 뭉클거리며
신적인 아침 광채 속으로
피어오르고,
깊은 곳으로부터 소리들이 올라간다.
천 개의 음성이 하나의 코러스로
노래하듯이.
그러자 그는 처음으로
지상의 모든 고통이
열정적으로, 타는 듯한 아픔을
땅 위에 대고 소리치고 있음을 듣는다.

작고 약한 사람들의 목소리를 듣는다.

자신을 바쳤으나 아무것도 얻지 못한 여자들의 소리

자기 자신을 비웃는 창녀들의 목소리

거듭 모욕받는 자들의 어두운 원한

웃을 일이 없는 고독한 사람들

흐느끼는 아이들이 탄식하는 소리를 듣는다.

남몰래 유혹당한 사람들의 무기력한 외침을

이 모든 고통을 지닌 사람들의 음성을 그는 듣는다.

버림받은 자, 무감각한 인간, 조롱받는 자,

거리마다 매일 존재하면서

칭송도 받지 못하는 순교자들,

그는 그들의 소리를 듣는다. 그 소리들이

원초의 강력한 멜로디를 이루면서

열린 하늘로 올라가는 것을.

그리고 그는 본다.

오직 고통만이 신께로 날아오르는 것임을,

다른 사람들은 납과도 같은 행복에 묶여

이 지상에 무겁게 잡혀 있다는 사실을.

그러나 저 위에서는

지상의 고통으로부터

피어오르는 코러스들의 홍수로

빛이 끝없이 퍼져나간다.

죽음에서 건져 올린 삶

그리고 그는 안다. 신께서는
그 모든 고통의 소리를 들으시리라는 것을,
자비로움이 그의 하늘을 울리는 것을!

신께서는 가난한 자들을
심판하지 않으신다.
무한한 동정심이
영원한 빛으로 신의 회당을 불태운다.
묵시록의 기사들이 흩어져나간다.
죽음 속에서 삶을 겪은 자에게
고통은 기쁨이 되고 행복은 괴로움이 된다.
벌써 불붙은 천사 하나가
땅바닥에서 일어서서
고통 속에 태어나는 성스러운 사랑의
빛으로 깊고도 빛나는 모습으로
그의 두려워하는 가슴속으로 밀려 들어온다.

그러자 그는
쓰러지듯 무릎 꿇는다.
갑자기 그는 진정으로 무한한
고통 속에 있는 세상 전체를 느낀다.
그의 몸이 떨린다.

하얀 거품이 그의 이 사이로 뿜어 나오고
경련이 그의 모습을 일그러뜨린다.
그러나 눈물이
행복하게 그의 죽음의 복장을 적신다.
죽음의 쓰디쓴 입술을 건드리고 난 지금
비로소 그의 가슴은
삶의 달콤함을 느낀다.
그의 혼은 고문과 상처를 향해 타오르고,
이제 분명하게 느껴진다.
이 1초 동안 그는
천 년 전 십자가에 못 박혔던
바로 그 사람이다.
저 불타오르는 죽음의 키스를 받은 뒤로
그분처럼 자신도 오직 고통으로 인해
삶을 사랑하게 되리라는 사실을 이제 분명히 안다.


병사들은 그를 기둥에서 풀었다.
창백하게
그의 얼굴은 불이 꺼져버린 듯하다.
냉혹하게
그들은 그를 행렬 속에 밀어넣는다.
그의 눈길은

낯설고, 완전히 내면으로만 향해 있다.
그의 떨리는 입술 주위에
카라마조프의 노란 웃음이 매달려 있다.

# 대양을 건넌 최초의 말

1858년 7월 28일

대서양 해저 케이블 설치

Cyrus W. Field,
1819~1892

## 기적을 일으키는 새로운 힘

인간이라 불리는 진기한 존재가 지구상에 발을 붙인 이래 수천 년, 아니 수십만 년 동안 지상에서의 이동 속도는 달리는 말이나 구르는 바퀴, 노 젓는 배 혹은 돛을 단 배의 빠르기가 그 기준이었다. 우리가 세계사라 부르는 저 의식의 조명을 받은 좁은 공간 안에서 이루어진 풍성한 기술상의 발전도 이동의 리듬에서는 이렇다 할 성과를 내지 못한 것이다.

발렌슈타인의 군대는 카이사르의 군대보다 그다지 빠르게 앞으로 나아가지 못했고, 나폴레옹의 부대도 칭기즈칸의 군대보다 더 빠르지는 못했다. 넬슨 제독의 프리깃함도 바이킹의 해적선이나 페니키아 사람들의 장삿배보다 약간 더 빠른 속도로 바다를 건넜을 뿐이다. 바이런 경이 차일드 해럴드를 타고 한 여행은 오비디우스가 흑해로 망명가던 때보다 하루에 몇 마일도 더 빠르지 못했다. 그리고 18세기의 괴테도 기원 초에 사도 바울이 여행하던 것보다 근본적으로 더 편안하거나 더 빠른 여행을 한 것은 아니었다. 나폴레옹 시대에도 나라들은 로마 제국 시대와 거의 다를 바 없이, 시공간상으로 서로 분리되어 있었다. 물질의 저항력이 아직 인간의 의지력을 이기고 있던 것이다.

지상에서의 속도는 19세기가 되어서야 비로소 그 규모나 리듬에서 근본적인 변화를 겪었다. 19세기 초반 나라와 국민 들은 이전의 수천 년보다 훨씬 더 빠르게 서로에게 접근할 수 있게 되었다. 철도와 증기선이 등장함으로써 여러 날 걸리던 여행이 단 하루로 줄어들기도 했고, 언제나 시간 단위로만 측정되던 것이 15분, 그리고 1분 단위로까지 측정할 수 있게 되었다.

당시 사람들은 철도와 증기선에 의해 성취된 이런 빠르기를 대단한 승리라고 여겼다. 그러나 이러한 발명품은 아직도 측정이 가능한 영역에 속하는 것들이다. 이러한 운송 수단들은 지금까지 알려져 있던 빠르기를 다섯 배, 열 배 혹은 스무 배 정도로까지 더 빠르게 만든 것들이다. 그럼에도 불구하고 그것은 측정할 수 있는 것이고, 설명할 수 있는 기적이었다.

그러나 전기가 이룩한 최초의 업적들은 그 성과에서 완전히 예측을 뛰어넘었다. 전기는 요람 단계에서부터 이미 하나의 헤라클레스였다. 전기는 그때까지의 모든 법칙을 밀쳐 넘어뜨렸고, 모든 타당한 척도를 때려 부수어버렸다. 우리 후세 사람들로서는 전보가 이룩한 최초의 업적들에 대해 당시 사람들이 느끼던 놀라움을 상상도 하지 못한다. 어제까지만 해도 레이던병으로부터 겨우 1인치 거리, 즉 손가락 마디 정도밖에 가닿지 못했던 그 작은 전기 불꽃이, 갑자기 나라와 산 들을 넘어 지구 구석구석을 뛰어넘어 가는 괴물 같은 힘을 얻게 된 것이다. 잉크도 채 마르지 않은 촉촉한 말이 단 1초 만에 수천 마일 떨어진 곳에 가 닿아 그곳에서 읽히고 이해된다는 것은 상상도 못한 놀라운 일이었다. 조그마한 볼타식 전기 기둥의 양극 사이에서 일어난 눈에 보이지도 않는 전류가 세계의 이쪽 끝에서 저쪽 끝까지 전달된 것이다. 물리학 실험실의 장난감 같은 기계들은 어제만 해도 유리 막대를 문지르면 겨우 종이 몇 장 정도 끌어당길 수 있던 것들이었다. 그런데 인간의 근력과 속도의 수백만, 수십억 배까지 강화되어서, 소식을 전하고 철도를 움직이고 도로와 집 들을 빛으로 밝히고, 공기의 요정 아리엘처럼 눈에 보이지도 않게 공기를 꿰뚫고 지나가게 된 것이다. 이러한 발견을 통해 비로소 공간과 시간의 관계는 세계 창조 이후 가장 결정적인 변화를 겪게 되었다.

1837년은 처음으로 전보가 지금까지 격리되어 있던 인간의 체험을 동시적인 것으로 만들어준, 세계사적으로 중요한 해다. 그러나 학교 교과서에는 거의 언급조차 되지 않는다. 교과서들은 어떤 장군이나 국민이 전쟁에서 승리한 이야기를 하는 것이 인류 공동의 진정한 승리를 이야기하는 것보다 훨씬 더 중요한 일이라고 여긴다. 그러나 최근 역사에서 어떤 날짜도 시간 가치가 이렇게 변화함으로써 생겨난 광범한 심리 작용에 견주어볼 만한 것이 없다. 현재 암스테르담, 모스크바, 나폴리, 리스본에서 일어나고 있는 일들을 파리에서도 알 수 있게 된 이후로 세계는 정말로 변화해버렸다. 이제 최후의 한 걸음만 내디디면 되었다. 그러면 지구상의 서로 다른 부분들은 저 거대한 연결망에 뒤엉키게 되고, 전 인류의 공통된 의식이 생겨날 참이었다.

그러나 자연은 이 최후의 결합에 대해서만큼은 끈질기게 저항하고 있었다. 자연은 방해물을 내세워 바다를 사이에 둔 나라들을 20년이나 더 격리했다. 전신기에서 발생한 전기는 전기가 통하지 않는 도자기로 된 종鐘 덕분에 방해받지 않고 계속 앞으로 나아간다. 그러나 물은 전류를 흡수해버린다. 물속에서 구리와 쇠로 된 철사줄을 완전히 절연시키기에 적당한 물질이 아직 발명되지 않아 바닷속으로 관을 통과시킬 수 없었던 것이다.

다행스럽게도 이 진보의 시대에 다른 분야에서 이루어진 발명이 도움의 손길을 뻗쳐왔다. 국립 전신국이 만들어지고 몇 년이 지나지 않아, 구타페르카라는 물질이 물속에서 전깃줄을 절연시키기에 적당한 물질이라는 사실이 밝혀졌다. 이제 유럽 대륙 저편에 있는 가장 중요한 국가인 영국을 대륙의 전신망과 연결시키는 일을 시작할 수가 있게 되었다. 존 왓킨스 브렛John Watkins Brett이라는 기술자가 도버해협에 해저 케이블을 설치했다. 뒷날 루이 블레리오가 비행기를 타고 최초로 도버해협을 건널 때 출발한 바로 그 지점이었다. 그런데 어이없는 일이 일어나 목전에 둔 성공을 방해했다. 블로뉴의 어떤 어부가 특별히 통통한 장어를 찾아냈다고 생각하고는 가설한 케이블을 잘라버린 것이다. 그러나 1851년 11월 13일, 두 번째 시도가 성공했다. 이제 영국이 합류하게 됨으로써 유럽은 비로소 진짜 유럽이 되었다. 동시대의 모든 사건을 같은 생각과 같은 마음으로 체험하는 유럽이 된 것이다.

그렇게 짧은 시간 안에 거둔 그토록 엄청난 성공은—인류의 역사에서 보면 10년이란 눈 깜박할 사이가 아니고 무엇이겠는가?—당연하게도 당시 사람들에게 큰 용기를 불어넣었다. 시도하는 것은 무엇이든 성공했고, 그 모든 것은 그야말로 빠르게 진행되었다. 몇 년이 지나자 영국은 아일랜드와, 덴마크는 스웨덴과, 코르시카섬은 대륙과 자체적인 전신망으로 서로 연결되었다. 이제 이집트와 인도까지 통신망 연결을 시도하려는 참이었다.

그러나 지구상의 한 부분, 그것도 가장 중요한 부분만은 이렇게 세계를 하나로 연결하는 통신의 연결망에서 제외되어 있었다. 바로 미국이었다. 대서양이나 태평양은 둘 다 중간 지점도 없이 엄청난 넓이로 벌어져 있으니, 어떻게 그 대양을 단 한 줄의 전선으로 연결하겠는가? 그 시대는 아직 전기의 유년기여서 모든 중요한 인자가 다 알려지지 않은 상태였다. 바다의 깊이는 아직 측정되지 않았고, 대양의 지질학적 구조도 불확실한 상태로만 알려져 있었다. 그리고 그토록 깊은 곳에 던져진 전선이 그 엄청난 수압을 견딜 수 있을지에 관해서는 시험조차 이루어지지 않은 때였다. 설사 끝없이 긴 케이블을 바다 깊은 곳까지 던져넣는 것이 기술적으로 가능하다고 하더라도, 철과 구리로 된 2,000마일짜리 전선을 실을 수 있는 배가 아직 없었다. 혹 증기선으로 실어 나를 수 있다고 쳐도, 적어도 2, 3주가 걸리는 먼 거리를 끊기지 않고 전류를 흐르게 하려면 엄청난 전력을 생산할 발전기가 필요한데, 그 또한 아직 존재하지 않았다.

전제가 되는 이 모든 지식이 없었다. 바닷속 깊은 곳에 흐르는 여러 자기류가 전류를 방전시킬 수도 있다는 사실은 인식 밖의 일이었다. 충분한 절연체도, 적절한 계측기도 없었다. 다만 수백 년 무지의 잠에서 방금 눈을 뜬, 전기의 기본 법칙들만 존재했다. 그 때문에 학자들은 대양 연결 계획의 '대' 자만 나와도 "불가능해! 헛소리!" 하면서 거칠게 반응했다. 기술자들 가운데 용감한 이들만이 "언젠가 가능하겠지"라고 말하는 정도였다. 오늘날에 이르기까지 전신이 가장 큰 덕을 입고 있는 모스조차도 그 계획을 예측할 수 없는 모험이라고 여겼다. 하지만 그는 예언이라도 하듯, 대서양을 잇는 케이블 설치가 성공한다면 그것은 '세기의 가장 위대한 업적'이 될 것이라고 덧붙였다.

하나의 기적이 혹은 기적과도 같은 일이 이루어지려면 먼저 이 기적을 믿는 사람이 있어야 한다. 한 사람의 굽히지 않는 용기야말로 학자들의 망설임에 창조적인 충격을 줄 수 있다. 대부분의 경우가 그렇듯이 여기서도 하나의 단순한 우연이 거대한 계획에 추진력을 부여했다. 1854년, 프레드릭 뉴턴 기즈번Frederick Newton Gisborne이라는 영국인 기술자가 뉴욕에서 미국 북동쪽 끝에 있는 뉴펀들랜드까지 하나의 케이블을 설치하려고 했다. 단지 배에서 오는 소식을 남들보다 며칠 먼저 듣기 위해서였다. 그러나 도중에 돈이 바닥나 일을 중지할 수밖에 없었다. 그래서 그는 뉴욕으로 돌아와 투자자를 찾았다. 그러다가 순전히 우연으로—우연이야 말로 수많은 위대한 업적의 아버지다—목사의 아들인 한 젊은 남자를 알게 되었다. 사이러스 필드였다. 필드는 일찍이 하는 일마다 성공을 거두어 젊은 나이에 큰 재산을 모았고, 은퇴해서 한가하게 지내고 있었다. 무엇에도 매이지 않은 이 남자는, 그러나 계속 아무 일도 안 하기에 아직 너무 젊고 정력적인 사람이었다. 기즈번은 이 사람에게 뉴욕에서 뉴펀들랜드에 이르는 케이블 설치에 대한 투자를 부탁하기로 마음 먹었다. 아마 다행스럽다고 말해야겠지만, 사이러스 필드는 기술자도 전문가도 아니었다. 그는 전기에 대해 아무것도 몰랐다. 게다가 케이블을 본 적도 없었다. 그러나 이 목사 아들의 핏속에는 정열적인 믿음이 흐르고 있었다. 그는 대담한 미국인이었다. 기즈번의 관심사는 단지 뉴욕과 뉴펀들랜드를 케이블로 연결하는 것이었지만, 필드는 그보다 멀리 내다보고 있었다. 뉴욕에서 뉴펀들랜드까지 케이블을 설치할 수 있다면 뉴펀들랜드에서 아일랜드까지도 가능하지 않을까?

필드는 모든 장애를 극복하겠다는 확고한 의지를 가지고서 곧바로 작업에 착수했다. 이 순간부터 자기 안팎의 모든 것을 이 일에 투자하겠다고 결심한 것이다. 그리고 그는 몇 년 동안 대양을 건너 지구의 이쪽저쪽을 서른한 번이나 왕복하게 된다. 필드의 결심으로 결정적인 점화가 이루어졌다. 그 덕에 하나의 생각이 현실에서 폭발적인 힘을 얻게 되었다. 기적을 일으키는 새로운 전기의 힘이 삶의 또 다른 가장 강한 동력, 바로 인간의 의지력과 결합된 것이다. 한 남자는 일생일대의 자기 사업을, 그 사업은 자신을 이끌어갈 적절한 남자를 서로 찾아낸 것이다.

## 19세기의 바벨탑

필드는 믿기지 않는 열정으로 이 작업에 착수했다. 모든 전문가와 연락하고, 영국과 미국 정부에 탄원서를 내고, 필요한 돈을 조달하기 위해 아일랜드와 뉴욕에서 캠페인을 벌였다. 전혀 알려지지 않은 이 사람에게서 나온 추진력은 매우 강력했다. 그의 내면은 열정과 확신으로 가득 찼고, 새로운 기적의 힘인 전기에 대한 믿음은 흔들리지 않을 만큼 굳건했다.

일을 진행한 지 며칠 만에 영국에서는 자본금 5만 3,000파운드라는 거금이 모였다. 리버풀과 맨체스터, 런던에 있는 부유한 상인들에게 '전신망 건설 및 관리 회사'를 세우는 데 협조해달라는 호소만으로 거둔 성과였다. 작가 윌리엄 새커리와 레이디 바이런Lady Byron의 이름도 투자자 명단에 있었다. 그들은 사업상의 의도 없이 오직 도덕적으로 열광해서 이 일이 추진되기를 바랐다. 당시 영국은 조지 스티븐슨과 이점바드 브루넬을 비롯한 위대한 기술자들이 넘쳐나던, 기술과 기계에 대한 낙관주의가 팽배한 사회였다. 그렇기에 단 한 번의 호소로도 철저히 공상적인 이 모험에 많은 돈이 모인 것이다.

작업에 드는 비용은 케이블 설치에 대해서만 어느 정도 계산이 가능했다. 본래의 기술적인 부분에 대해서는 모범으로 삼을 만한 그 어떤 것도 없었다. 그와 비슷한 차원의 구상이나 계획이 아직 한 번도 시도조차 된 적이 없었기 때문이다. 대양을 연결하는 이 사업을 어떻게 도버와 칼레 사이의 좁다란 물줄기를 연결하는 것에 견주겠는가? 도버해협의 경우 평범한 외륜선의 갑판에서 코일 30~40마일만 풀면 되었다. 코일은 닻이 풀려나가는 것과 같은 원리로 적당하게 풀려나간다. 그러니 해협에다 케이블을 설치할 때에는 편안한 마음으로 특별히 잔잔한 날씨를 기다릴 수가 있었다. 해협의 깊이도 정확하게 알았고, 언제라도 양쪽 해안을 볼 수 있어서 위험도 피할 수 있었다. 시간도 단 하루면 충분했다. 그러나 이번에는 100배나 길고 100배나 무거운 코일을 적어도 3주는 갑판 위에 내놓은 채로 있어야 하는데, 어떻게 변덕스런 날씨를 견뎌낼 수 있을 것인가. 게다가 쇠와 구리, 구타페르카로 이루어진 이 거대한 알집을 실을 만한 큰 선창을 가진 배가 당시에는 단 한 척도 없었다. 이 거대한 짐을 감당할 만큼 강한 배도 없었다. 최소한 배 두 척이 필요했다. 그리고 그 본선 두 대는 다시 다른 배들의 안내를 받아야 했다. 보조선들은 가장 빠른 길을 잡아나가면서 필요할 경우에는 본선을 도와주어야 하는 것이다. 영국 정부는 그 일을 위해 아가멤논호를 내주었다. 그것은 가장 큰 전함 중 하나로, 세바스토폴 전투에 기함으로 참가했었다. 미국 정부는 당시로서는 어마어마한 크기의 5,000톤짜리 프리깃함 나이아가라를 내주었다. 하지만 이 배들을 바로 사용할 수가 없었다. 내부 구조를 바꾸어야만 했다. 그렇지 않고서는 두 대륙을 이을 끝없이 긴 코일의 절반씩도 싣기 어려웠기 때문이다.

물론 가장 큰 문제는 케이블 자체였다. 지구상의 두 부분을 잇는 이 어마어마한 탯줄을 만들기 위해서는 상상을 뛰어넘는 엄청난 일들이 요구되었다. 이 케이블은 쇠밧줄처럼 단단해서 끊어질 염려가 없어야 하는 한편, 설치를 쉽게 하기 위해서는 탄력이 있어야 했다. 모든 압력과 부담을 견디면서도 비단실처럼 매끈하게 쭉 뻗어야 했다. 또한 묵직하되 너무 굵어서도 안 되었다. 단단함과 정밀함을 고루 갖추어야 가장 작은 전파라도 2,000마일 이상을 전달할 수가 있었다. 이 거대한 줄 어딘가에 단 한 군데라도 미세한 틈이 있거나 조금이라도 표면이 울퉁불퉁하면 전파 전달에 차질을 빚을 수가 있었다.

그러나 감행했다! 밤낮없이 공장들이 돌아갔다. 한 인간의 초인적인 의지력이 모든 바퀴를 앞으로 굴렸다. 여러 군데 광산에서 캐낸 엄청난 양의 쇠와 구리가 몽땅 이 한 줄의 끈에 투입되었고, 그 먼 거리를 연결할 케이블 껍질을 만들 구타페르카 생산을 위해 광활한 고무나무 숲이 수액을 흘려야 했다. 36만 7,000마일짜리 전선이 단 한 줄의 케이블 안에 들어간다는 사실보다 더 분명하게 이 대담한 기획의 엄청난 규모를 보여주는 것은 없을 것이다. 그것은 지구를 열세 바퀴나 감을 수 있고, 지구와 달을 연결하고도 남을 만큼 엄청 길었다. 기술의 측면에서 바벨탑을 건설한 이후 인류가 이보다 더 장대한 일을 기도한 적은 없었다.

## 첫 번째 시도

1년 내내 기계들이 돌아갔다. 가느다란 전선이 공장에서 나와 두 척의 배 안으로 흐르는 실처럼 감겨 들어갔다. 한 번에 1, 2주 혹은 3주 동안을 계속해서 깊은 대양 속으로 케이블을 떨어뜨리도록 고안된, 브레이크와 후진 장치가 달린 매우 무거운 기계들도 제작되어 배에 실렸다. 모스를 비롯한 최고의 전기 기술자들도 배에 탔다. 케이블을 설치하는 동안 각자가 발명한 장비를 가지고 전류가 끊기지 않고 제대로 흐르는지를 감독하기 위해서였다. 기자들과 삽화가들도 몰려들었다. 콜럼버스와 마젤란 이후 가장 흥분되는 이 항해를 글과 그림으로 묘사하기 위해서였다.

출발을 위한 모든 준비가 마침내 끝났다. 지금까지는 의심하는 사람이 많았지만, 이제는 영국 전체가 열정적으로 이 사업에 관심을 쏟고 있었다. 1857년 8월 5일, 수백 척의 작은 배가 아일랜드의 작은 항구 발렌샤에서 케이블 함대를 둘러쌌다. 세계사적인 순간을 경험하기 위해서였다. 하나의 케이블 끝이 배에서 흘러나와 해안에 연결되었다. 즉, 유럽 대륙에 연결된 것이다. 작별은 모르는 사이 축제가 되었다. 정부가 대표를 파견했고, 연설이 시작되었다. 목사는 인사말에서 이 대담한 모험에 신의 축복이 깃들이길 기원했다. 그는 이렇게 연설을 시작했다.

"오 영원한 하나님, 당신만이 하늘을 펼치셨고 바다의 파도를 다스리십니다. 바람과 파도는 당신의 명령을 좇나니, 자비로움으로 당신의 종들을 굽어살피소서. … 모든 장애물에 비키라 명령하시고 이 중요한 일이 완수되는 것을 방해할지도 모르는 모든 것을 없애주소서."

해안가와 바다 양쪽에서 수천 명의 사람이 일제히 손과 모자를 흔들었다. 날은 어두워지고 있었다. 인류의 대담한 꿈 중 하나가 막 실현되려는 참이었다.

원래 계획은 아가멤논호와 나이아가라호가 각기 케이블 절반씩을 싣고서 미리 계산해둔 대양의 중간 지점에서 만나 거기서부터 전선을 설치하는 것이었다. 여기서 한 척은 뉴펀들랜드로 향하고 다른 한 척은 동부 아일랜드로 갈 것이었다. 그러나 이 값진 케이블을 한꺼번에 모험에 건다는 것은 너무 대담한 일이었다. 그래서 대륙에서 출발하면서 절반을 먼저 설치하기로 했다. 무엇보다 그렇게 먼 거리에서도 바다 밑 전신이 제대로 작동하는지 확인할 필요가 있었기 때문이다.

나이아가라호는 대륙에서부터 바다 중간 지점까지 케이블을 설치할 임무를 맡았다. 이 미국 프리깃함은 마치 거미처럼 거대한 몸집에서 실을 뽑아 끊임없이 뒤로 떨어뜨리며 천천히 목적지를 향해 나아갔다. 갑판에서는 케이블을 내리는 기계가 천천히 규칙적으로 덜컹거렸다. 그것은 경험 많은 선원이라면 누구나 잘 알고 있는 닻을 내리는 기계 소리였다. 몇 시간이 지나자 배에 탄 사람들은 이 규칙적으로 방아 찧는 것 같은 기계 소리에 익숙해졌다. 그래서 자기 심장 뛰는 소리처럼 무심해졌다.

배는 계속해서 케이블을 뒤로 흘리면서 바다로 나아갔다. 이 모험은 전혀 모험같이 여겨지지 않았다. 특별한 것이 있다면, 어떤 방에 기술자들이 앉아서 끊임없이 아일랜드와 모스 부호를 주고받는 모습이었다. 그들은 매우 놀라워했다. 이미 오래전부터 해안이 보이지 않았는데도, 수중 케이블을 통해 흐르는 전신은 그 소리가 분명했던 것이다. 마치 유럽 내에서 도시와 도시가 서로 소식을 주고받는 것 같았다. 배가 이미 얕은 바다를 떠나 아일랜드 뒤쪽에 자리잡은 심해 고원 구역을 부분적으로 지나기도 했건만, 여전히 쇠줄은 모래시계에서 모래가 흘러내리듯이 규칙적으로 배 바닥 아래로 흘러내려가는 동시에 소식을 주고받았다.

이미 335마일의 케이블을 깔았다. 이것은 그러니까 도버에서 칼레에 이르는 거리의 10배였다. 불안한 닷새를 보내고 벌써 여섯 번째 저녁, 8월 11일에 필드는 여러 시간의 작업과 흥분으로 지쳐서 자리에 누웠다. 그때 갑자기 무슨 일인지 털털거리는 소리가 멎었다. 달리던 기차가 갑자기 멎으면 그 안에서 잠자던 사람이 벌떡 일어나듯이, 물방아가 갑자기 멎으면 침대에 누웠던 물방아지기가 소스라쳐 놀라듯이, 한순간 배에 있던 모든 사람이 깨어나 갑판으로 뛰쳐나왔다. 기계를 살펴보니, 아뿔사! 케이블 출구가 비어 있었다. 케이블이 갑작스럽게 물레에서 몽땅 미끄러져나간 것이다. 풀려 있는 케이블 끝을 제때에 잡기란 불가능한 일이었다. 잃어버린 끝을 물속에서 찾아 다시 끌어올리기란 더더욱 불가능했다. 끔찍한 일이었다! 기술상의 작은 잘못이 여러 해에 걸쳐 이룩한 일을 허사로 만들었다. 대담하게 출발했던 사람들은 실패자의 몰골을 한 채 영국으로 돌아왔다. 영국에서는 이미 좋지못한 소식을 예상하고 있었다. 모든 신호와 부호가 갑자기 죽어버렸기 때문이다.

## 두 번째 시도

영웅이자 사업가였던 필드는 전혀 흔들리지 않았다. 오히려 냉정하게 손익을 계산했다. 잃은 것은 무엇인가? 길이 300마일의 케이블과 10만 파운드가량의 주식 자본이었다. 어쩌면 그에게 더욱 심각한 것은 돌이킬 수 없는 향후 1년이라는 시간이었다. 이 탐험에 적당한 날씨는 여름철에만 기대할 수가 있었는데, 계절이 이미 너무 지나가 있었던 것이다.

수확이 전혀 없진 않았다. 무엇보다 실제적 경험을 쌓을 수 있었다. 검사 결과 남은 케이블도 사용할 수 있었다. 그는 다음번 모험을 위해 저장해두기로 했다. 그러나 끔찍한 실패의 원인이 되었던 케이블을 흘려보내는 기계만은 모조리 바꾸어야 했다.

기다림과 준비 작업으로 다시 1년이 지났다. 1858년 6월 10일, 1년 전의 그 배들이 새로운 용기와 낡은 케이블을 싣고서 다시 출발을 감행했다. 첫 번째 여행에서 전신 부호 전달이 아무런 문제없이 기능한다는 것을 확인했으므로, 이번에는 바다 한가운데서 양쪽 대륙을 향해 동시에 케이블을 설치한다는 원래의 계획을 다시 선택했다. 그러니 새로운 여행의 처음 며칠은 아무런 의미 없이 흘러가게 된다. 7일이 지나야만 비로소 원래 계산해두었던 장소에서 케이블 설치 작업이 시작되는 것이다. 그때까지는 모든 것이 그냥 드라이브인 셈이었다. 기계는 아무 일도 하지 않았고, 하늘은 구름 한 점 없이 맑고 푸르렀다. 바다는 또 어떤가! 바다는 지나칠 정도로 고요했다.

사흘째 되던 날, 아가멤논호의 선장은 불안을 느꼈다. 기압계의 수은주가 불규칙적으로 낮아지고 있었던 것이다. 폭풍우가 다가오는 것이 분명했다. 실제로 나흘째 되던 날 폭풍우가 몰아치기 시작했다. 그것은 대서양에서 경험 많은 선원도 극히 드물게 겪어본 종류의 폭풍이었다. 이 폭풍은 영국측 케이블 설치선 아가멤논호를 강타했다.

그 배는 상당히 훌륭한 배였다. 모든 대양과 전쟁에서 가혹한 시련을 견뎌낸 영국 해군의 기함이었다. 그러니 이 정도 날씨는 당연히 견뎌낼 것이었다. 그러나 불행하게도 지금 이 배는 케이블 설치를 위해 엄청난 짐을 실을 수 있도록 완전히 개조되어 있었다. 보통의 화물선와 달리, 이 배는 이제 무게를 사방의 선적실로 고루 분산할 수가 없었고, 배 한가운데에 거대한 케이블이 감긴 실패꾸리를 안고 있었다. 그래서 짐의 일부를 배 앞쪽으로 옮겨 놓았는데, 그것이 오히려 나쁜 결과를 초래했다. 배의 앞뒤 흔들림이 두 배나 심해진 것이다. 폭풍은 제 먹잇감을 가지고 위험천만한 놀이를 즐겼다. 오른쪽으로 왼쪽으로, 앞으로 뒤로, 배는 45도 각도로 들어올려졌다. 성난 파도는 갑판을 훑고 지나가며 모든 것을 부수어버렸다. 게다가 또 다른 불운이 겹쳤으니, 무시무시한 파도 하나가 배바닥의 용골부터 돛대까지 뒤흔들었을 때 갑판에 쌓아둔 석탄 더미를 막아놓은 칸막이 벽이 무너져내린 것이다. 검은 우박이 기진맥진해 있던 선원들 위로 돌처럼 쏟아져 내렸다. 부엌에 있던 사람들 중 일부는 솥이 뒤집어지면서 끓는 물에 심하게 데었다.

폭풍은 열흘이나 계속되었다. 그런 통에 선원 한 사람은 그만 미쳐버렸고, 사람들의 생각은 극단으로 치달았다. 저 빌어먹을 놈의 케이블 일부를 내던지자는 것이었다. 다행스럽게도 선장이 모든 책임을 떠안으면서 분위기가 진정되었다. 결국 그가 옳았다. 아가멤논호는 말할 수 없는 고초를 겪으면서도 열흘간의 폭풍을 견뎌냈다. 그 결과 좀 늦기는 했지만 케이블 설치를 시작하기로 약속한 장소에서 다른 배들을 만날 수 있었다.

그러나 이제 케이블이 문제였다. 수천 번이나 휘감긴 코일로 이루어진 이 값지고 민감한 화물이 계속 이리저리 부딪치면서 엄청난 손상을 입은 것이다. 코일이 엉키거나 전선을 감싼 구타페르카 껍질이 밀리거나 찢긴 곳도 있었다. 결과를 장담할 수 없었지만, 사람들은 케이블을 설치하려고 시도했다. 그러나 쓸데없이 200마일가량의 케이블만 바닷속에 버린 꼴이 되었다. 다시 한번 기를 내리라는 명령이 떨어졌다. 승리는커녕 상처만 입은 채 되돌아와야 했다.

## 세 번째 시도, 그리고…

이미 이 불행한 소식을 접한 런던의 주주들은 창백한 얼굴로 자신들의 지도자이자 유혹자인 필드를 기다리고 있었다. 벌써 주식 자본의 절반이 이 두 번의 항해로 사라졌지만 증명된 것은 아무것도 없었다. 사람들 대부분이 '이제 그만!' 하고 말하는 것도 이해가 되었다. 회사 대표는 건질 수 있는 돈만이라도 건지자고 했다. 아직 사용하지 않은 케이블 여분을 배에서 끌어내려 손해를 보더라도 팔고, 대양을 연결하겠다는 이 허망한 계획은 이제 그만 접자고도 했다. 부대표는 대표의 말에 동의하면서도 자기는 이제 이 정신 나간 사업과는 아무런 관계도 맺고 싶지 않다며 사표를 제출했다.

그러나 필드의 꿈을 향한 의지는 흔들리지 않았다. 그는 "잃어버린 것은 아무것도 없다"라고 말했다. 케이블 자체는 훌륭하게 시험에 합격한 터이고, 새로 시도하기에 충분할 만큼의 양이 아직도 배에 남아 있다, 배들도 모였고 선원들도 고용되었다고 했다. 지난번 항해 때의 이상기후는 오히려 맑고 좋은 날씨가 한동안 계속되리라는 희망을 갖게 해준다고도 했다. 용기를, 한 번만 더 용기를 가집시다! 지금이 아니면 다시는 시험해볼 기회조차 없습니다! 주주들은 점점 더 불안해하며 서로를 바라보았다. '마지막 남은 돈까지 이 바보에게 그냥 맡겨야 할 것인가?' 언제나 의지력이 강한 한 사람이 망설이는 사람 여럿을 몰아가는 법이다. 필드는 새로운 출항을 강행했다. 두 번째 실패 이후 5주가 지난 1858년 7월 17일, 배는 세 번째로 영국의 항구를 떠났다.

결정적인 일들은 언제나 소리 없이 성공한다는 오래된 경험이 여기서 또 한 번 확인되었다. 이번 출항은 거의 주목받지 못했다. 어떤 배도 어떤 보트도 출항하는 이 배에 행운을 빌어주지 않았다. 사람들도 해변에 모여들지 않았다. 이별의 만찬도 연설도 없었다. 목사가 나와서 하나님이 함께해주시기를 기원하는 일은 더더구나 없었다. 마치 해적질을 하러 나가는 것처럼, 배들은 은밀하고 조용히 항구를 떠났다. 바다는 그들을 친절하게 맞아들였다. 정확하게 약속된 날짜인 7월 28일, 퀸즈타운을 출발한 지 11일째 되는 날 아가멤논호와 나이아가라호는 대양 한가운데 약속된 장소에서 대사업을 시작할 수 있었다.

그것은 이상한 광경이었다. 두 배는 서로 고물을 마주댔다. 둘

사이에서 케이블의 양 끝이 이어졌다. 어떠한 의식도 없었다. 배에 탄 사람들조차 그 과정에 관심을 보이지 않았다. 그들은 이미 성과 없는 일에 지쳐 있었다. 쇠와 구리로 된 줄은 양쪽 배 사이로 깊이, 아직 깊이를 재본 적도 없는 대양의 밑바닥으로 가라앉았다. 그런 다음 두 배는 깃발로 서로 인사를 주고받았다. 이제 영국 배는 영국을 향해, 미국 배는 미국을 향해 나아갔다.

무한한 대양 가운데 두 개의 움직이는 점이 서로에게서 멀어져가는 동안, 케이블은 끊이지 않고 그들을 연결해주었다. 인류 역사에서 처음으로 두 배는 바람과 파도를 넘어, 공간과 거리를 넘어 서로 보이지 않는 가운데 통신을 한 것이다. 매시간 한쪽 배는 대양 깊은 곳에서 오는 전기 신호로 지금까지 통과한 마일 수를 보내왔고, 다른 한쪽도 마찬가지로 좋은 날씨 덕분에 같은 거리를 지나왔노라고 답변해왔다. 그렇게 해서 하루, 이틀, 사흘, 나흘이 흘렀다. 8월 5일, 마침내 나이아가라호는 뉴펀들랜드를 향하고 있는 트리니티만에서 미국쪽 해안이 눈에 보인다고 전해왔다. 정확히 1,030마일의 케이블을 설치한 때였다. 마찬가지로 아가멤논호도 케이블 1,000마일을 바다에 깔고서 아일랜드 해안이 눈에 보인다고 승리에 찬 답변을 보내왔다. 처음으로 인간의 말이 대륙에서 대륙으로, 아메리카에서 유럽으로 전달된 것이다. 그러나 오직 두 척의 배, 그리고 그 안에 있는 몇백 명의 사람만이 이 위대한 행위가 성공했다는 사실을 알았다. 세상은 이미 오래전에 이 모험을 잊었다. 뉴펀들랜드와 아일랜드 해안 어디에도 그들을 기다리는 사람이 없었다. 그러나 새로운 대양 케이블이 대륙 내 케이블과 연결되기만 한다면, 1초 안에 전 인류는 이 위대한 공동의 승리를 알게 될 참이었다.

## 호산나!

기쁨의 순간은 마른하늘에 번개치듯 다가왔다. 그래서 더욱 번쩍거렸다. 8월 초 구대륙과 신대륙은 작업이 성공했다는 소식을 거의 동시에 알게 되었다. 그것은 이루 형언하기 어려운 작용을 불러일으켰다. 늘 신중하던 영국 《타임스》가 사설에서 "콜럼버스의 신대륙 발견 이후 인간의 활동 영역을 이토록 엄청나게 확대한 사건은 다시 없었다"라고 할 정도였다.

런던의 흥분은 최고조에 달했다. 그러나 그러한 영국의 기쁨도 미국의 태풍 같은 환호에는 비할 바가 아니었다. 가게들은 문을 닫아걸었고, 거리는 소리지르고 토론하는 사람들로 넘쳐났다. 하룻밤 사이 필드는 국민의 영웅이 되었다. 프랭클린, 콜럼버스 같은 미국민의 영웅들과 어깨를 나란히 하게 된 것이다. 수많은 도시에서 '젊은 미국과 구대륙의 결혼'을 성사시킨 이 남자를 보고자 하는 열망으로 아우성쳤다.

그런데도 열광은 아직 최고조에 달한 것이 아니었다. 케이블이 놓였다는 메마른 소식밖에는 아직 아무것도 전해진 것이 없었으니 말이다. 그 케이블이 진짜 말도 전할 수 있을까? 정말로 그 일이 성공한 것일까? 도시 전체가, 나라 전체가 귀 기울여 대양을 건너오는 최초의 말 한마디, 그 굉장한 장관을 기다리고 있었다. 영국 여왕이 모든 사람에게 축하의 메시지를 전하리라는 것을 누구나 알고 있었기에, 사람들은 초조하게 그 메시지를 기다렸다. 그러나 여러 날이 다시 흘러야 했다. 우연한 사고로 뉴펀들랜드로 가는 케이블이 장애를 일으켰기 때문이다. 8월 16일이 되어서야 비로소 빅토리아 여왕의 메시지가 저녁 시간 뉴욕에 도착했다.

하지만 신문이 이 소식을 알리기에는 너무 늦은 시각이었다. 소식은 다만 여러 전신국 사무소와 신문사 편집국에 알렸을 뿐이다. 그러나 곧장 엄청나게 많은 인파가 몰려들었다. 신문을 배달하는 소년들은 다치고 찢기면서 사람들 사이를 뚫고 지나가야 했다. 극장과 레스토랑 들에도 소식이 전해졌다. 전보가 가장 빠른 배보다도 며칠이나 더 빨리 소식을 나를 수 있다는 사실을 미처 이해하지도 못한 수많은 사람이 브루클린 항구로 몰려들었다. 이 평화로운 승리를 이룩한 영웅적인 배, 나이아가라호를 맞이하기 위해서였다. 다음 날, 그러니까 8월 17일, 신문들은 주먹만큼이나 큰 제목으로 환호를 표현했다. '케이블, 완벽하게 작동하다', '기쁨에 넘친 시민들', '세계적인 축제의 시간'.

유례없는 승리였다. 지구상에 온갖 종류의 생각이 존재한 이래처음으로 하나의 생각이 본래 속도 그대로 바다 건너 저편으로전해진 것이다. 포병 부대는 100발의 축포를 쏘아올려 미국 대통령이 영국 여왕에게 답신을 보냈다는 사실을 알렸다. 이제는 누구도 의심할 수가 없었다. 뉴욕을 비롯한 수많은 도시의 밤이 수만 개의 등불과 횃불로 번쩍거렸다. 창문마다 불이 밝혀졌고, 그러는 중에 발생한 시청 천장 화재 사건도 기쁨을 손상시키지는 못했다. 다음 날에는 벌써 새로운 축제가 기다리고 있었다. 나이아가라호가 항구에 들어온 것이다. 위대한 영웅 필드가 마침내 돌아왔다! 승무원들은 승리감에 도취되어 남은 케이블을 싣고서 거리를 행진했다. 멕시코만에 이르는 태평양 연안의 모든 도시에서 매일매일 이러한 공표가 되풀이되었다. 마치 아메리카 대륙이 두 번째로 발견된 것을 축하하는 듯했다.

　아직도 충분치 않았다! 진짜 개선 행진은 더 장대한 광경이 될 참이었다. 신대륙이 이제껏 본 중에 가장 대단한 행진이 될 것이었다. 준비하는 데만 2주가 걸렸다. 8월 31일, 하나의 도시가 오직 한 사람, 필드를 축하했다. 저 위대한 황제들의 시대 이후로 그 어떤 승리자도 자기 국민으로부터 이토록 축하받은 적은 없었다. 이 좋은 가을날 도시의 한쪽 끝에서 다른 쪽 끝까지 축하 행렬이 도착하는 데만 여섯 시간이 걸렸다. 깃발을 앞세운 연대들이 국기가 펄럭이는 거리를 지나가면 합창대와 소방대, 학생, 퇴역 군인 등이 줄지어 뒤따랐다. 행진할 수 있는 사람은 모두 행진했고, 노래할 수 있는 사람은 모두 노래했으며, 기뻐할 줄 아는 사람은 모두 기뻐했다. 필드는 마치 고대 로마의 개선장군처럼 네 마리 말이 끄는 마차에 타고 있었다. 또 다른 마차에는 나이아가라호 선장이, 그리고 또 다른 마차에는 미국 대통령이 타고 있었다. 시장과 정부 관리, 교수 들이 그 뒤를 이었다. 간단한 인사말과 잔치, 횃불 행진이 끝없이 이어졌다. 교회마다 종이 울렸고, 사방에서 축포가 터졌다. 그런 후에 다시 환호의 물결이 이 제2의 콜럼버스를 둘러싸곤 했다. 두 세계를 하나로 합친 인물, 공간의 벽을 넘은 승리자, 이 순간 미국에서 가장 유명하고 가장 신격화된 남자, 필드를.

## 진짜 스캔들

이날 수천 수백만이 환호했다. 그런데 가장 중요한 하나만이 행사 내내 이상할 정도로 침묵했다. 다름 아닌 전신기 자신이었다. 필드는 환호성의 한가운데서 이 끔찍한 진실을 어쩌면 예감하고 있었는지도 모른다. 그렇다. 그에게는 정말로 끔찍한 일이었을 것이다. 그는 바로 이날 대서양 케이블이 작동을 멈췄다는 사실을 알고 있었다.

케이블은 이미 며칠 전부터 혼란스러운 신호들을 보내오기 시작했다. 나중에는 거의 읽을 수도 없을 만큼 직직 끊기는 소리를 내다가 마침내 숨을 거두고 말았다. 아직은 뉴펀들랜드에서 전보의 수신을 관리하는 몇몇 사람들만 실패를 알고 있었다. 주체할 수 없이 열광하고 환호하는 사람들을 바라보면서 그들은 차마 이 고통스러운 소식을 전하지 못하고 있었다.

그러나 곧 이상할 정도로 오가는 소식이 적다는 사실이 드러났다. 미국은 매시간 대양을 건너 새로운 메시지가 날아오리라고 기대했었다. 그런데 가끔가다가 아주 애매한, 확인할 길 없는 소식만이 오곤 하는 것이었다. 오래지 않아 이상한 소문이 퍼졌다. 가뜩이나 용량이 부족한 케이블이, 더 나은 송수신을 하려는 열의와 초조감에 사로잡혀 지나치게 강한 전기량을 내보내는 바람에 완전히 망가져버렸다는 소문이었다. 사람들은 곧 고쳐질 거라고 낙관했다. 그러나 신호가 점점 더 불확실해지면서 이해할 수 없을 지경에 이르렀음을 더는 감출 수가 없었다. 숙취에서 깨어난 축제 다음 날인 9월 1일, 벌써 분명한 음이나 순수한 진동은 바다 건너 오기를 멈추어버렸다.

열광에 빠져 있다가 어느 순간 열광하게 만든 그 무엇이 진짜가 아님을 알았을 때, 그리고 모든 기대를 걸었던 그 사람이 정작 실망만을 안겨줄 때, 사람들은 결코 용서하려 들지 않는 법이다. 명성이 자자하던 전신기가 실패작이라는 소문이 사실로 드러나자, 환호의 파도는 이내 악의에 찬 분노로 바뀌어 죄 없는 죄인 필드를 향했다. 그는 한 도시를, 한 나라를, 한 세계를 속인 사람이 되었다. 도시 사람들은 그가 오래전에 이미 전신기의 실패를 알고 있었다고 주장했다. 그런데도 이기심에 사로잡혀 사람들이 환호하도록 내버려두고, 그사이 시간을 벌어 자기가 가진 주식을 엄청난 차익을 남기고 처분했다는 이야기였다. 더 나쁜 중상모략도 있었다. 그중에서도 가장 악질은, 대서양 전보는 아예 한 번도 기능한 적이 없다는 모략이었다. 즉, 모든 메시지는 기만이자 사기이고, 영국 여왕의 메시지는 미리 만들어진 것으로서 한 번도 대서양 전신기를 통해 전달된 적이 없다는 것이었다. 단 하나의 소식도 실제 이해할 만한 형태로 대양을 건너간 적이 없으며, 다만 관리자들이 자신들의 추측과 잘려진 신호들을 조합해 상상의 전보를 만들어냈다는 것이었다.

진짜 스캔들이었다. 바로 어제 가장 큰 소리로 축하하던 사람들이 오늘 가장 격하게 분노했다. 한 도시가, 한 나라가 지나치게 열에 들떠 성급하게 환호성 지른 것을 부끄럽게 여겼다. 필드는 이 분노의 희생자가 되었다. 어제만 해도 국민의 영웅이자 진정한 용사로 불리던 사람이, 프랭클린과 형제이며 콜럼버스의 후예이던 사람이 예전의 친구들과 숭배자들에게 범죄자 취급을 받게 된 것이다. 단 하루가 모든 것을 창조해내고 단 하루가 모든 것을 파괴했다. 이러한 패배는 절대로 예측될 수 없는 것이다. 이제 자본과 신용은 깡그리 사라졌고, 쓸모없게 된 케이블만 지구를 둘러싸고 있다는 전설의 뱀처럼 투시할 수 없는 대양 깊숙한 곳에 누워 있었다.


## 6년간의 침묵 그리고 조용한 성공

케이블은 자그마치 6년을 사람들의 뇌리에서 잊힌 채로 대양의 바다에 웅크리고 있었다. 세계의 시간으로 딱 한 시간 서로 맥박을 같이했던 두 대륙은 다시 6년 동안 과거의 차가운 침묵으로 그 사이가 메꿔졌다. 몇백 마디 말들을 주고받는 동안에는 그래도 호흡이 서로 가까웠었다. 그러나 미국과 유럽은 수천 년 동안 그랬듯이 다시 극복할 수 없는 거리로 멀어지고 말았다. 19세기의 가장 대담한 계획이 거의 현실화되는가 싶더니, 다시금 전설로, 신화로 돌아가버리고 말았다. 물론 그 누구도 절반은 성공한 그 작업을 다시 시도하려 하지 않았다. 끔찍한 실패가 모든 힘을 마비시키고 모든 열정을 식혀버린 것이다. 미국에서는 모든 관심이 남북전쟁으로 쏠렸다. 영국에서는 가끔 위원회가 열리곤 했다. 그러나 해저 케이블이 원칙적으로 가능하다는 무미건조한 주장을 확정하는 데만도 꼬박 2년이 걸렸다. 이 학술적인 증언이 현실로 되기까지는 누구도 발을 내디뎌보려고 생각지 않는 하나의 먼 길이 놓여 있었다. 그래서 이 6년 동안 일체의 작업은 잊힌 바닷속 케이블처럼 완전히 멈춰 있었다.

거대한 세계사의 시간에서 보면 한순간에 불과하지만, 전기처럼 완전히 새로운 학문의 입장에서 6년이라는 세월은 1,000년과도 맞먹는 시간이다. 이 영역에서는 해마다, 아니 달마다 새로운 성공들이 줄을 잇고 있었다. 발전기는 더 정밀해지고, 그 이용 방식은 더 다양해졌으며, 기구들은 더 정교해졌다. 전보 통신망은 대륙 내부 공간을 구석구석 연결해 들어갔고, 아프리카와 유럽 대륙은 이미 지중해를 가로질러 연결되어 있었다. 그래서 대서양을 연결하고자 하는 이 계획도 해마다 보이지 않게 점점 환상의 영역을 벗어나고 있었다. 다시 시도할 순간이 다가왔다. 다만 새로운 에너지를 가지고 과거의 계획을 실현할 사람이 없을 뿐이었다.

그런데 갑자기 누군가 나타났다. 사이러스 필드, 바로 과거의 그 사람이었다. 그는 과거와 똑같은 신용과 신뢰를 얻으며 그 오랜 침묵의 추방과 악의적인 경멸에서 살아남았다. 아니, 부활했다. 그는 서른 번째로 대양을 건너 런던에 모습을 드러냈다. 과거에 받은 허가에다가 60만 파운드의 새로운 자본이 주어졌다. 그리고 마침내 오랫동안 꿈꾸어온, 한 척만으로도 이 어마어마한 화물을 운송할 수 있는 거대한 배도 마련되었다. 브루넬이 건조한 굴뚝 네 개가 달린 2만 2,000톤급의 그레이트 이스턴호였다. 그리고 기적 중의 기적은 그 배가 바로 그해 1865년에 사용되지 않았다는 점이다. 그 배 또한 너무나 대담하게 시대에 앞서 만들어졌기 때문이었다. 이틀 만에 그 배를 사서 탐사에 필요한 장비를 갖출 수가 있었다.

전에는 그토록 어렵기만 하던 모든 일이 이번에는 순탄하게 진행되었다. 1865년 7월 23일, 이 거대한 배는 새로운 케이블을 싣고 템스강을 떠났다. 목표 지점에 도달하기 이틀 전, 케이블이 절단되는 바람에 첫 시도는 실패로 돌아갔다. 한 번 더 거대한 대양이 다시 60만 파운드의 돈을 삼켜버렸다. 그러나 이제는 기술이 너무나도 확실했기에 용기를 잃지 않았다.

1866년 7월 13일, 그레이트 이스턴호가 두 번째 출항을 시도했다. 이번 여행은 성공이었다! 케이블은 아주 또렷하게 유럽으로 말을 전달했다. 며칠 뒤에는 잃어버린 과거의 케이블도 되찾을 수 있었다. 두 줄의 케이블이 이제 구대륙과 신대륙을 연결해주었다. 어제는 기적이던 것이 오늘은 당연한 일이 되었다. 그리고 이 순간부터 세계는 동일한 심장 박동을 하게 되었다. 이제 인류는 지구의 이쪽 끝에서 저쪽 끝까지 동시에 보고 듣게 되었다. 자기 자신의 창조력을 통해 마치 신처럼 모든 곳에 동시에 존재하게 된 것이다. 인류는 이러한 승리의 덕분에 시공간을 넘어 영구히 결합될 수도 있을 것이다. 인류가 자연을 통제하는 바로 그 힘으로 자기 자신을 파멸시키려는 저 광증, 끊임없이 이 장대한 통합을 파괴하려는 저 불길한 광증에 다시금 사로잡혀 헤매지 않는다면 말이다.

# 〈그리고 어둠 속에 빛이 비친다〉
# 그 후

---

## 1910년 10월 말

---

톨스토이의 미완성 드라마에 부치는 에필로그

　　1890년 톨스토이는 희곡으로 된 자서전을 쓰기 시작한다.
그것은 뒷날 그의 유고집에서 〈그리고 어둠 속에 빛이 비친다The
Light Shines in the Darkness〉라는 미완성 희곡으로 출판되고 공연되었
다. 첫 장면부터 미완성임을 드러내는 이 드라마는 다름 아닌 자
기 가정의 비극을 친근하게 묘사한 것으로, 몰래 도망치려고 계획
한 것에 대한 자기변명이자 아내에게 전하는 사죄의 말들이다. 극
단적인 영혼의 분열 한가운데서 얻어진 도덕적 균형이 만들어낸
작품이라 할 수 있다.

　　톨스토이는 주인공 사린제브의 모습에 자신을 투사했다. 그러
므로 이 비극을 허구로 보기는 어렵다. 아니, 의심의 여지없이 톨
스토이는 자기 삶의 해결책을 찾아볼 생각으로 이 작품을 썼다.
그러나 이 작품이 쓰인 1890년으로부터 10년이나 지난 1900년에
도 톨스토이는 어떠한 결정이나 종결을 맺을 용기도 적당한 형식

도 삶에서는 물론이고 작품에서조차 찾아내지 못했다. 이 때문에 작품은 미완성으로 남게 되었다. 작품은 주인공이 신을 향해 손을 뻗은 채, 신께서 자기 곁에 머물러 아내와의 불화를 끝내주시기만을 기도하면서 갈피를 못 잡는 상태로 끝맺고 있다.

이 비극의 마지막 장을 톨스토이는 뒷날에도 쓰지 못했다. 여기서 중요한 사실은 그가 그 마지막 장을 '살았다'는 것이다. 1910년 10월의 마지막 며칠 동안에 25년간의 방황은 마침내 끝났고 위기는 해방으로 바뀌었다. 톨스토이는 몇 번이나 무시무시하고도 극적인 갈등을 보인 뒤에 자기 삶에서 도망쳤다. 그것도 자기 삶의 운명에 완전한 형식과 축복을 베풀어줄 위대하고 모범적인 죽음을 향해.

글로 쓰는 대신 스스로 살아버린 이 비극의 마지막 장을 이미 쓰인 미완성 작품에 덧붙이는 일이 내게는 퍽 자연스러운 일로 여겨졌다. 여기서 나는 가능한 한 역사적 사실에 충실하게, 사실과 기록에 대한 존경심을 잃지 않고서 감히 이 일을 하고자 한다. 나는 톨스토이의 고백에 내멋대로 보충할 의도는 없다. 작품에 합류하려는 것이 아니라 다만 작품에 약간의 도움을 주고자 할 뿐이다. 그러므로 내가 여기서 시도하는 것이 톨스토이의 작품을 완성하려는 것으로 여겨져서는 안 된다. 다만 미완성의 작품과 해결되지 않은 갈등에 하나의 독립적인 에필로그를 덧붙이는 것일 뿐이다. 다시 말해서 끝나지 않은 비극에 하나의 확실한 종결을 주려는 것이다. 그것이 바로 이 에필로그의 의미이며, 나의 존경심에 찬 노력은 그것으로 만족한다.

혹시 있을지도 모를 무대 공연을 위해 강조하는 점은, 이 에필로그는 〈그리고 어둠 속에 빛이 비친다〉에서보다 시간적으로 16년이 지난 후의 이야기라는 사실이다. 그리고 이 사실이 톨스토이로 분장한 배우의 모습에 분명하게 드러나야 한다. 그의 생애 마지막 몇 년간의 아름다운 초상화들이 참조되어야 할 것이다. 특히 샤마르디노 수도원에서 자기 누이 곁에 있는 모습의 초상화와 임종의 침상에서 찍힌 사진이 참조되어야 한다. 그리고 서재는 그 감동적인 단순한 모습 그대로 역사에 충실하게 재연되어야 할 것이다. 장면으로 말하자면 나는 이 에필로그를—여기서 톨스토이는 사린제브라는 가명 뒤에 숨지 않고 직접 자신의 이름으로 등장한다—〈그리고 어둠 속에 빛이 비친다〉의 4막이 끝난 다음, 긴 휴식 시간을 두었다가 그 뒤에 덧붙이고 싶다. 독자적으로 이것만 공연하는 것은 내 의도가 아니다.

### 에필로그에 등장하는 인물들

**레오 니콜라예비치**　톨스토이(83세)

**소피아 안드레예브나 톨스토이**　톨스토이의 아내

**알렉산드라 류보브나(사샤라고 불림)**　톨스토이의 딸

**블라디미르 게오르게비치**　비서

**두샨 페트로비치**　톨스토이의 주치의이자 친구

**이반 이바노비치 오솔링**　아스타포보 역장

**시릴 그레고로비치**   아스타포보 경찰서장

**학생 1**

**학생 2**

**여행자 세 사람**


첫 두 장면은 1910년 10월의 마지막 며칠 동안 야스나야폴랴
나에 있는 그의 서재, 마지막 장면은 1910년 10월 31일 아스타포
보 역 대합실.


## 제1장


1910년 10월 말 야스나야폴랴나.

톨스토이의 서재, 단순하고 장식이 없다. 잘 알려진 그림 그대
로의 모습이다.

비서가 두 학생을 안내해 들어온다. 그들은 러시아식으로 깃을
높이 올린 검은색 블라우스를 입고 있다. 둘 다 젊고 표정이 날카
로우며, 태도는 소심하다기보다는 오히려 불손하다.


**비서**  잠깐 앉으시죠. 선생님은 여러분을 오래 기다리게 하시
는 않을 겁니다. 다만 부탁드리고 싶은 것은 그분의 나이를
생각해달라는 것이지요! 선생님은 토론하기를 너무 좋아하
셔서 때로는 피곤하다는 사실도 잊어버리시거든요.

**학생 1** 우린 선생님께 여쭤볼 게 별로 없어요. 질문이라곤 한가지뿐이죠. 물론 우리에게나 그분께나 결정적인 질문이지만. 잠깐만 있겠다고 약속하겠어요. 우리가 자유롭게 이야기를 해도 된다면 말이에요.

**비서** 물론 자유롭게 이야기해도 됩니다. 덜 형식적일수록 더욱 좋죠. 무엇보다도 전하라고 부르지 마십시오. 질색하신답니다.

**학생 2** 그 점만은 걱정 안 하셔도 됩니다. 적어도 그 점만은 말입니다.

**비서** 벌써 계단을 올라오시는군요.


톨스토이가 들어선다. 약간 휘청거리는 걸음걸이지만 고령임에도 불구하고 민첩하고 신경질적이다. 대화하는 동안 그는 빨리 자신의 생각을 내뱉고자 하는 초조감에서 연필을 돌리거나 종이를 조각조각 찢곤 한다. 그는 서둘러 두 사람에게 다가간다. 차례로 손을 내밀어 악수하면서 그들 한 사람 한 사람을 잠시 동안이지만 날카로운 시선으로 관찰한다. 그러고 나서 맞은편 안락의자에 앉는다.


**톨스토이** 당신들이 위원회에서 내게 보낸 사람들이군요, 그렇지 않은가요…. (그는 편지를 뒤적거린다.) 여러분의 이름을 잊어버려서 미안합니다.

**학생 1**  이름 따위는 기억하지 못하셔도 괜찮습니다. 우린 그저 10만 명의 대표로서 선생님을 뵈러 온 것이니까요.

**톨스토이**  (그를 날카롭게 바라보면서) 내게 별다른 질문이라도 있나요?

**학생 1**  한 가지 있습니다.

**톨스토이**  (학생 2에게) 그리고 당신은?

**학생 2**  마찬가집니다. 우린 한 가지 질문뿐입니다, 선생님. 우리 러시아 혁명 청년 모두는 단 한 가지만을 궁금해합니다. 다른 것은 없어요. 선생님은 어째서 혁명에 동참하지 않으십니까?

**톨스토이**  (극히 평온하게) 그사이 출간된 책과 편지 들에서 이미 분명하게 밝혔다고 생각하는데. 당신들이 개별적으로 내 책을 읽어본 적이 있는지는 모르겠소만.

**학생 1**  (흥분해서) 우리가 선생님 책을 읽었느냐고요? 별난 질문도 다 하십니다. 읽었다는 말만으론 오히려 부족합니다. 우린 어린 시절부터 선생님의 책대로 살았다고 해야 할 겁니다. 우리가 자라는 동안 선생님은 우리 안의 심성을 일깨우셨죠. 선생님이 아니고서 누가 토지란 모든 사람의 것이고 또 지금처럼 토지를 분배 세습하는 것이 부당한 일이라는 사실을 우리에게 가르쳐주었겠습니까? 선생님의 책들, 오직 선생님만이 우리에게 가르쳐주셨어요. 국가나 교회 혹은 한 지배자가 다수를 보호하는 것이 아니라 오히려 소수가 다수에게 불의를 행하는 것을 보장해주고 있다면, 우리 다수는 떨쳐 일어나야 한다는 것을요. 오직 선생님만이 이 잘못된 질서가 마침내 파괴될 때까지 목숨 바쳐 싸워야 한다는 걸 일깨워주셨는걸요.

**톨스토이** (말을 끊으며 말한다.) 하지만 폭력을 통해서는 아니오.

**학생 1** (거침없이 동시에 말한다.) 우리가 우리 자신의 언어로 말하게 된 이후로 아무도 선생님만큼 신뢰한 사람은 없습니다. 누가 이 불의를 없앨까 하고 물으면 우린 서로 대답했죠. 그분이! 누가 떨쳐 일어나 이 수치스러움을 몰아낼까 하고 물으면 우린 말했죠. 그 사람, 레오 톨스토이! 하고 말이죠. 우린 선생님의 학생이자 종이었어요 당시 선생님의 손짓 한 번이면 우린 목숨을 바쳤을 겁니다. 몇 년 전에 제가 이 집에 들어올 수 있었다면 전 아마도 성자 앞에서 하듯이 선생님 앞에 무릎을 꿇었겠지요. 불과 몇 년 전까지만 해도 선생님은 우리에게 그런 존재였습니다. 수십만의 러시아 청년들에게 말입니다. 그런데 이제 저는, 우리 모두는 탄식합니다. 그 이후로 선생님은 우리에게서 멀어지셨고 이젠 거의 우리의 적이 되다시피 하셨죠.

**톨스토이** (부드럽게) 내가 당신들과 연결되려면 어떻게 해야 한다고 생각하시오?

**학생 1** 주제넘게 선생님을 가르치려 드는 것은 아닙니다. 무엇이 선생님을 우리 러시아 청년들로부터 멀어지게 했는지는 선생님 자신이 더 잘 아실 테니까요.

**학생 2** 좋습니다. 그걸 말해서 안 될 이유도 없으니까요. 예의를 갖추기에는 사안이 너무 중대합니다. 선생님도 이제는 눈을 뜨셔야 합니다. 현 정부가 우리 국민에게 행하는 무시무시한 범죄를 더는 그렇게 뜨뜻미지근하게 지켜보기만 해서는 안 됩니다. 책상에서 일어나 분명하고도 솔직하게 혁명의 편에 서야 합니다. 선생님, 그들이 얼마나 잔혹하게 우리 운동을 탄압하고 있는지 아시죠? 오늘날 선생님의 정원에 있는 풀잎보다 더 많은 수의 사람들이 감옥에 갇혀 있으니까요. 사람들이 그러더군요. 선생님은 이 모든 것을 보시면서도, 어떻게 영자 신문에다가 인간 생명의 성스러움에 대한 글이나 기고하냐고 말이죠. 하지만 선생님도 알고 계시죠? 말도 글도 지금 같은 유혈 테러 앞에서는 아무 소용없다는 걸요. 지금은 완전히 뒤집는 것, 오직 혁명만이 유용하다는 걸 선생님도 잘 아실 겁니다. 그리고 선생님의 말 한마디면 혁명이 필요로 하는 군대도 만들어줄 수 있다는 사실도 말이죠. 선생님은 우리를 혁명가로 만들었습니다. 그리고 이제 선생님의 시간이 무르익었는데 여전히 조심스럽게 등을 돌리고 있다는 건, 그건 정부가 행하는 폭력을 인정하는 거나 다름없습니다.

**톨스토이** 나는 결코 폭력을 인정한 적이 없어, 결코! 30년 전부터 나는 오직 모든 권력자의 범죄에 맞서 싸우는 데 전념해왔어. 그래서 30년 전부터 내 일도 집어치웠고. 자네들이 아직

이 세상에 나오기도 전이야. 나는 말이지, 자네들보다 더 과격하게 이 사회 상황의 단순한 개혁이 아니라 완전한 새 질서를 요구해왔어.

**학생 2** (말을 끊으며) 그래서요? 그래서 선생님은 무엇을 얻어낸 겁니까? 30년 동안 무엇을 얻었죠? 선생님의 메시지를 실천한 농노들이 얻은 것이라고는 채찍질과 가슴에 박힌 여섯 발의 총탄뿐입니다. 선생님의 책과 팸플릿에 담긴 그 온화한 촉구들이 러시아에 무엇을 가져왔습니까? 무엇이 더 좋아졌습니까? 선생님이 국민을 참을성 있게 만들고 그들에게 천년왕국을 기다리라고 말해서 오히려 압제자들만 도와준 꼴이 되었다는 걸 모르십니까? 안 됩니다, 선생님. 이 오만방자한 종족에게는 사랑의 이름으로 탄원해봐야 아무 소용도 없습니다. 선생님이 천사의 혀로 말한다 해도 말입니다! 이 차르 족속은 선생님의 그리스도를 위해서는 단 1루블도 호주머니에서 꺼내지 않을 거란 말입니다. 우리가 그네들 목덜미에 주먹을 들이대기 전에는 단 1인치도 양보하지 않을 겁니다. 우리 국민은 선생님의 형제 사랑을 충분히 오랫동안 기다렸습니다. 하지만 이제 더는 기다리지 않을 겁니다. 지금은 행동할 때입니다.

**톨스토이** (상당히 격렬하게) 나도 알고 있네! 자네들의 선언문에 심지어 '성스런 행동'이라고 쓰여 있다는 것도 알아. '증오를 불러일으키는' 성스런 행동이란 말이지. 하지만 난 증오는 모르네. 알고 싶지도 않아. 국민에게 죄를 짓고 있는 저들에 대해서도 증오는 모르네. 악행을 하는 자는 악행을 당하는 자보다 영혼으로 보면 더욱 불행한 법이야. 나는 그런 자들을 불쌍하게 여길 뿐, 미워하지는 않아.

**학생 1** (화가 나서) 하지만 인류에게 불의를 행하는 자들은 모두 밉습니다. 피흘리는 야수처럼 가차없이 그들 한 사람 한 사람을 미워합니다! 아무리 선생님이라고 해도 제게 이 범죄자들에 대해 동정심을 가지라고 강요할 수는 없어요.

**톨스토이** 범죄자도 내 형제라네.

**학생 1** 그 사람이 내 형제고 내 어머니의 자식이라고 해도, 그가 우리들에게 고통을 가져온다면 나는 그를 미친개처럼 쓰러뜨리고 말 겁니다. 아니요, 동정심 없는 자들에게 동정을 베풀 수는 없어요! 이 러시아 땅에 차르와 귀족들의 시체가 묻힐 때까지 러시아에 평화란 없을 겁니다. 우리가 억지로 만들어내기 전에는 이 땅에 인간적이고 도덕적인 질서란 없을 겁니다.

**톨스토이** 어떤 도덕적 질서도 폭력을 통해 억지로 만들어질 수는 없어. 폭력이란 불가피하게 또 다른 폭력을 낳기 때문이야. 자네들이 무기를 잡게 되면 자네들은 곧바로 새로운 독재를 만들어낼 걸세. 독재를 부수기는커녕 그것을 영원한 것으로 만들고 말 거야.

**학생 1** 하지만 권력을 파괴하는 것밖에는 권력자에게 대항할 수단이 없잖습니까?

**톨스토이** 맞는 말이야. 하지만 인간은 일단 사용해본 수단은 반드시 나쁘게도 사용하는 법이지. 진정한 강인함은 폭력으로 폭력에 대항하지 않는다네. 오히려 양보를 통해 상대를 무력하게 만들지. 복음서에도 나와 있지 않은가?

**학생 2** (말을 끊으며) 아, 그 복음서 이야기라면 그만두십시오. 오랫동안 신부들은 그놈의 복음서로 술을 빚어 민중을 무감각하게 만들어버렸죠. 하지만 그건 2,000년 전에나 맞을 법한 말입니다. 아니, 당시에도 실제로는 아무 도움이 못 되었죠. 그렇지 않다면 세상이 지금처럼 비참함과 피로 가득 차 있을 리가 없을 테니까요. 선생님! 착취당하는 자와 착취하는 자, 하인과 주인 사이에 벌어진 틈을 낡은 성경 구절로 메울 수는 없습니다. 신앙심 깊고 남을 도울 줄 아는 사람 수백, 수천 명이 지금 시베리아 유형지나 감옥에 있습니다. 내일이면 수천 수만으로 불어나겠죠. 한 가지만 묻겠습니다. 정말로 이 수백만의 죄 없는 사람들이 한 줌의 죄 많은 자들 때문에 계속 고통받아야 하는 것입니까?

**톨스토이** (정신을 집중하면서) 또다시 피를 흘리는 것보다는 그들이 고통받는 편이 더 낫지. 불의에 대항하는 데 죄 없는 자의 고통만큼 효과적이고 좋은 방법은 없으니까.

**학생 2** (거칠게) 지금, 고통을 좋다고 하시는 겁니까? 끝도 없는, 천년이나 된 러시아 민중의 고통이 좋다는 말씀이십니까? 그렇다면 감옥에 한번 가보세요, 선생님. 거기서 채찍을 맞은 자들에게 물어보세요. 우리 도시와 마을의 굶주린 사람들에게 물어보세요. 고통이 정말로 좋은지 말입니다.

**톨스토이** (화가 나서) 자네들의 폭력보다야 물론 낫고말고! 자네들의 폭탄과 권총이 정말로 이 세상에서 악을 궁극적으로 몰아낼 거라고 믿나? 아니야. 그건 자네들 내면에서 악이 작용하는 것일 뿐이야. 그리고 반복하네만, 신념을 위해 살인하는 것보다는 신념을 위해 고통받는 쪽이 백배는 더 낫네.

**학생 1** (똑같이 화가 나서) 좋습니다. 고통받는 것이 그렇게 좋다면, 어째서 선생님 자신은 고통 속에 있지 않은 겁니까? 언제나 다른 사람들에게는 수난받기를 권하면서 어째서 선생님 자신은 따뜻한 집 안에 앉아서 은그릇에 식사를 하는 거죠? 제 두 눈으로 똑똑히 봤습니다. 선생님의 농부들은 누더기를 걸친 채 오두막에서 굶주리며 떨고 있더군요. 어째서 선생님의 가르침 때문에 고문받는 농노들 대신에 선생님 자신이 채찍질 당하지 않는 겁니까? 어째서 이 백작의 저택을 떠나서 길거리로 나가 몸소 비바람과 서리를 맞으며 그 소중한 가난을 배우려고 하지 않는 겁니까? 어째서 선생님 자신의 가르침을 실천하지는 않고 언제나 말만 하는 겁니까? 어째서 손수 그러한 예를 보여주지 않는 겁니까?

**톨스토이** (움츠러들어 있다. 비서가 뛰어들어와 학생들을 꾸짖으려고 하자, 톨스토이는 그새 마음을 가다듬고 부드럽게 비서를 물리친다.) 내

버려둬요. 이 젊은이가 내 양심에 좋은 질문을 던졌소. 좋은, 아주 훌륭한, 정말로 꼭 필요한 질문이었어요. 그 질문에 정직하게 대답하려고 애써보겠소. (톨스토이는 한 걸음 가까이 다가온다. 망설이다가 용기를 낸다. 그의 음성은 껄끄럽고 막으로 덮인 듯하다.) 내가 어째서 내 가르침과 주장에 걸맞게 직접 고통을 감당하지 않는지를 내게 묻는 건가. 크나큰 부끄러움을 안고 답하겠네. 내가 지금까지 나의 가장 신성한 의무에서 벗어나 있었다면 그것은… 그러니까 그 이유는… 내가… 너무 비겁하고 너무 약해서 혹은 정직하지 못해서일세. 나는 천박하고 무가치하고 죄 많은 인간이라네. 하나님이 오늘까지도 더 이상 미룰 수 없는 일을 할 힘을 내게 주지 않으셨기 때문이야. 낯선 젊은이여, 자네는 내 양심에 대고 무시무시한 말을 한 걸세. 해야 할 일의 1,000분의 1도 하지 않았다는 걸 부끄럽지만 나도 알고 있다네. 고백하건대, 벌써 오래전에 이 집을, 내 스스로 죄라고 여기는 이 비참한 삶의 방식을 떠났어야 했어. 자네 말 대로 순례자가 되어 거리로 나섰어야 했어. 영혼 가장 깊숙이 부끄러울 따름이야. 나 자신의 비참함 앞에 고개를 숙이네. (학생들은 당황해서 한 걸음 뒤로 물러선다. 한순간 침묵이 흐른다. 그러고 나서 톨스토이는 더 낮은 음성으로 말을 잇는다.) 하지만 어쩌면 어쩌면… 그런데도 나는 고통받고 있는지도 모르지…. 어쩌면 내가 사람들 앞에서 내 말을 실천할 만큼 강하지 못하고 정직하지 못하다는 바로 그 사실 때문에 말이지. 어쩌면 가장 무시무시한 고문을 당하는 것보다 더 심하게, 여기서 양심의 가책으로 괴로워하는지도 몰라. 어쩌면 이것이 바로 하나님이 내게 지워주신 십자가일지도 모르네. 발에 족쇄를 찬 채 감옥에 있는 것보다도 더욱 괴로운 심정으로 이 집에 있도록 말이야…. 그러나 자네가 옳아. 이 고통은 아무런 쓸모가 없어. 그것은 오직 나 자신만을 위한 것이니 말이야. 심지어 이런 고통을 자랑삼을 정도로 오만한 사람이니 말이지.

**학생 1** (부끄러워하며) 제발 용서해주십시오, 선생님. 그만 열이 올라 개인적인 문제를 건드리고 말았습니다.

**톨스토이** 아니, 아니, 그 반대야. 정말로 감사하네! 양심을 뒤흔들어놓는 사람은 비록 주먹질을 하는 경우라도 역시 우리에게 좋은 일을 해주는 것이야. (침묵. 톨스토이 다시 낮은 음성으로) 두 사람은 아직도 내게 질문이 있는가?

**학생 1** 아닙니다. 그것이 우리의 유일한 질문이었습니다. 선생님이 우리편에 서지 않는 것은 러시아뿐만 아니라 전 인류에게 불행한 일입니다. 누구도 이 변혁을, 이 혁명을 선생님보다 더 잘 후원해줄 수는 없을 테니까요. 제 느낌으로 이 혁명은 이 땅의 그 무엇보다도 끔찍하게 전개될 것 같습니다. 그것을 이끌어가도록 운명지워진 사람들은 매우 강인한 사람들일 겁니다. 결정한 것을 가차없이 실천하는 사람들이겠지요. 온화함이란 조금도 없는 사람들 말입니다. 선생님이 우리들 맨 앞에 서주신다면 수백만의 사람이 선생님의 뒤를 따를 테고, 희생 또한 적을 겁니다.

**톨스토이** 그리고 단 하나뿐인 목숨을 희생시켜야 할 테지. 나는 내 양심에 걸고 그런 죽음에 책임을 질 수 없다네.

아래층에서 종소리가 울려온다.

**비서** (대화를 중단하려고 톨스토이에게) 점심 식사 종입니다.

**톨스토이** (괴로운 듯이) 그렇군. 먹고, 지껄이고, 먹고, 자고, 쉬고, 지껄이고. 그렇게 우린 무료한 삶을 살지. 다른 사람들은 그 동안 일하고 그럼으로써 하나님께 봉사하는데 말이야. (젊은 사람들에게로 다시 몸을 돌린다.)

**학생 2** 그렇다면 친구들에게 선생님의 거부 의사를 가지고 돌아가야겠군요? 격려의 말씀 한마디라도 안 해주시렵니까?

**톨스토이** (날카로운 눈길로 그를 바라보며, 생각에 잠겨서) 친구들에게 내 이름으로 전해주게. 러시아의 젊은이들이여, 나는 그대들을 사랑하고 존경한다. 그대들이 그토록 강하게 형제의 고통을 함께 느끼고, 그들의 고통을 치유하기 위해 그대들의 목숨을 바치려고 한다는 것에 대해. (그의 음성은 강하고 냉정해진다.) 그러나 더 이상은 그대들을 따라갈 수 없다. 그대들이 모든 인간에 대해 인간적인 사랑과 형제로서의 사랑을 거부하는 순간, 나는 그대들과 함께하기를 거부한다.

<그리고 어둠 속에 빛이 비친다> 그 후          **259**

학생들 침묵한다. 잠시 후 학생 2가 결심한 듯 앞으로 나서서 냉정하게 말한다.

**학생 2** 우리를 만나주신 것에 감사드립니다. 그리고 솔직하게 대해주신 점도 감사드리고요. 그러나 다시는 마주할 수 없을 것 같군요. 그러니 저같이 이름 없는 존재가 이별에 앞서 솔직한 생각을 말할 수 있게 해주십시오. 선생님, 인간관계가 오직 사랑을 통해서만 개선될 수 있다고 믿으신다면 잘못 생각하신 겁니다. 그런 것은 오직 부자와 걱정 없는 사람들에게나 해당합니다. 어린 시절부터 굶주리며 평생을 주인의 지배 아래서 고통받아온 사람들은 기독교의 하늘에서 이 형제로서의 사랑이 내려와주기를 기다리느라 이미 지쳐버렸습니다. 그들은 오히려 자기들의 주먹을 믿을 겁니다. 그래서 선생님의 죽음을 앞둔 이 저녁에 선생님께 말씀드리고 싶습니다. 조만간 세계는 피에 질식할 것이라고요. 인류는 지배자뿐 아니라 그의 어린 자녀들까지도 때려죽이고 토막낼 것입니다. 그래서 이 세상이 저들의 나쁜 점을 더는 아무것도 갖지 않도록 말입니다. 그런 일이 선생님께는 일어나지 않는다 해도 어쨌든 선생님 자신의 잘못을 목격하게 되실 겁니다. 선생님 자신을 위해 이것을 목격하게 되시기를 진심으로 빌겠습니다. 하나님이 선생님께 평화로운 죽음을 내리시길!

톨스토이는 뒤로 물러나 눈을 빛내는 이 젊은이의 열정에 굉장히 놀라워한다. 그러고 나서 정신을 차리고 젊은이에게 다가가 소박한 태도로 말한다.

**톨스토이** 특히 자네의 마지막 말이 고맙구먼. 내가 30년 전부터 갈구해온 것을 나를 위해 빌어주었어. 하나님과 모든 사람과 평화를 얻은 죽음 말이지. (두 사람은 인사를 하고 나간다. 톨스토이는 멀어져가는 그들의 뒷모습을 한참 동안 바라보더니, 흥분해서 방 안을 이리저리 거닌다. 열정에 찬 목소리로 비서에게 말한다.) 정말 놀라운 젊은이들이야. 용감하고 자부심이 넘치고 강해. 이 젊은 러시아 사람들 말이지. 벌써 60년 전에 세바스토폴에도 그런 젊은이들이 있었어. 아주 똑같아. 그들은 태연스러운 눈길로 자청해서 죽음에 맞섰지. 어떤 위험도 피하지 않고 당당히 맞섰어. 하지만 아무것도 아닌 것을 위해서였어. 자기들의 생명, 그 놀라운 젊은 생명을 공허하고 내용 없는 말을 위해, 진실 없는 이념을 위해, 그저 헌신한다는 기쁨에 넘쳐서 미소 지으며 던졌던 거야. 마치 성스러운 일이나 하듯 열정과 힘이 넘쳐서 증오와 살인에 자신을 바친 거지! 그런데도 그들은 내게 좋은 일을 해주었어! 이 두 젊은이는 나를 흔들어놓았네. 정말로 그들이 옳아. 나도 이젠 내 허약함에서 몸을 일으켜 실천에 나서야 해! 죽음까지는 두 걸음밖에 남아 있지 않은데 난 여전히 망설이기만 했어! 정말로, 올바른 것은 오직 젊은이들에게서만 배울 수 있는 법이야. 젊은이들로부터만 말이지.

갑자기 문이 열린다. 흥분한 톨스토이 백작부인이 신경질적으로 들어선다. 움직임은 불안정하고 눈길은 끊임없이 하나의 대상에서 다른 대상으로 옮겨다닌다. 말하는 동안에도 다른 일을 생각하고 있음을, 내면이 심각한 불안으로 인해 쇠약해졌음을 알 수가 있다. 비서는 마치 공기라도 되는 듯 그녀의 눈길에서 비껴나 있다. 그녀는 오직 남편을 향해서만 말을 한다. 딸 사샤가 재빨리 그녀를 따라 들어선다. 사샤는 어머니를 감시하기 위해 뒤따라온 듯한 인상을 풍긴다.

**백작부인**  벌써 점심 식사를 알리는 종도 울렸고, 30분 전부터는 《데일리 텔리그라프》 신문기자가 사형선고에 반대하는 당신의 기고문 때문에 와서 기다리고 있는데, 저따위 젊은 애들 때문에 그 사람을 그냥 세워두고 계시잖아요. 버르장머리 없는 뻔뻔스런 놈들 같으니! 아래층에서 하인이 백작을 만났느냐고 물어보니까 그중 한 녀석 말이 글쎄, "아니, 우린 백작을 만나지 않았소, 톨스토이가 우리를 맞아주었을 뿐입니다"라고 대답하는 게 아니겠어요. 당신은 왜 세상을 꼭 자기들 머리통처럼 뒤죽박죽으로 만들고 싶어하는 그런 건방진 애들을 상대하세요? (그녀는 불안한 태도로 방 안을 둘러본다.) 여기 어질러진 꼴 좀 보세요! 책이 바닥에 굴러다니고, 모든 것이 제

멋대로 먼지 구덩이에 파묻혀 있으니, 정말이지 괜찮은 손님이라도 온다면 창피한 일이에요. (그녀는 안락의자 쪽으로 다가가서 그것을 붙잡는다.) 이 천은 또 뭔가요? 정말이지 너덜너덜하군요. 부끄러운 일이지 뭐야. 아니 이건 도무지 꼴불견이에요. 다행히도 내일 툴라에서 가구 수리공이 온다니까 의자를 손보게 하세요. (아무도 그녀의 말에 대꾸하지 않는다. 그녀는 불안하게 여기저기를 둘러본다.) 좋아요, 그럼 갑시다! 그 사람을 더는 기다리게 할 순 없어요.

**톨스토이**  (갑자기 창백해지면서 불안한 태도로) 내 곧 가겠소. 하지만 여기… 좀 정돈할 일이 있어서… 사샤가 좀 도와줄 수 있겠지. … 그사이 당신은 그 사람을 좀 상대해주고, 내가 곧 간다고 전해주구려. (백작부인은 한 번 더 가물거리는 눈길을 방 안에 던지고는 나간다. 그녀가 방을 나서자마자 톨스토이는 급히 달려가 문을 잠근다.)

**사샤**  (그의 갑작스런 행동에 놀라서) 무슨 일이에요?

**톨스토이**  (흥분으로 인해 가슴을 손으로 누르고 더듬거린다.) 내일 가구 수리공이라고? 맙소사… 아직은 시간이 있지… 맙소사!

**사샤**  대체 무슨 일… ?

**톨스토이**  (흥분해서) 칼 좀, 빨리 칼이나 가위 좀…. (비서가 이상하다는 눈길로 책상 서랍에서 종이 자르는 가위를 꺼내 그에게 건넨다. 톨스토이는 두려운 눈길로 잠긴 문을 자꾸 쳐다보면서 신경질적으로 안락의자의 갈라진 틈을 가위로 넓힌다. 틈 사이로 비어져 나오는 말털 속으

〈그리고 어둠 속에 빛이 비친다〉 그 후

로 두 손을 집어넣더니 봉인된 편지를 끄집어낸다.) 여기 있다. 그렇지 않니? 이건 웃기는 일이야. … 게다가 있을 수 없는 일이기도 하지. 마치 형편없는 프랑스 통속소설 같잖나. … 끝없이 창피한 일이지. … 그런데 내가, 멀쩡한 정신으로, 그것도 내 집에서 여든세 살이나 되었으면서 가장 중요한 서류를 이렇게 감추어두어야 하다니. 내 것은 무엇이든 뒤지고, 늘 내 뒤를 캐고, 말 한 마디, 비밀까지 염탐하니 말이다! 아, 이 집에서 내 인생이 이 무슨 지옥이며 이 무슨 거짓인가! (그는 차차 안정을 찾더니 겉봉을 뜯어 편지를 꺼낸다. 사샤를 보며) 13년 전에 이 편지를 썼단다. 그때 네 엄마를, 지옥 같은 이 집을 떠났어야 했는데. 이건 네 엄마에게 보내는 작별 편지였다. 용기가 없어서 결국은 실행에 옮기지 못했지만. (그는 떨리는 손으로 편지를 펼쳐서 혼잣말로 읽는다.)

"16년 전부터 계속된 이 삶을 지속하는 일이 내게는 불가능하오. 한편으로 내가 당신들과 싸우고 계속 당신들을 자극하고 있는 이 삶 말이오. 그래서 나는 이미 오래전에 했어야 할 일을 하려고 해요. 그러니까, 도망치는 일 말이오. … 내가 대놓고 나가겠다고 한다면 아주 괴로운 일이 될 거요. 어쩌면 나는 약해져서 이 결심을 실행에 옮기지 못할지도 몰라요. 그러니 날 용서해주시오. 내 행동이 당신들에게 고통을 줄 경우, 특히 소냐(소피아의 애칭), 선량한 태도로 나를 당신 마음에서 내보내주시오. 나를 찾지 마시오. 나 때문에 한탄하지도 그렇다고 나를 비난하지도 말아주시오."

(무거운 숨을 내쉬며) 아, 벌써 13년이나 지났구나! 13년 동안 이나 나는 계속 고통받아왔다. 그런데도 여기 있는 말 한 마디 한 마디가 아직 그대로이고 내 삶은 그때나 지금이나 마찬 가지로 비겁하고 약하다. 나는 아직도 도망치지 못했고 여전 히 무엇인가를 기다리고만 있어. 무엇을 기다리는지도 모르 는 채로 말이야. 모든 것을 분명히 알면서도 나는 언제나 잘 못 행동하고 있다. 언제나 나는 너무나 약한 것이지. 마치 선 생님 앞에서 더러운 책을 감추는 꼬마애처럼 이 편지를 여기 다 이렇게 감추어두었다. 내 저작권을 전 인류에게 선물해달 라고 네 엄마에게 간청하는 유언장은 엄마 손에 들어갔지. 내 양심의 평화 대신에 집안의 평화를 얻기 위해서 말이야.

**비서**  그렇다면, 선생님. 제게도 질문을 허락해주신다면요. 그러 니까 모르는 사이에 그런 기회가 생긴다면… 선생님 생각으 로는… 만일… 만일에 말입니다. 하나님이 선생님을 부르신 다면… 저작권을 포기하겠다는 선생님의 이 마지막 절실한 소원이 정말로 실현될 거라고 생각하십니까?

**톨스토이**  (깜짝 놀라서) 물론이지… 그러니까… (불안한 태도로) 아 니야, 나도 모르겠소. … 네 생각은 어떠니, 사샤?

사샤는 고개를 돌리고 침묵한다.

**톨스토이** 맙소사! 그 점은 미처 생각지 못했구나. 그렇잖으면, 아니지. 아직도, 아직도 나는 완전히 진실하지 못한 거야. 아니다, 난 그것을 생각하고 싶지 않았을 뿐이야. 난 또 회피한 거야. 늘 분명하고 똑바른 결정을 회피해온 것처럼 말이지. (그는 날카로운 눈길로 비서를 본다.) 아니, 난 알고 있어. 분명히 알고 있네. 아내와 아들들은 내 마지막 의지를 존중하지 않을 거야. 지금 그들이 내 믿음과 영혼의 의무를 거의 존중하지 않듯이 말이지. 그들은 내 작품으로 폭리를 취할 테지. 그리고 내가 죽은 뒤에도 사람들 앞에서 나를 거짓말쟁이로 만들고 말 거야. (그는 굳은 의지를 보여주는 듯한 동작을 취한다.) 하지만 그래선 안 돼, 안 되고말고! 그래도 한 번은 분명해야지! 오늘 그 학생, 진실되고 정직한 그 젊은이가 무어라고 했더라? 맞아, 세상이 내 행동을 기다린다고. 정직하고 명료하고 순수하고 분명한 결정을 말이지. 그래, 바로 그거야! 내 나이 이제 여든셋이야. 죽음을 앞둔 나이지. 그러니 더 이상 눈을 감아서는 안 돼. 죽음의 얼굴을 들여다보고 간단하게 결정을 해야겠지. 그래, 이 낯선 사람들이 내게 경고를 해준 거야. 행동하지 않는 것은 언제나 영혼의 비겁함을 감추는 것일 뿐이야. 분명하고 진실되어야 해. 나는 이젠 그렇게 되겠어! 지금 나는 내 인생의 12시, 여든셋의 나이지만 말이야. (그의 시선이 비서와 딸에게로 향한다.) 사샤, 그리고 블라디미르 게오르게비치, 내일 당장 유언장을 작성하겠네. 논란의 여지가 없도록 명료하고 확고하게, 구속력이 있도록 말이야. 내 모든 저술의 열매를, 거기서 불어난 그 모든 때 묻은 돈을 전 인류에게 선물하겠노라고 말이지. 내 양심이 모든 사람을 위해 고통 속에서 말하고 쓴 것들을 놓고 그 어떤 거래도 있어서는 안 돼. 게오르게비치, 내일 오전 중에 여기로 오시오. 그리고 다른 증인도 데려와요. 나는 더 이상 기다릴 수 없어. 어쩌면 죽음이 내 손을 곧 잡을지도 모르니까 말이지.

**사샤**  잠깐만요, 아버지. 그러지 마시라는 말씀을 드리려는 건 아니에요. 다만 엄마가 우리 넷이 여기 있는 걸 보게 되면 일이 어렵게 될까봐 두려워서 그러는 거예요. 엄마는 금방 의심하실 거고 마지막 순간에 아버지의 생각을 다시 흔들어놓을지도 몰라요.

**톨스토이**  (생각에 잠겨서) 네 말이 맞다! 안 돼. 여기 이 집에선 어떤 순수한 일도, 올바른 일도 해낼 수가 없어. 여기선 삶 전체가 거짓이 되고 말지. (비서에게) 그렇다면 내일 오전 11시에 그루몬트 숲 호밀밭 뒤에 있는 왼쪽 큰 나무에서 만납시다. 나는 평소처럼 산책가는 듯하겠어. 모든 것을 미리 준비해줘요. 하나님이 마침내 이 마지막 사슬을 풀 단호함을 내게 주시기를 빕니다.


점심 식사를 알리는 종소리가 더욱 격렬하게 울린다.

**비서** 하지만 지금은 백작부인께서 아무것도 알아채지 못하도록 하십시오. 그렇잖으면 모든 것이 허사가 되고 맙니다.

**톨스토이** (무겁게 한숨을 쉬면서) 끔찍한 일이야. 언제나 거짓으로 위장하고, 언제나 마음을 감추어야 하다니. 세상 앞에서 하나님 앞에서 나 자신 앞에서 참되고자 하면서도 아내와 자식들 앞에서는 그럴 수가 없다니! 아니야, 이렇게 살 수는 없어, 이렇게 살 수는 없는 거야!

**사샤** (놀라서) 어머니!

비서는 재빨리 문의 자물쇠를 돌려서 연다. 톨스토이는 흥분을 감추기 위해 책상 쪽으로 가서 입구를 등지고 선다.

**톨스토이** (신음하면서) 이 집안의 거짓이 나를 오염시키는구나. 아, 단 한 번만이라도 참될 수 있다면. 적어도 죽음을 앞두고 참될 수가 있다면!

**백작부인** (서둘러 들어온다.) 어째서 안 오시는 거죠? 언제나 이렇게 시간을 잡아먹는군요.

**톨스토이** (그녀 쪽으로 몸을 돌린다. 그의 얼굴은 다시 완전히 평온해져 있다. 그는 천천히, 부인 아닌 다른 사람들만이 이해할 수 있는 어조로 말한다.) 그래, 당신이 옳아요. 나는 언제나 무슨 일을 하거나 시간이 오래 걸리지. 하지만 그래도 이것 하나만은 중요해. 제때에 올바른 일을 할 시간은 남아 있다는 사실 말이오.

## 제2장

같은 방. 다음 날 늦은 밤.

**비서** 오늘은 일찍 잠자리에 드시는 게 좋겠습니다, 선생님. 오늘 너무 긴 시간 동안 흥분한 채로 지내셔서 몹시 피곤하실 겁니다.

**톨스토이** 아니, 전혀 피곤하지 않다네. 오직 동요와 불안만이 사람을 피곤하게 하는 법이지. 모든 행동은 해방을 가져다준다네. 가장 나쁜 일이라도 아무것도 하지 않는 것보다는 낫지. (방 안을 왔다 갔다 한다.) 내가 오늘 제대로 행동했는지 모르겠어. 우선 내 양심에 물어봐야겠군. 내 작품을 모든 사람에게 돌려주었다는 것이 내 영혼을 가볍게 해준 건 사실이지만, 그래도 이 유언장을 몰래 작성한 건 아무래도 마음에 걸려. 사람들 앞에서 확신과 용기를 갖고 작성했어야 했는데. 어쩌면 진실을 위해 자유의사로 행했어야 할 일을 너무 품위 없이 한 건 아닌지. 하지만 다행이야. 어쨌든 그 일을 했으니, 삶에서 한 발짝 더 나아간 것이고 죽음에 한 발짝 더 가까이 간 것이지. 이제 마지막으로 가장 어려운 일 하나가 남아 있네. 마지막이 다가오면 제때에 짐승처럼 기어서 숲속으로 가는 일이지. 이 집에서는 삶처럼 죽음도 참되지 못할 테니까. 여든셋 나이에도 여전히 내 자신을 지상에서 떼어낼 힘이 없다니!

〈그리고 어둠 속에 빛이 비친다〉 그 후　　　　　　**269**

어쩌면 난 적절한 순간을 놓쳐버렸는지도 몰라.

**비서** 누가 자신에게 허락된 시간을 알 수 있겠습니까! 그걸 안 다면 모두 좋겠지요.

**톨스토이** 아니, 게오르게비치. 그건 전혀 좋은 게 아니라네. 옛 이야기를 모르나? 어떤 농부가 내게 해준 이야긴데, 그리스도 가 인간에게서 죽을 때를 아는 능력을 빼앗아간 이야기 말이 야. 그의 말에 따르면, 예전에는 누구나 자기가 언제 죽을지 알았다네. 한 번은 그리스도가 지상으로 내려와서 많은 농부 가 밭을 갈지 않고 죄인처럼 살고 있는 것을 보았지. 그리스 도는 그들 중 한 사람을 불러서 게으름을 야단치셨어. 그러나 그 농부는 이렇게 투덜거렸다는 거야. 가을 추수도 볼 수 없 는데 대체 누구를 위해서 밭에다가 씨를 뿌려야 하느냐고 말 이지. 그러자 그리스도는 사람들이 자기 죽음을 미리 아는 것 이 나쁘다는 사실을 알게 되었고 그래서 그 능력을 빼앗아갔 다는 것이지. 이후 농부들은 생애 마지막 날까지 밭을 경작한 다는 거야. 마치 영원히 살 것처럼. 이것이 옳아. 인간은 오직 노동을 통해서만 영원에 동참하는 법이니까. 그러니 나도 오 늘 (자기 일기장을 가리키며) 내 일상의 밭을 갈아야겠군.

밖에서 성급한 발자국 소리가 들린다. 백작부인이 이미 잠옷을 입은 모습으로 나타나 비서에게 신경질적인 눈길을 던진다.

**백작부인**  아, 그렇군…. 난 지금쯤이면 당신이 혼자 계실 거라고 생각했는데…. 당신하고 이야기하고 싶었는데….

**비서**  (인사를 하며) 막 가려던 참입니다.

**톨스토이**  잘 가게, 게오르게비치.

**백작부인**  (그의 뒤에서 문이 닫히자마자) 언제나 그가 당신 곁에 있군요. 마치 쇠사슬처럼 당신에게 붙어 있어요. … 그는 나를 미워하죠. 그는 나를 당신에게서 떼어놓으려고 해요. 나쁘고 심술궂은 사람.

**톨스토이**  당신은 그 사람에게 불공평해, 소냐.

**백작부인**  내가 불공평한 게 아니에요! 오히려 그가 우리 사이에 끼어드는 거죠. 그가 내게서 당신을 훔쳐갔어요. 당신의 자식들을 낯선 존재로 만들었어요. 그가 이 집에 들어온 이후 난 아무것도 아닌 존재가 되고 말았죠. 당신은 온 세상 사람들 것이지만 우리하곤 무관해요. 바로 당신과 가장 가까운 사람들하고 말이에요.

**톨스토이**  정말로 내가 그럴 수 있다면 좋겠소. 하나님도 인간이 오직 자신과 가족만을 위하는 것은 바라지 않으시거든.

**백작부인**  나도 알아요. 그런 말도 그가 당신에게 한 것이죠. 아이들에게서 아버지를 훔쳐가는 사람이야. 그는 당신이 우리와 멀어지도록 만들고 있어요. 그래서 나는 이 집 안에서 그 사람 꼴을 더는 보고 싶지 않아요. 선동가 같으니! 난 그 사람이 싫어요.

**톨스토이**  하지만 내 일을 위해선 그 사람이 필요하다는 걸 당신
도 알잖소?

**백작부인**  그런 사람은 100명도 넘어요! (정신 나간 사람처럼) 난
그가 우리 주변을 어슬렁거리는 걸 못 참겠어. 그 사람이 당
신과 나 사이에 끼어드는 게 정말 싫어요.

**톨스토이**  소냐, 제발 흥분하지 말아요. 이리 와서 앉아봐요. 조
용히 이야기해봅시다. 우리가 처음 함께하게 된 그 시간들처
럼 말이야. 생각해봐요, 소냐. 좋은 말과 아름다운 날들이 우
리한테 얼마나 남아 있는지 말이야! (백작부인은 불안한 태도로
주변을 살펴보고 몸을 떨면서 자리에 앉는다.) 봐요, 소냐. 난 그 사
람이 필요해. 꼭 그 사람이어야 해. 그건 내 믿음이 너무 약
하기 때문이오. 소냐, 난 내가 바라는 만큼 그렇게 강하질 못
해. 나와 같은 생각을 하는 사람들이 이 세상 어딘가 멀리에
는 수없이 있다고 매일 확인하기는 하지. 그렇지만 이걸 생각
해봐요. 우리 심정이란 이런 거니까 말이오. 자기 자신을 확
인하기 위해서는 적어도 한 사람의 사랑이 필요하다오. 가까
이 있고, 숨쉬고, 눈에 보이고, 느낄 수 있고, 잡을 수 있는 그
런 사랑 말이오. 어쩌면 성인들은 도와주는 사람 없이도 혼자
자기 천막 안에서 활동하고, 증인이 없이도 낙담하지 않겠지.
하지만 봐요, 소냐. 난 성인이 아니야. 난 그저 나약한 늙은이
에 불과해요. 그래서 내 믿음을 공유하는 그 누군가를 가까이
둘 필요가 있는 거요. 이제 내 늙고 고독한 삶에서 가장 소중

한 것이 되어버린 내 믿음 말이오. 벌써 48년 동안이나 당신에게 고마워하고 있지만, 그런 당신이 내 종교적인 생각에 동참해주었더라면 내게는 그지없는 행복이었겠지. 하지만 당신은 한 번도 그것을 바란 적이 없었소. 내 영혼의 가장 소중한 것을 당신은 사랑 없이 바라보았소. 어쩌면 미워하고 있었는지도 모르지. (백작부인이 약간 움직인다.) 소냐, 오해하지는 말아요. 당신에게 불평하려는 게 아니오. 당신은 당신이 줄 수 있는 것을 나와 세상에 주었소. 어머니의 사랑과 걱정을 말이지. 당신이 당신의 영혼으로 느낄 수 없는 신념을 위해서 어떻게 희생을 하겠소. 당신이 나의 가장 내면적인 사상을 공유하지 않았다고 해서 내가 어떻게 당신을 비난하겠소. 한 인간의 정신적인 삶은, 그러니까 그의 최종적인 사상은 언제나 그와 하나님 사이의 비밀로 남아 있는 법이니까. 다만 이 점을 생각해보구려. 마침내 누군가가 이 집으로 온 거요. 그는 전에 자신의 신념으로 인해 시베리아에서 고통받은 사람이라오. 그리고 나의 신념을 공유하고 있는 사람이기도 하고. 그가 와서 나의 조수가 되고 친애하는 손님이 되고, 내적인 삶에서 나를 돕고 나를 강하게 해준다오. 그런데 어째서 당신은 이 사람을 그대로 놔두려 하지 않는 거요?

**백작부인** 그가 당신을 내게서 멀어지게 하니까요. 그 점을 못 참겠어요, 바로 그 점 말이에요. 그것은 나를 미치게 하고, 병들게 해요. 난 당신들이 행하는 모든 일이 바로 나를 노리는 것임을 분명히 아니까요. 오늘 다시, 낮에 말예요. 나는 그를 보았어요. 그는 황급히 종이 쪽지를 감추었죠. 그리고 당신들 중 누구도 내 눈을 똑바로 쳐다보지 못했어. 그 사람도, 당신도, 심지어 사샤까지도요! 당신들 모두 내게 뭔가를 숨기고 있죠? 나는 알아요, 당신들이 내가 모르는 무슨 나쁜 일을 꾸미고 있다는 걸 말예요.

**톨스토이**  죽음을 눈앞에 둔 내가 알면서는 나쁜 일을 하지 않도록 하나님이 나를 보호해주시기만을 바란다오.

**백작부인**  (열정적으로) 그러니까 당신들이 은밀히 무슨 일을 꾸미는 건 사실이라는 말이군요. … 무엇인가 내게 대항하는 일을 말예요. 아, 당신은 다른 사람들 앞에서나 내 앞에서나 거짓말은 할 줄 몰랐는데.

**톨스토이**  (벌떡 일어서며) 내가 다른 사람들에게 거짓말을? 그런 말을 하다니! 그런 일 때문에 내가 사람들 앞에서 거짓말쟁이가 된다고? (자제하면서) 이제부턴 내가 알면서 거짓말하는 죄는 범하지 않도록 보호해주십사고 하나님께 빌겠소. 진실을 다 말하는 일이 나같이 약한 인간에게 주어진 행운은 아닐지도 모르오. 그렇다고 해서 사람들 앞에서 거짓말쟁이나 사기꾼이 되어야 한다고는 생각지 않아.

**백작부인**  그렇다면 당신들이 꾸민 일이 뭔지 내게 말해보세요. 그게 대체 무슨 편지인지, 무슨 서류인지. … 더 이상 나를 괴롭히지 말고요….

**톨스토이** (그녀에게 다가가면서 아주 부드러운 태도로) 소피아 안드레예브나, 내가 당신을 괴롭히는 게 아니고 당신이 스스로를 괴롭히고 있어요. 당신이 더는 나를 사랑하지 않기 때문이지. 당신이 나를 아직 사랑하고 있다면 나를 믿을 텐데. 당신이 이해할 수 없는 부분에 관해서도 말이오. 소피아 안드레예브나, 제발 당신 자신을 들여다봐요, 우린 48년을 함께 살아왔지 않소! 그 수많은 세월 중 잊힌 세월 어느 한구석에서, 당신에게 생겨난 그 주름살에서 나를 향한 사랑을 약간이라도 찾아낼 수 있다면, 그 불꽃을 잡아서 일으켜봐요. 오래전의 당신으로 다시 돌아가요. 사랑스럽고 나를 믿는, 부드럽고 헌신적이던 그 모습으로 말이오. 소냐, 당신이 요새 나를 대하는 태도를 생각하면 나는 깜짝깜짝 놀란다오.

**백작부인** (흥분으로 몸을 떤다.) 내가 어떤지 난 몰라요. 좋아요, 당신이 옳아요. 난 추하고 심술궂은 사람이 되어버렸어. 하지만 당신이 인간 이상의 존재가 되고자 스스로를 괴롭히는 모습을 보면서 누군들 견딜 수 있겠어요? 하나님과 함께 살려는 이 광란, 이 죄악을 말이에요. 그래요, 그건 죄악이에요. 오만이고 주제넘는 짓이죠. 절대로 겸손이 아니에요. 하나님께로 올라가려는 생각, 우리에게는 거부되어 있는 진리를 추구하는 그런 태도 말예요. 옛날에, 아주 옛날에 말예요. 그땐 모든 것이 선하고 분명했죠. 우린 다른 사람들하고 똑같이 정직하고 순수했죠. 자기 일을 하면서 행복했어요. 아이들은 자랐고,

늙어가는 것을 기뻐했어요. 그런데 갑자기 이것이 온 거예요. 이 무시무시한 광기, 이 신앙이 30년 전에 당신에게로 와서 당신과 우리 모두를 불행하게 만든 거죠. 난들 어떡하겠어요. 당신이 난로를 청소하고 물을 나르고 낡은 장화를 손보고. 그게 어떤 의미가 있는지. 당신처럼 온 세상이 위대한 예술가라고 칭송하는 사람이 말예요. 난 아직도 이해할 수가 없어요. 여전히 알 수가 없군요. 부지런하고 절약하고 고요하고 단순한 우리 생활이 어째서 갑자기 다른 사람들에게 죄가 되는지 말예요. 난 이해할 수가 없어요. 정말 알 수가 없단 말예요.

**톨스토이** (아주 부드럽게) 봐요, 소냐. 바로 이 말을 당신에게 하려고 했던 거요. 우리가 서로 이해하지 못하는 바로 그 점을 우리는 사랑의 힘으로 서로 믿어야 하는 거요. 사람들에 관해서나 하나님에 관해서나 마찬가지요. 내가 정말로 무엇이 올바른지 안다고 주제넘게 생각할 거라고 믿소? 아니, 난 그저 그토록 쓰라린 고통을 받으며 정직하게 행하는 일이 하나님이나 사람들 앞에서 아주 의미 없지는 않으리라고 생각할 뿐이오. 그러니 당신이 이해하지 못하는 것이라도 조금은 믿어보려고 애써봐요. 옳은 일을 하려는 내 의지라도 믿어봐요. 그럼 모든 것이 잘될 거요.

**백작부인** (불안하게) 그럼, 당신들이 오늘 한 일을 모두 내게 말해줄 건가요?

**톨스토이** (아주 평온하게) 모든 것을 말하지. 이제 살날도 얼마 남지 않았는데, 어떤 일도 숨기거나 몰래 할 생각은 없어요. 다만 세료슈카와 안드레이가 돌아오기만을 기다리고 있어. 그러면 당신들 모두 앞에 나서서 최근에 내가 내린 결정을 솔직하게 말할 참이오. 그때까지만이라도 불신을 버려요. 나를 염탐하지 말아요. 이게 나의 유일한, 진정한 청이오. 소냐 안드레예브나, 내 청을 들어주겠소?

**백작부인**   그럼요, 그럼요, 물론이죠. 그러고말고요.

**톨스토이**   고마워요. 서로 솔직해지고 믿으니까 모든 것이 얼마나 쉽소. 우리가 평화롭게 우정으로 이야기하니 얼마나 좋은지. 당신은 내 마음을 다시 따뜻하게 해주었어. 봐요, 당신이 들어섰을 때는 당신 얼굴에 불신이 어둡게 드리워져 있었소. 불안과 증오로 낯선 얼굴이었어요. 그 옛날 당신의 모습은 찾아볼 수가 없었지. 하지만 지금 당신의 이마는 다시 또렷하고 난 당신의 눈을 들여다볼 수가 있소. 소피아 안드레예브나, 그 옛날 나를 바라보던 당신의 소녀 같은 눈길 말이오. 하지만 이제 가서 쉬어요, 여보. 밤이 이미 늦었소. 진심으로 고마워요. (그녀의 이마에 입을 맞추자 백작부인은 문을 향해 걸어간다. 문간에서 다시 한번 흥분해서 뒤를 돌아본다.)

**백작부인**   당신 정말 내게 모든 것을 말해줄 거죠? 모든 것을 말예요.

**톨스토이**   (여전히 극히 평온하게) 모든 것을 말하지, 소냐. 당신도 약속을 지켜요.

백작부인은 불안한 눈길을 책상에 던지고 천천히 방을 나선다.

**톨스토이** (방 안을 왔다 갔다 하다가 책상에 앉아서 일기를 쓴다. 한참 뒤 다시 일어나 방 안을 거닌다. 책상으로 돌아와서는 생각에 잠겨 일기장을 뒤적이다가 낮은 소리로 읽는다.) "소피아 안드레예브나를 향해 가능한 한 조용하고 확고한 태도를 취하려고 노력하고 있다. 그리고 그녀를 진정시키려는 내 목적을 어느 정도 달성한 것 같다. … 오늘 나는 처음으로 선량함과 사랑으로 그녀를 이끌어 양보하도록 만들 가능성을 보았다. … 아, 그렇지만….".(일기장을 내려놓고는 한숨을 쉰다. 마침내 옆방으로 들어가 불을 켠다. 다시 돌아와 피곤에 전 얼굴로 무거운 농부의 신발을 벗고 윗도리도 벗는다. 그런 다음 불을 끄고 넉넉한 바지와 셔츠만 걸친 채 옆방인 침실로 향한다.)

한동안 집안은 조용하고 어둡다. 아무 일도 없다. 숨소리조차 들리지 않는다. 갑자기 나지막하게, 도둑 같은 조심성으로 서재의 문이 열린다. 누군가가 맨발로 캄캄한 방 안에 들어선다. 손에는 희미한 등불을 들고 있다. 가느다란 불빛이 처음에는 바닥만 비춘다. 백작부인이다. 그녀는 두려운 듯 사방을 살핀다. 우선 침실 문 쪽을 살핀 다음 아주 침착하게 책상으로 다가간다. 어둠 속에서 책상 주위만 원을 이루며 밝다. 불빛 속에서 백작부인의 떨리는 두 손만 보인다. 우선 거기 남겨진 서류들을 집어들어 신경질적이고 불안한 태도로 일기를 읽기 시작한다. 마침내 조심스럽게 서랍을 하나하나 열어본다. 점점 더 급하게 서류더미를 뒤져보지만 아무 것도 찾아내지 못한다. 경련하듯 몸을 떨며 등불을 다시 움켜쥐고 나간다. 그녀의 표정은 몽유병자처럼 혼란스럽다. 그녀 뒤로 문이 닫히자마자 갑자기 침실 문이 열린다. 톨스토이다. 손에 촛불을 들고 있다. 촛불이 몹시 흔들린다. 늙은 남자의 흥분은 그토록 격심하다. 자기 아내를 엿보았기 때문이다. 그녀를 따라가서 벌써 출입문의 손잡이를 움켜쥐기까지 했지만, 갑자기 격렬한 몸짓으로 돌아선다. 그러고는 조용하고 단호하게 촛불을 책상 위에 놓고, 다른 편으로 난 문으로 가 나지막하고 조심스럽게 문을 두드린다.

**톨스토이** (낮은 소리로) 두샨… 두샨 ….
**두샨의 목소리** (옆방에서) 선생님이십니까?
**톨스토이** 조용, 조용히! 두샨, 빨리 이쪽으로 오게.

옆방에서 두샨이 나온다. 그도 잠옷 차림이다.

**톨스토이** 내 딸 알렉산드라 류보브나를 깨워서 곧장 이리로 오라고 하게. 그런 다음 서둘러 마구간으로 가서 그리고르더러 마차를 준비하라고 하게. 집 안에 있는 그 누구도 알아채지 못하도록 아주 조용히 움직여야 한다고 전하게. 자네도 조용히 하고! 신발도 신지 말고 문도 삐걱이지 않도록 주의하게.

〈그리고 어둠 속에 빛이 비친다〉 그 후　　**279**

우린 곧장 출발해야 해. 한시도 지체할 수 없어.

두샨이 서둘러 나간다. 톨스토이는 결심한 듯 앉아서 다시 장화를 신고 윗도리를 입는다. 서둘러 들어가 몇 장의 서류를 찾아내 한데 모은다. 그의 움직임은 힘차지만 달뜬 듯한 모습을 몇 번이나 보인다. 책상에 앉아 종이 쪽지에 몇 자 적는 동안 그의 어깨가 떨린다.

**사샤** (조용히 들어서며) 무슨 일이에요?

**톨스토이** 난 떠난다, 출발하는 거야. … 마침내 … 마침내 결정을 내렸다. 한 시간 전에 네 엄마는 나를 믿겠다고 맹세를 했어. 그런데 지금 새벽 3시에 몰래 내 방으로 들어와서는 서류를 뒤적였다…. 하지만 잘된 일이야, 잘된 일이지…. 그건 엄마의 의지가 아니라 다른 분의 의지였다. 얼마나 자주 하나님께 기도 드렸는지 모른다. 시간이 되면 내게 신호를 주십사 하고 말이다. 이제 그 신호가 온 거야. 난 내 영혼을 버린 그녀를 홀로 내버려둘 권리를 갖게 됐어.

**사샤** 대체 어디로 가실 셈이죠?

**톨스토이** 나도 몰라. 알고 싶지도 않다…. 어딘가로 가겠지. 다만 이 존재의 비현실성에서 벗어나서… 어딘가로… 지상에는 수많은 거리가 있잖니. 노인이 죽을 수 있는 짚이나 침대도 어딘가에는 있을 테지.

**사샤**  저도 같이 가겠어요.

**톨스토이**  아니다. 넌 여기 남아서 엄마를 진정시켜야지…. 엄마는 미칠 거야…. 아, 고통받을 거다, 가엾게도! … 난 엄마를 고통 속으로 내몬 사람이다. 그러나 달리 어쩔 도리가 없어. 더는 어쩔 수가 없다. … 여기선 숨이 막힐 지경이다. 넌 여기서 안드레이와 세료슈카가 올 때까지 머물러라. 그런 다음 나를 따라오렴. 난 우선 샤마르디노에 있는 수도원으로 가서 누이와 작별 인사를 나누어야겠다. 작별할 시간이 왔다는 걸 느낄 수 있다.

**두샨**  (서둘러 들어온다.) 마차가 준비됐습니다.

**톨스토이**  그럼 자네도 어서 서둘러 준비를 하게. 자, 저기 서류를 챙기게….

**사샤**  아버지, 모피 외투는 입으셔야 해요. 밤에는 정말로 추우니까. 서둘러서 좀 따뜻한 옷을 꾸려 볼게요.

**톨스토이**  아니다, 아니야. 더는 필요 없다. 하나님! 더 이상 꾸물거려선 안 돼. 난 더는 기다릴 수 없어. … 26년간 이 시간을, 이 신호를 기다려 왔다. 서둘러, 두샨! 누군가 우리를 잡고서 방해할지도 몰라. 자, 서류를 챙겨. 일기장도, 연필도….

**사샤**  그리고 기차를 탈 돈도요. 가져올게요.

**톨스토이**  아니다, 돈은 필요 없다! 난 아무것도 건드리지 않겠다. 역에 가면 사람들이 나를 알아보고 표를 줄 게다. 나머지는 하나님이 도와주시겠지. (두샨에게) 두샨, 준비하고 오게.

〈그리고 어둠 속에 빛이 비친다〉 그 후

(다시 사샤에게) 넌 엄마에게 이 편지를 전해주고. 작별 인사다. 엄마가 나를 용서하면 좋으련만! 엄마가 그걸 어떻게 견디는지 내게 써보내라.

**사샤** 어떻게 편지를 써보내죠? 엄마가 아시게 되면, 그러니까 우편물에서 아버지의 이름과 계신 곳을 알아내면 곧장 뒤쫓아가실 텐데요. 가짜 이름을 쓰셔야 해요.

**톨스토이** 아, 언제나 거짓말! 언제나, 언제나 다시 이런 거짓으로 영혼을 더럽히다니…. 하지만 네 말이 맞다. 이리 오게, 두샨! … 좋을 대로 하거라, 사샤. … 좋도록 하려는 것일 뿐이니까 말이다. 이름을 뭐라고 하면 좋을까?

**사샤** (잠시 생각한다.) 전 모든 전보에다가 프롤로바라고 서명할게요. 아버진 T. 니콜라예브라고 하세요.

**톨스토이** (몹시 서두르며) T. 니콜라예브… 좋다… 좋군…. 자, 그럼 잘 있어라! (사샤를 포옹한다.) T. 니콜라예브라고 했지. 또 거짓이군, 또다시 말이야! 좋다. 하나님, 이것이 사람들 앞에서 하는 마지막 거짓이 되도록 해주십시오. (서둘러 나간다.)


제3장


사흘이 지났다(1910년 10월 31일). 아스타포보 기차역 대합실. 오른쪽에는 플랫폼으로 나가는 커다란 유리문이 있다. 왼쪽으로는 역장인 이반 이바노비치 오솔링이 살고 있는 곳으로 통하는 좀 더 작은 문이 있다. 승객 몇 명이 대합실의 나무 의자나 탁자를 둘러싸고 앉아서 단로브에서 오는 급행열차를 기다리고 있다. 두건을 뒤집어쓴 아낙네들이 잠들어 있고, 양가죽을 뒤집어쓴 꼬마 행상들, 그 밖에 신분이 높은 사람 몇 명, 관리와 상인 몇이 있다.

**여행자 1** (신문을 읽고 있다가, 갑자기 큰 소리로) 정말 잘했는걸! 노인의 멋진 작품이야. 그런 일은 아무도 생각 못했을 거야.

**여행자 2** 무슨 일이오, 대체?

**여행자 1** 집에서 도망쳤대요, 톨스토이 말이오. 그리고 아무도 어디로 갔는지 모른다는군요. 새벽에 떠났다는데, 장화와 모피 외투만 걸치고, 짐도 없이. 작별 인사조차 없이 도망쳤다는군요. 의사인 두샨 페트로비치만 데리고 말이죠.

**여행자 2** 마나님은 집에다 놔두셨군. 소피아 안드레예브나로서는 재미가 없겠는걸. 그 사람 지금 여든셋은 되었을 텐데. 누가 그런 일을 생각이나 했겠나. 어디로 간다고 했소?

**여행자 1** 집에 있는 사람들이나 기사를 쓴 사람이나 그 점이 알고 싶다는군요. 그들은 사방에 전보를 치고 있는 모양이오. 불가리아 국경에서 그를 보았다는 사람도 있고. 다른 사람들은 시베리아 이야기도 하는 모양이오. 하지만 아무도 확실한 건 모른다는군요. 정말 잘했군, 노인네가!

**여행자 3** (젊은 학생) 무슨 말씀들 하시는 겁니까? 레오 톨스토이가 집을 나갔다뇨? 신문 좀 줘보십시오. 한번 읽어보게요.

(잠깐 들여다보고) 오, 정말로 잘되었군요, 잘됐어. 그가 마침내 일어섰군요.

**여행자 1** 어째서 좋다는 거요?

**여행자 3** 그는 자기가 말하는 것과는 다르게 살아왔잖아요. 수치스러운 일이죠. 벌써 오랫동안 이 세상은 그 사람에게 백작 노릇을 시키고, 온갖 아첨으로 목소리를 짓눌러왔으니까요. 마침내 톨스토이가 다른 사람들을 향해서 자기 영혼에서 나오는 말을 자유롭게 할 수 있게 되었군요. 하나님, 여기 러시아 민중이 어떤 일을 겪는지 그분을 통해 온 세상이 알도록 해주십시오. 좋은 일이에요. 이 성스러운 사람이 마침내 자신을 구해냈으니, 러시아에는 축복인 셈이죠.

**여행자 2** 하지만 여기 쓰여 있는 것은 전혀 사실이 아닐지도 몰라요. 어쩌면 (아무도 듣지 못하도록 몸을 돌리고 속삭인다.) 사람들을 헷갈리게 하려고 신문에는 이렇게 적어놓고 실제로는 그를 빼내서 없애버렸는지도 모르죠….

**여행자 1** 대체 누가 톨스토이를 없애려 한단 말이오?

**여행자 2** 그들…. 그가 방해된다고 생각하는 사람 모두죠. 러시아정교회, 경찰, 군대, 그를 두려워하는 사람들 모두. 벌써 몇 사람이 그렇게 사라졌잖소? 외국으로, 나중에 그렇게들 이야기하더군요. 하지만 그들이 외국이라고 하는 게 무엇인지 잘 알지 않소.

**여행자 1** (역시 나직한 목소리로) 그럴지도 모르지….

**여행자 3** 아니, 그 사람들 그렇게는 못해요. 톨스토이 한 사람이 말만 가지고도 그들 모두보다 강하니까요. 그들이 그렇게는 못합니다. 그들 모두 알거든요. 우리가 주먹으로 그를 구해내리라는 것을요.

**여행자 1** (서두르며) 조심해 ⋯ 쉿! ⋯ 시릴 그레고로비치가 와요. 빨리 신문을 치워요.

경찰서장 시릴 그레고로비치가 정복 차림으로 플랫폼으로 통하는 유리문 뒤에 나타난다. 그는 곧장 역장실로 통하는 문 앞으로 가서 두드린다.

**역장** (이반 이바노비치 오솔링이 자기 방에서 모자를 머리에 쓴 채로 나온다.) 아, 오셨군요. 서장님.

**경찰서장** 말할 게 있소. 방에 누구 있소?

**역장** 네, 아내가⋯.

**경찰서장** 그럼 차라리 여기서 하지! (여행자들을 향해 날카로운 명령투로) 단로브에서 오는 급행열차가 곧 들어올 겁니다. 즉시 플랫폼으로 나가주십시오. (모두 일어나서 서둘러 나간다. 경찰서장이 역장에게) 방금 중요한 전보 몇 통이 도착했소. 도망 중인 톨스토이가 그저께 샤마르디노 수도원에 있는 누이에게 들렀다는군. 여러 가지 징후로 봐서 그는 계속 여행할 생각임이 분명하오. 그저께부터 샤마르디노를 통과하는 모든 열차에 경찰관이 타기 시작했소.

**역장**  하지만 서장님, 궁금한 게 있어요. 어째서 그렇게들 하죠? 그 사람이 선동가는 아니잖아요. 게다가 우리로서는 진짜 명예인데. 그 위대한 사람이 여기 오기만 한다면 말예요.

**경찰서장**  하지만 그 사람은 혁명가 도당 전체보다도 더 많은 사회 불안과 위험을 만들어내고 있소. 그 밖에는 내가 알 바 아니지. 나야 기차란 기차는 모두 감시하라는 명령을 받았을 뿐이니까. 하지만 모스크바에서는 우리가 감시하는 것이 아주 불안한 모양이오. 그래서 부탁인데, 이반 이바노비치. 누구라도 내 옷을 보면 경찰관이라는 것을 금방 알지 않겠소. 그러니 나를 대신해서 플랫폼에 나가주시오. 기차가 도착하면 즉시 비밀경찰이 내려서 당신에게 이 구간에서 자기가 본 것을 말해줄 거요. 그럼 나는 곧장 보고를 해야 하니.

**역장**  걱정 마십시오. 그렇게 하겠습니다.

가까이 다가오는 열차의 진입을 알리는 종소리.

**경찰서장**  경찰 요원에게는 오랜 친구처럼 아무렇지도 않게 인사를 해요. 감시한다는 사실을 승객들이 알아채지 못하도록 말이지. 우리가 모든 것을 능숙하게 해내면 우리 두 사람에게는 이익이 될 수도 있소. 모든 보고는 페테르부르크의 최고위층에게까지 올라가니 말이오. 어쩌면 우리 같은 사람이 게오르크 십자훈장을 받게 될지도 모르지.

열차가 저 뒤쪽에서 소리내며 들어온다. 역장은 유리문을 열고
달려나간다. 몇 분 뒤에 벌써 승객들, 무거운 바구니를 든 농부와
그 부인 들이 시끌벅적한 소리를 내며 유리문을 열고 나온다. 몇
사람은 대합실에 머물며 쉬거나 차를 끓인다.

**역장** (갑작스럽게 안으로 들어선다. 앉아 있는 사람들을 향해 흥분해서 소
　　리친다.) 빨리 나가시오! 모두! 빨리!

**사람들** (놀라서 투덜대며) 어째서지? … 우리도 돈을 냈는데… 어
　　째서 여기 대합실에도 앉아 있지 못하게 하는 거야? … 그냥
　　열차를 기다리려는 것뿐인데.

**역장** (소리친다.) 빨리, 모두 빨리 나가시오! (그는 서둘러 사람들을
　　몰아내고 다시 문으로 가서 활짝 열어젖힌다.) 여기로, 자 이쪽으로
　　백작님을 모셔요!

톨스토이가 오른쪽으로는 두샨, 왼쪽으로는 딸 사샤의 부축을
받으며 피곤한 모습으로 들어선다. 외투 깃을 높이 올리고 목에는
목도리를 둘렀지만, 온 몸을 떨고 있다. 그의 뒤쪽으로 대여섯 명
이 따라 들어온다.

**역장** (따라오는 사람들에게) 거기 밖에 있어요!

〈그리고 어둠 속에 빛이 비친다〉 그 후　　　　　　　　**287**

**목소리들** 하지만 우리도 들여보내줘요. … 우린 그저 레오 니콜라예비치를 도와드리고 싶을 뿐이에요. … 어쩌면 코냑이나 차라도….

**역장** (무섭게 흥분해서) 아무도 이 안으로 들어와선 안 돼요! (그들을 억지로 밀쳐내고는 플랫폼으로 통하는 유리문을 잠근다. 그래도 여전히 유리문 뒤로 호기심에 가득 찬 얼굴들이 지나치면서 안을 들여다본다. 역장은 서둘러 안락의자를 들어 탁자 옆에 갖다 놓는다.) 백작 전하께선 좀 쉬고 싶으시겠지요?

**톨스토이** 전하란 말은 그만… 제발 그만둬요. … 다시는, 이젠 끝이요. (그는 흥분해서 사방을 둘러보다가 유리문 뒤에 있는 사람들을 본다.) 저리 가요. … 저 사람들 좀 보내… 혼자 있고 싶어… 언제나 사람들… 한 번만이라도 혼자 있고 싶소.


사샤가 유리문으로 달려가서 외투를 펄럭거리며 사람들을 쫓아낸다.


**두산** (그사이 낮은 소리로 역장과 이야기한다.) 이분을 빨리 침대로 옮겨야 합니다. 열차에서 갑작스럽게 열이 나기 시작했어요. 40도가 넘어요. 상태가 좋지 않아요. 이 근처에 편안한 방이 있는 여관 같은 게 있습니까?

**역장** 아니, 전혀 없어요! 아스타포보에 여관이라곤 없습니다.

**두산** 하지만 선생님은 빨리 침대에 누우셔야 하는데. 얼마나 열이 나는지 보이죠? 위험해질 수도 있어요.

**역장** 여기 옆에 있는 제 방을 톨스토이께 내드린다면 저로서는 영광입니다만…. 용서하십시오. … 아주 형편없어요. 초라하고… 그냥 사무실이라, 양탄자도 없이 맨땅에 좁고… 감히 어떻게 톨스토이를 그 안으로 모실 수가 있겠습니까….

**두샨** 그건 상관없어요. 무슨 일이 있더라도 침대로 모셔야 해요. (갑작스럽게 추위를 느껴 덜덜 떨면서 탁자에 기대앉는 톨스토이에게) 역장님이 친절하게도 자기 방을 내주시겠답니다. 선생님은 무조건 쉬셔야 해요. 내일이면 말짱해지실 겁니다. 그럼 우린 계속 여행할 수 있을 테지요.

**톨스토이** 계속 여행한다고? 아니, 아니오. 이제 더는 여행이 힘들 거요. … 이번이 내 마지막 여행이었어. 그리고 난 벌써 목적지에 도착했는걸.

**두샨** (격려하는 투로) 이 정도 열 때문에 걱정하실 일은 없습니다. 아무것도 아닌걸요. 감기에 걸리셨을 뿐입니다. 내일이면 좋아지실 거예요.

**톨스토이** 난 지금도 말짱해… 아주, 아주 말짱하다구…. 다만 지난밤엔 끔찍했어. 갑자기 그런 생각이 들었거든. 집에서 사람들이 나를 쫓아올지도 몰라. 그들이 나를 잡아서 저 지옥으로 다시 데려갈지도 몰라. … 그래서 난 일어나서 자네들을 깨운 거야. 너무나 두려웠어. 이 두려움이 여기로 오는 내 내 나를 놔주지 않는 거야. 이가 덜덜 떨리는 이 열병… 하지만 여기 온 다음부턴… 그런데 지금 난 대체 어디 있는 거지? … 전에 와본 적이 없는 곳인걸…. 갑자기 모든 것이 달라졌어…. 이제 더는 두렵지 않아…. 그들은 나를 데려가지 못해.

**두샨** 물론 못하죠. 못하고말고요. 선생님은 편안하게 침대에 드실 수 있습니다. 아무도 선생님을 찾아내지 못할 테니까요.

두 사람이 톨스토이가 일어나도록 부축한다.

**역장** (톨스토이에게 다가오면서) 잠깐 실례합니다만… 전 그저 아주 보잘것없는 방을 내드리는 겁니다. 제가 쓰는 방이죠. 침대도 좋지 못하고… 그저 쇠침대일 뿐이니까요. … 하지만 모든 것을 준비하죠. 곧 전보를 쳐서 다음 열차 편에 다른 침대를 가져오도록 하겠습니다.

**톨스토이** 아니, 아니, 그만둬요…. 너무 오래, 너무나 오랫동안 난 다른 사람들보다 잘 지냈어! 사정이 나쁘면 나쁠수록 내게는 더 좋소! 농부들은 어떻게 죽지? … 그래도 편안한 죽음을 맞지 않나….

**사샤** (계속 그를 보살피며) 그만하세요, 아버지. 피곤하실 거예요.

**톨스토이** (다시 한번 멈춘 채로) 난 모르겠다… 난 피곤해. 네 말이 맞다. 사지가 다 늘어지는구나. 몹시 피곤하다. 그런데도 난 무언가를 기다린단다…. 마치 졸린데 잠들 수 없을 때 같구나. 뭔가 좋은 일을 앞두고 있어서 그걸 생각하느라, 잠들어서 그 생각을 잃어버리고 싶지 않아서… 이상하다, 이런 기분이었던 적은 없었는데…. 어쩌면 이건 죽음인지도 몰라. 여러 해 동안이나 난, 자네들도 알다시피 죽음을 두려워했어. 내 침대에 누워 있지 못하고 짐승처럼 소리지르며 기어 돌아다닐까봐 두려웠던 것이지. 그런데 지금 저 방 안에 죽음이 있어. 그 죽음이 나를 기다리고 있다. 난 아무런 두려움 없이 죽음을 맞으러 가고 있네. (사샤와 두샨이 그를 문까지 부축해 간다.) (문 앞에 멈추어서 안을 들여다보며) 여긴 좋구나. 정말 좋아. 작고 좁고 낮고 가난하군…. 꿈에서 본 적이 있는 것도 같은데. 이런 낯선 침대를, 어딘가 낯선 집에 있는, 누군가 늙고 고단한 사내가 누울 침대를. 잠깐만, 그 사람 이름이 뭐였더라. 내가 몇 해 전에 썼던 그 사람, 그 늙은이 이름이 뭐였더라? … 한때는 부자였다가 아주 가난해져서 돌아온, 아무도 그를 알아보지 못하고 그래서 난로 곁의 침대로 기어들어간 늙은이 말이야…. 아, 내 머리, 멍청한 머리 같으니! … 그 사람 이름이, 그 늙은이 이름이? … 한때는 부자였지만 이젠 몸에 셔츠만 걸친… 그리고 그를 모욕하던 여자는 그가 죽을 때 옆에 없었지…. 그래, 그래. 이제 알았다. 그때 내 이야기 속에는 코르네이 바실례브라는 이름이었어. 그리고 그가 죽은 밤에 하나님이 그의 처의 마음을 다시 깨어나게 하셔서 그 여자 마르파는 마지막으로 그를 보러 오지…. 하지만 너무 늦었어. 그는 이미 딱딱하게 굳어서 눈을 감고 낯선 침대에 누워 있는 거야.

그녀는 그가 아직도 자기에게 화를 내고 있는지 아니면 이미 자신을 용서했는지 알지 못했지. 그 여자는 알지 못해, 소피아 안드레예브나는 말이야…. (잠에서 깨어나듯이) 아니야, 그 여자 이름은 마르파야…. 벌써 헷갈리는구나…. 그래, 자리에 누워야겠어. (사샤와 역장이 그를 부축해 간다. 톨스토이가 역장에게) 고맙소, 낯선 양반. 당신 집에 내 잠자리를 마련해주니 말이오. 하나님은 나 코르네이 바실례브를 숲의 짐승에게로 인도하셨고, 그는 내게 자기가 가진 것을 내주었소. 당신이 바로 그렇게 한 거야…. (갑자기 놀라서) 하지만 문을 닫아요. 아무도 들여보내지 말아줘. 난 이제 사람이 싫어…. 오직 그분과 단둘이 있고 싶어. 살아 있던 그 언제보다도 더 깊이, 더 가까이 말이야…. (사샤와 두샨은 그를 침실로 데려간다. 역장은 그들 뒤에서 조심스럽게 문을 닫고 당황해서 서 있다.)


바깥쪽에서 급히 유리문 두드리는 소리. 역장이 문을 열자 경찰서장이 서둘러 들어온다.

**경찰서장** 그가 무슨 말을 했소? 곧장 모든 것을 보고해야 해. 지금 당장. 그가 여기 있겠대요? 얼마나 오래?

**역장** 그 사람도 다른 누구도 그건 몰라요. 하나님만 아시는 일이에요.

**경찰서장** 어떻게 당신이 그에게 국가 건물 안에 자리를 내줄 수가 있소? 그건 당신의 사무실이니 낯선 사람에게 내주어서는 안 되지 않소?

**역장** 톨스토이는 내 마음에는 낯선 사람이 아닙니다. 형제라도 내 마음에 그 사람보다 더 가깝지는 않을 겁니다.

**경찰서장** 하지만 먼저 문의를 하는 게 당신 의무일 텐데.

**역장** 난 내 양심에 물어보았어요.

**경찰서장** 좋아, 그거야 당신 책임이니까. 어쨌든 난 곧장 보고를 해야 되는데… 큰일났군. 이 무슨 책임이 갑자기 떨어진 거지! 최고위층에서 톨스토이를 어떻게 생각하고 있는지라도 안다면….

**역장** (매우 침착한 태도로) 내 생각에 정말로 가장 높은 분은 언제나 톨스토이를 좋게 생각하셨을 겁니다. (경찰서장은 어리둥절해서 그를 바라본다.)


두샨과 사샤, 조심스럽게 문을 밀며 방에서 나온다. 경찰서장은 재빨리 사라진다.


**역장** 백작님은 어떤 상태입니까?

**두샨** 아주 평온하게 누워 계십니다. 이처럼 평화로운 모습을 전에는 한 번도 본 적이 없어요. 사람들이 그분께 주지 않은 것을 마침내 여기서 찾으신 것 같아요. 평화 말입니다. 처음으로 그분은 하나님과 단둘이 계십니다.


<그리고 어둠 속에 빛이 비친다> 그 후

**역장** 이 단순한 사람을 용서하십시오. 하지만 전 가슴이 떨리는군요. 이해할 수가 없습니다. 어떻게 하나님은 그토록 많은 고통을 그분에게 주실 수가 있는 겁니까. 톨스토이가 자기 집에서 도망쳐 나와 여기 내 가난하고 보잘것없는 침대에서 죽어가도록 말입니다. … 어떻게 사람들, 러시아 사람들은 그렇게 성스러운 영혼을 뒤흔들어놓고, 어떻게 또 다른 일을 할 수가 있는 걸까요. 그를 존경하고 사랑한다는 사람들이….

**두샨** 그를 사랑하는 사람들이 자주 그 사람을 자기 할 일에서 벗어나게 했지요. 그래서 가장 가까운 사람들로부터 가장 멀리 도망쳐야 했답니다. 지금 이대로가 가장 좋을 겁니다. 이 죽음이 그의 삶을 완성하고 신성하게 만들 거예요.

**역장** 하지만 그래도 … 저는 이해할 수가 없군요. 이 사람이, 우리 러시아의 보물이 우리 때문에 이토록 고통받아야 했다니. 그러고도 모두 아무 근심 없이 자기 시간을 살아가고 있다니…. 자기 자신의 숨결을 부끄러워해야 합니다….

**두샨** 그를 위해 탄식하지 마십시오. 착하고 좋은 분이군요. 평범하고 천박한 운명이었다면 위대함과는 맞지 않았을 거예요. 그가 우리 인간들 때문에 고통받지 않았더라면 그는 오늘날 인류에게 소중한 바로 그 톨스토이가 되지 못했을 겁니다.

# 남극에 남긴 두 번째 발자국

1912년 1월 18일

스콧의 남극점 정복

## 20세기 최후의 미개척지

20세기에 들어서서 세계는 신비를 잃었다. 거의 모든 땅이 조사되었고, 먼 바다도 개간되었다. 한 세대 전만 해도 이름 없는 가운데 행복하고 자유롭게 남아 있던 풍경들이 유럽의 필요에 의해 지금 노예처럼 봉사하고 있다. 오랫동안 탐구해온 나일강의 원천지에 증기선이 들어가고, 겨우 50년 전에야 유럽인의 눈에 띈 빅토리아 폭포도 고분고분하게 전력을 생산해내고 있다. 아마존강 유역의 원시림도 벌목되어 사라지고, 미지의 땅 티베트마저 세상에 드러났다. 옛날 지도나 지구본에 나오는 '알려지지 않은 땅Terra incognita'이란 말은 이제 지식의 손에 의해 지워졌다.

20세기의 인간은 자기 생명의 별 지구에 대해 구석구석까지 안다. 인간의 탐구 의지는 새로운 길을 찾아나서 깊은 바다의 환상적인 동물 무리에까지 내려가는가 하면, 무한의 대기로 올라가기도 한다. 아무도 밟지 않은 길이란 오직 하늘에서만 찾아볼 수 있기 때문이다. 비행기라는 강철 제비들이 경쟁적으로 날아올라 새로운 높이, 새로운 거리에 도달하고 있다. 지구는 이제 인간의 호기심에는 쓸모없고 신비할 것도 없는 존재가 되어버렸다.

그러나 최후의 수수께끼가 20세기까지도 인간의 눈 앞에 그 모습을 드러내지 않고 있었다. 고문당해 부서질 것 같은 지구에도 오직 두 군데만큼은 인간의 호기심에 부응하지 않았다. 지구의 등뼈인 남극과 북극, 이 두 개의 거의 실재하지 않는 무의미한 지점. 수천 년 전부터 지구가 축을 삼아 자전해온 이 지점들만이 아직 인간에게 유린되지 않은 채 순수하게 남아 있었다. 지구는 이 최후의 비밀 지역 앞을 얼음 빗장으로 가로막아 놓았고, 영원한 겨울을 수문장 삼아 호기심 많은 사람들의 침입을 막았다. 서리와 폭풍이 입구를 가로막고, 두려움과 위험과 죽음이 용감한 사람들을 쫓아버렸다. 태양조차도 잠시만 이 은폐된 영역을 들여다볼 수 있을 뿐, 인간의 발길이 전혀 미친 적이 없는 곳이었다.

수십 년 전부터 탐험대들이 줄을 이었지만, 어떤 탐험대도 목적지에 도달하지 못했다. 기구를 타고 남극을 건너려던 용감한 앙드레도 다시는 돌아오지 못하는 신세가 되었다. 용감한 사람 중에서도 가장 용감한 사람인 앙드레의 시체가 33년 동안이나 어딘가 투명한 얼음관 속에 파묻혀 있다가 최근에야 발견되었다. 어떠한 시도도 번쩍이는 서리의 벽 앞에서 깨어지고 말았다. 수천 년 전부터 오늘날에 이르기까지 지구는 얼굴을 가린 채, 자기 피조물의 열정에 대항해 마지막 승리를 거두고 있었던 것이다. 지구는 순수한 수줍음으로 세계의 호기심에 저항하고 있었다.

그러나 새로 시작된 20세기는 초조하게 손길을 뻗쳤다. 실험실에서 새로운 무기들을 다듬고, 위험에 맞설 새로운 갑옷을 고안해 냈다. 자연의 온갖 저항은 정복하고자 하는 인간의 열망을 더욱 부채질했다. 새로운 세기는 모든 진실을 알고자 했으며, 이미 처음 10년 동안에 그 이전 수천 년 세월이 도달하지 못한 것을 넘어설 참이었다. 개인의 용기에 국민 간의 경쟁심이 합류했다. 단순히 남극 자체만을 놓고 싸우는 것이 아니라 새로운 땅에 맨 먼저 휘날리게 될 국기의 싸움이 되어버린 것이다. 여러 종족과 민족들의 십자군이 동경으로 신성해진 이 지역으로 파견되었다. 지구 상의 모든 곳에서 탐험대가 몰려들었다. 인류는 초조하게 고대하고 있었다. 이것은 우리 생명 공간의 마지막 비밀에 관한 문제였다. 미국에서 피어리와 쿡 선장이 북극을 향해 나아갔다. 남쪽으로는 두 척의 배가 나아갔다. 한 척은 노르웨이인 아문센이, 다른 한 척은 영국인 스콧이 지휘하는 배였다.


## 영국 사람 스콧

'로버트 F. 스콧, 영국 해군 지휘관 출신. 그의 생애는 군 문

서의 기록과 일치. 상관이 만족할 만한 근무 성적에 어니스트 섀클턴 탐험대에도 참여했음.'

어떤 기록도 그가 영웅이라고 암시하지 않는다. 사진으로 미루어보건대, 그의 얼굴은 수천 수만의 영국인처럼 냉정하고 열의에 차 있다. 근육의 떨림 없이 내면에 깃들인 에너지로 인해 단단하게 굳은 표정이다. 두 눈은 강철 같은 회색이고, 입은 굳게 다물었다. 의지와 실용적인 감각으로 이루어진 얼굴 어디에도 낭만적인 선도 명랑함의 광채도 없다. 글씨체는 평범한 영국식 글씨체로, 그림자나 굴곡이 없이 빠르고 확고하다. 문체는 명료하고 정확하며 여러 가지 사실을 요령 있게 표현하지만, 보고서가 흔히 그렇듯 상상력은 없다. 스콧은 타키투스가 라틴어를 쓰듯 영어를 썼다. 다듬지 않은 네모꼴의 돌처럼 말이다. 완전히 꿈이라곤 없는 인간이다. 사무적인 것을 신봉하는 사람, 진짜 영국인의 모습이다. 영국인들의 경우 천재성조차 의무를 이행하는 형태로 등장한다. 이런 스콧 같은 부류의 사람은 영국 역사에서 이미 수없이 등장했다. 그런 사람이 원주민을 정복하고 이름 없는 섬들을 정복하고, 아프리카를 식민지로 만들고 세계에 대항해 전쟁을 해냈다. 언제나 강철 같은 에너지와 동일한 집단의식 그리고 똑같이 냉정하고 감정을 억누른 얼굴을 하고서 말이다.

그의 의지는 강철과도 같았다. 그러한 점은 행동하기 전부터 이미 짐작 가능한 특성이다. 스콧은 섀클턴이 시작한 일을 완성하려 했다. 그는 탐험대를 조직했지만 경비가 부족했다. 그러나 그것이 그를 방해하지는 못했다. 그는 성공을 확신했기에 자신의 재산을 내놓고 빚까지 졌다. 그의 젊은 아내는 그에게 아들을 선사했다. 그는 안드로마케를 버려두는 또 한 명의 헥토르가 되기를 망설이지 않았다. 친구와 동료 들은 금세 구할 수 있었고, 지상의 어떤 일도 그의 의지를 굽힐 수는 없었다.

탐험선의 이름은 '새로운 땅Terra Nova'이었다. 그들을 얼음바다의 가장자리까지 태우고 갈 배였다. 배에 실린 장비를 보면 이상했다. 절반은 살아 있는 짐승으로 가득 찬 노아의 방주 같았고, 나머지 반은 수많은 기구와 책으로 가득한 현대적인 실험실을 떠올리게 했다. 그들은 인간의 육체와 정신이 필요로 하는 모든 것을 텅 빈, 아무것도 살지 않는 세계로 싣고 가야만 했다. 원시인의 조잡한 방어 무기나 털가죽과 모피, 또 살아 있는 짐승들이 최근에야 제작 가능한 복잡하고 섬세한 도구들과 짝을 이루고 있었다. 전체적인 계획의 이중성 또한 배 못지않게 환상적이었다. 그것은 모험이었지만 한편으로는 정밀하게 계산된 하나의 사업이기도 했다. 온갖 조심성을 갖춘 무모함이었다. 치밀하고 정밀한 계산이 그보다 강한 우연성과 짝을 이루었다.

1910년 6월 1일, 그들은 영국을 출발했다. 앵글로색슨족의 섬나라가 아름답게 빛나는 계절이었다. 목초지는 윤기 흐르는 녹색으로 빛나고, 태양은 안개 걷힌 세상을 따뜻하게 비추었다. 그들은 떨면서 해안선이 멀어지는 것을 느꼈다. 그들 모두가 올해는 이제 따뜻함이나 태양과는 작별이라는 것을, 어쩌면 일부 사람들에게는 영원한 작별이 되리라는 것을 알고 있었다. 하지만 뱃머리에는 영국기가 휘날리고 있었다. 그들은 영국기가 지구상에 유일하게 남아 있는 주인 없는 땅으로 함께 간다는 사실을 떠올리며 자위했다.


## 남극 대학교

그들은 뉴질랜드의 에반스곶 근처에서 짧은 휴식을 취한 뒤, 영원한 얼음의 가장자리에 도착했다. 1월이었다. 그들은 겨울을 날 집을 짓기 위한 토대를 마련했다. 그곳에서는 12월과 1월이 여름이다. 1년 중 그때에만 유일하게 태양이 하루에 몇 시간씩 하얗게 빛나는 금속빛 하늘에 모습을 드러내기 때문이다. 옛 탐험대가 으레 그렇게 했듯 그들은 목재로 벽을 만들었다. 그러나 내부 공간만은 시대의 발전을 반영했다. 선배 탐험가들이 생선 기름 램프를 켜놓은 채 냄새나고 그을린 어두컴컴한 곳에 앉아서 우두커니 얼굴이나 마주보며 해 없는 낮의 단조로움에 넌더리를 냈다면, 20세기의 이 사람들은 세상의 온갖 발전을 축약해 이 집 안으로 가지고 들어왔다.

아세틸렌 램프는 밝고 따뜻한 빛을 내뿜었고, 활동사진기는 멀고도 온화한 열대우림 지역의 풍경을 담은 사진들을 보여주었다. 자동 피아노에서는 음악이 흘러나왔고, 축음기는 인간의 음성으로 말하고 있었다. 그뿐인가! 자기 시대의 지식을 전해주는 도서관도 있었다. 어떤 방에서는 타자기가 요란한 소리를 냈고, 어떤 방은 활동사진과 컬러사진 들을 현상하는 암실로 쓰였다.

지질학자는 방사선으로 암석을 검사했고 동물학자는 사로잡은 펭귄의 몸에서 기생충을 찾아냈다. 기상관측과 물리 실험이 번갈아 행해졌다. 태양이 없는 계절에도 각자에게 할 일이 배당되었다. 개별적으로 진행되어온 연구들은 훌륭한 시스템 덕에 공동 연구로 바뀌었다. 30명의 사람들이 매일 저녁 여는 강연회는 마치 얼음과 남극의 서리 속에 대학 과정을 개설해놓은 것과도 같았다. 자신의 연구 성과를 타인에게 알리고 서로 활발한 대화를 나누는 가운데 그들의 세계관은 원숙해졌다. 연구의 전문화가 여기서는 오만을 버리고 공동의 이해를 구하게 된 것이다. 여기 시간이 정지되고 완전히 고립되어 원시 그대로 남은 세계 한가운데서 30명의 인간은 20세기 그때까지의 최종적인 연구 성과들을 서로 교환했다. 여기서는 세계 시계의 시간뿐 아니라 초까지도 느낄 수 있었다.

이 진지한 사람들이 그사이에 자기들이 만든 크리스마스 트리 앞에서, 혹은 자신들이 발간하는 작은 신문 《사우스 폴라 타임스 South Polar Times》를 보면서 기뻐하는 모습은 매우 감동적이다. 작은 일, 예컨대 고래가 나타난 일, 조랑말 한 마리가 쓰러진 일 등을 체험하는 과정, 다른 한편으로는 엄청난 일, 예컨대 번쩍이는 남극의 빛, 무시무시한 서리, 엄청난 고독 등도 일상적이고 습관적인 일처럼 되어버리는 과정 같은 것 말이다.

그사이 그들은 작은 모험들을 감행했다. 썰매 자동차를 시험해보고 스키 타는 법도 배우고 개들을 훈련시키기도 했다. 또 대여행을 위한 보급 창고도 만들었다. 그러는 가운데 계절은 아주 천천히 여름(12월)으로 넘어가고 있었다. 여름이 되어야 비로소 배가 얼음덩이들을 뚫고 고향에서 보낸 편지들을 가지고 올 것이다. 그 사이 이 냉혹한 겨울 한가운데서도 작은 그룹으로 나누어 연습 삼아 여행을 떠났고, 텐트를 시험하고 경험을 축적했다. 모든 것이 성공하지는 않았지만 시행착오가 그들에게 새로운 용기를 불어넣었다. 꽁꽁 얼고 지친 모습으로 탐험에서 돌아오면 기쁨의 외침과 따뜻한 불빛이 그들을 맞았다. 며칠간 결핍의 나날을 보낸 사람에게는 남위 77도에 세워진 이 작고 안락한 오두막이 세상에서 가장 행복한 집이었다.

그러나 한번은 서쪽으로 나갔던 원정대가 돌아오면서 가져온 소식이 이 집 안에 정적을 불러왔다. 여행 중에 아문센의 겨울용 숙소를 발견했던 것이다. 스콧 대장은 이제 얼음과 위험 말고도 또 다른 요소가 이 고집스런 지구의 비밀을 최초로 밝히겠다는 자신의 야심에 도전하고 있음을 깨달았다. 노르웨이 사람 아문센이었다. 스콧은 지도상으로 측정을 해보았다. 그리고 아문센의 숙소가 자신의 오두막보다 110킬로미터나 더 남극 가까이에 위치하고 있다는 사실을 알게 되었다. 당시 그가 얼마나 놀랐던가는 그가 쓴 일기의 행간에서 읽을 수 있다. 그는 용기를 잃기보다는

"일어나자, 내 나라의 명예를 위해!"라고 일기장에 적었다.

그러나 아문센이라는 이름은 그의 일기장에 딱 한 번 등장할 뿐이다. 일기장 어디에도 두 번 다시 아문센이 나오지는 않는다. 그날 이후 이 고독하게 얼어붙은 집 위에 두려움의 그림자가 덮인 것을 감지할 수 있다. 아문센이란 이름은 자나깨나 늘 그를 불안하게 만들었다.

## 남극을 향해 출발

기지에서 1마일 떨어진 거리에 망을 보는 언덕이 있었다. 거기에선 끊임없이 보초가 교대를 했다. 가파른 언덕 위에는 마치 보이지 않는 적에 맞서는 대포같은 것이 설치되어 있었다. 다가오는 태양의 첫 열현상을 측정하기 위한 도구였다. 반사체들이 아침 하늘로 기적처럼 아름답게 번쩍이는 색채들을 보내왔지만, 둥근 태양은 아직 지평선까지 올라오지 못하고 있었다. 그러나 하늘은 이미 태양이 가까이 다가옴에 따라 생겨나는 빛으로 가득 찼다. 모습만으로도 초조한 사람들을 불붙게 만들기에 충분했다. 마침내 언덕 꼭대기에서 걸려온 전화가 사람들을 행복하게 했다. 태양이 나타났다는 소식이었다. 그들은 한 시간 내내 하늘을 올려다보았다. 태양빛은 아직 약하고 희미해서 이 얼어붙은 대기에 활기를 불어넣을 만큼은 못 되었다. 그 흔들리는 빛의 파장 또한 측정 도구에 생생한 표지를 남길 만하지 못했다. 그렇지만 그 희미한 빛을 바라보는 것만으로도 사람들은 이미 행복을 느꼈다.

탐험대는 열에 들떠 준비를 갖추었다. 남극에서는 봄, 여름, 가을이라고 치지만, 우리 일상의 눈으로 본다면 여전히 겨울인 계절의 짧은 빛을 최대한 이용하기 위해서였다. 썰매 자동차가 소리를 내며 맨 앞으로 나섰다. 시베리안 포니와 개 들이 끄는 썰매가 뒤따랐다. 길은 여러 개의 구간으로 조심스럽게 나누어졌고, 이틀 거리마다 보급품을 묻어두었다. 돌아오는 길에 옷과 음식 그리고 가장 중요한 석유를 보충하기 위해서였다. 출발은 전 대원이 함께 하지만 중간에 한 팀씩 돌아가게 되어 있었다. 마지막까지 남은 작은 그룹, 그러니까 엄선된 남극 정복팀에 가장 생생한 동물과 최고의 썰매를 남겨주기 위한 계획이었다.

계획은 훌륭하게 입안된 것이었다. 어떤 팀이 도중에 실패할지도 모른다는 점을 감안했다. 실제로 그런 일이 일어났다. 고작 이틀간의 여행 끝에 썰매 자동차가 가동을 멈추고 아무짝에도 쓸모없게 되어버린 것이다. 포니들도 기대한 만큼 잘 견디지 못했다. 다만 기술적인 도구로는 쓸모가 없어져버린 것이 생명체로서는 유용하게 쓰일 때도 있었다. 도중에 총으로 쏘아 죽일 수밖에 없게 된 동물이 개들의 따뜻하고 싱싱한 먹이가 되어 그들의 힘을 강화해주었던 것이다.

1911년 11월 1일 그들은 출발했다. 사진으로 보면, 처음에는 30명, 다음에는 20명, 그다음에는 10명 그리고 마지막에 5명만이 남아 생명 없는 원시 세계의 하얀 황무지를 뚫고 나아가는 모습을 볼 수가 있다. 맨 앞에는 언제나 모피와 헝겊으로 몸을 완전히 감싸 마치 야만인처럼 보이는 한 남자가 서 있다. 오직 수염과 두 눈만이 미라같이 감싼 옷 밖으로 나와 있다. 모피로 감싼 손은 포니의 고삐를 잡고 있고, 그 포니는 무거운 짐을 실은 썰매를 끌고 있다. 그의 뒤에는 다른 사람이 같은 옷차림과 같은 자세로 서 있고, 그 뒤에 또 한 사람, 그런 식으로 무한히 펼쳐진 눈부신 백색의 땅으로 스무 개의 검은 점이 열지어 있는 것이다. 밤이면 천막을 치고 포니들을 보호하기 위해 바람이 불어오는 방향으로 얼음벽을 세웠다. 아침이면 다시 행진을 시작했다. 아무런 위안도 없는 단조로운 일상이었다. 수천 년 이래 처음으로 인간의 숨결이 호흡하는, 얼음처럼 차가운 대기를 뚫고 그들은 나아갔다.

그러나 근심이 쌓여갔다. 날씨는 불친절했다. 하루에 40킬로미터는커녕 30킬로미터밖에 나아가지 못한 경우도 많았다. 하루하루가 부담스럽게 느껴졌다. 이 고립된 상황에서 보이지는 않지만 다른 방향에서 같은 목적을 가진 다른 탐험대가 앞으로 나아가고 있다는 사실은 그들에게 커다란 부담일 수밖에 없었다.

아주 사소한 일도 여기서는 위험한 사태로까지 발전하곤 했다. 개가 도망치거나 포니가 먹이를 먹지 않는 일 따위도 사람들에게 두려움을 불러일으켰다. 이 고적한 장소에서는 그 가치가 어마어마한 것이었기 때문이다. 여기서 생명체 하나하나는 보통 때보다 천배는 더 소중했다. 혹은 대체하는 것이 아예 불가능할 정도로 소중했다. 불멸의 명성이 어쩌면 한 마리 포니의 네 발굽에 달린 것일지도 모르고, 태풍을 동반한 구름 낀 하늘이 영원한 업적을 방해할 수도 있었다.

그러는 사이 대원들의 건강에 문제가 발생했다. 눈雪 때문에 눈眼이 멀거나 팔다리가 동상에 걸렸다. 굶주린 포니들은 점점 약해지더니, 비어드모어 빙하에 도달하기 직전 쓰러지고 말았다. 2년간의 고독 속에서 함께 지내는 동안 대원들과 동물들은 어느새 친구가 되었다. 그러나 대원들은 이름을 부르며 수백 번이나 다정하게 머리를 쓰다듬어주곤하던 동물들을 죽이는 슬픈 임무를 수행해야 했다. 그들은 이곳을 '도살장'이라고 불렀다. 이 피의 장소에서 탐험대의 일부는 갈라져 돌아가고 나머지 사람들만이 이제 마지막 빙하를 넘는 혹독한 길을 향해 나아갔다. 남극을 둘러싼 위험한 얼음벽을 지나는 길은 너무나도 혹독해서 정열적인 인간 의지의 작열하는 빛만이 뚫고 지나갈 수 있는 것이었다.

그들의 행진 속도는 점점 느려졌다. 이 지역 눈은 얼음처럼 단단하게 덩어리져 있어, 썰매를 타고 미끄러져 가는 대신 썰매를 질질 끌고 가다시피 해야 했기 때문이다. 단단한 얼음은 썰매의 활목을 잘라버렸다. 두 발은 듬성듬성 자리한 얼음 모래를 지나는 사이에 상처를 입었다. 그래도 포기할 수 없었다.

12월 30일, 새클턴이 도달했던 지점인 남위 87도에 도착했다. 여기서 또 하나의 그룹이 돌아가야 했다. 남극까지 가는 길은 다섯 정예 대원에게만 허락되었다. 스콧은 대원들의 상태를 체크했다. 그들은 감히 저항하지 못했으나 마음이 무거웠다. 목적지가 손에 닿을 듯 가까운데 최초로 남극을 본다는 명예를 동료들에게 넘겨주고 돌아가야만 하는 것이다. 그러나 선택의 주사위는 던져졌다. 한 번 더 그들은 격한 감정을 감추며 악수를 나누었다. 두 개의 작은 그룹으로 나뉘어 한 팀은 알려지지 않은 남쪽으로, 다른 한 팀은 북쪽 기지를 향해 돌아섰다. 이쪽저쪽 할 것 없이 가던 길을 멈추고 몇 번씩이나 서로를 돌아보았다. 마치 마지막으로 살아 있는 친구의 모습을 확인하려는 듯했다. 마침내 그 모습마저 보이지 않게 되었다. 남은 사람들은 미지의 땅을 향해 고독하게 나아갔다. 다섯 명의 주인공은 스콧, 보어스, 오츠, 윌슨, 에반스였다.

나침반의 푸른 바늘이 남극 가까이서 바르르 떨고 있던 이 마지막 며칠간 스콧의 고백은 점점 불안해졌다. "우리 오른쪽에서 움직이던 그림자가 차츰 앞쪽으로 그리고 다시 왼쪽으로 이동해 가기까지 얼마나 많은 시간이 걸렸던가!" 그러나 그러는 중에도 희망은 점점 더 밝게 빛났다. 스콧은 지나온 길들을 점점 더 열정적으로 기록했다. "남극까지 겨우 150킬로미터 남았다. 그러나 이런 식으로 행군을 계속한다면 우린 견디지 못할 것이다."

그리고 피로감에 대해서도 적었다. 이틀 뒤, "아직도 137킬로미터나 남았다. 그 거리는 매우 힘이 들 것이다." 그러다가 갑자기 승리감에 찬 어조로 말한다. "남극까지 겨우 94킬로미터다. 도착은 못했지만 정말로 가까이에 왔다." 1월 14일, 드디어 희망이 확신으로 바뀐다. "이제 겨우 70킬로미터, 목적지가 우리 눈앞에 있

다!" 다음 날에는 벌써 밝은 환호성 속에 불처럼 타오르는 명랑함
이 엿보인다. "겨우 50킬로미터, 우린 가야 한다, 어떤 대가를 치
르더라도!"

비약적인 이 몇 줄의 글에서 그들의 희망의 줄이 얼마나 팽팽
한지, 그들의 신경이 얼마나 기대와 초조함으로 떨리고 있는지를
속속들이 느낄 수 있다. 먹이가 가까이 있었다. 그들은 이미 지구
최후의 신비를 향해 손을 뻗치고 있었다. 마지막 하나의 동작만
하면 목표는 달성될 참이었다.


## 너무 늦은 유니언잭

일기에는 '달구어진 분위기'라고 적혀 있다. 이날 아침 그들
은 다른 날보다 일찍 출발했다. 무서울 정도로 아름다운 비밀을
보고자 하는 초조함에 아침 일찍 침낭 속에서 나왔다. 오후까지
14킬로미터의 거리를 다섯 명이, 영혼도 없이 하얗기만 한 빙판
을 뚫고 행진했다. 이제 목표를 잃을 염려는 없었다. 인류를 위한
위대한 일이 거의 성사된 단계에 이르렀다.

갑자기 보어스가 불안해했다. 그의 눈은 광활한 눈벌판에 있는
하나의 어두운 작은 점에 붙박힌 채 타올랐다. 그는 자기가 짐작
한 것을 발설할 용기가 없었다. 불안감은 그만의 것이 아니었다.
인간의 손길이 여기에 이미 길 표지를 남겼으리라는 똑같은 생각

이 모두의 가슴속에서 두렵게 일어나고 있었다. 그들은 일부러 진정하려고 애썼다. 그들은 스스로를 이렇게 타일렀다. 마치 로빈슨 크루소가 섬에서 다른 사람의 발자국을 자기 자신의 것이라고 생각하려 했듯이, 저것은 그저 얼음이 갈라진 것이거나 아니면 반사된 것이라고. 그들은 떨리는 심정으로 가까이 다가갔다. 여전히, 여전히 서로를 속이려고 애썼다. 저 노르웨이 사람 아문센이 한발 앞서 다녀갔다는 사실을 이미 알고 있으면서도.

썰매대 위에 높이 꽂힌 검은 깃발 하나가 이 확실한 사실에 대한 최후의 의심을 깨뜨려버렸다. 캠프가 차려졌던 흔적 위로 썰매의 활목과 수많은 개 발자국이 남아 있었다. 아문센이 캠프를 만든 자리였다. 인류 역사상 아주 끔찍한 일, 알 수 없는 일이 일어난 것이다. 수천 년간이나, 어쩌면 지구가 시작된 이후로 지금까지 아무도 들여다보지 못했던 남극에, 극히 짧은 순간에, 겨우 한 달 사이에 두 번씩이나 거듭 사람이 들어선 것이다. 그리고 그들은 지금 두 번째였다. 수백만의 달月 중에 겨우 한 달 늦은 것이지만, 오직 처음, 처음만이 전부인 그런 일에, 두 번째는 아무것도 아닌 그런 일에서 그들은 두 번째였다. 그 모든 긴장이 허사로, 그 모든 고생이 우스꽝스러운 것으로, 여러 주 여러 달 여러 해의 희망들이 정신 나간 것으로 돌아가버리고 말았다. "그 모든 노력, 그 모든 고생, 그 모든 고통은 대체 무엇을 위한 것이었던가?"라고 스콧은 일기장에 썼다. "이젠 끝나버린 꿈을 위한 것." 눈물이 흘렀다. 그들은 너무나 피곤했지만 밤잠을 이룰 수가 없었다. 울적

한 마음으로 아무런 희망도 없이, 사형선고를 받은 사람들처럼 그들은 환호하면서 달려들리라 생각했던 이 남극을 향해 최후의 행보를 내디뎠다. 아무도 서로를 위로하려고 하지 않았다. 모두가 말없이 계속 나아가기만 했다.

1월 18일, 스콧 대장과 네 명의 대원이 남극에 도달했다. 첫 번째라는 도취감으로 눈이 멀지 않았기에 스콧은 멍한 눈길로 슬픈 풍경을 바라보았다.

"여기에 볼 것이라곤 없다. 지난 며칠간의 몸서리나는 단조로움과 다른 그 무엇도 여기엔 없다."

이것이 스콧이 남극에 대해 기록한 전부다. 그들이 남극에서 찾아낸 특이한 것이라고는 자연적으로 만들어진 것이 아니라 심술궂은 인간의 손으로 만들어진 것이었다. 아문센의 천막 앞에 꽂힌 노르웨이 국기가 뻔뻔스럽고도 승리에 찬 모습으로 정복당한 인류의 벽 위에서 휘날렸다. 정복자의 편지 한 통이 여기서 자기 뒤를 이어 이곳을 밟게 될 생면부지의 사람을 기다리고 있었다. 노르웨이의 하콘 왕에게 편지를 보내줄 것을 청하는 내용이었다. 스콧은 이 가혹한 의무를 성실하게 이행하리라 마음먹었다. 자기 자신의 것으로 삼고 싶었지만 다른 사람이 이미 달성한 이 위업에 대해 전 세계 앞에서 증인이 되기로 한 것이다.

그들은 슬픔에 차서 영국기, '너무 늦게 온 유니언잭'을 아문센의 승리의 깃발 옆에 꽂았다. 그런 다음 그 '위안 없는 명예욕의 장소'를 떠났다. 바람이 차갑게 뒤에서 불어왔다. 스콧은 예언적이고 심술궂은 태도로 일기에 이렇게 적었다. "돌아갈 길이 무섭구나!"

## 죽음을 향한 귀환

돌아가는 길은 열 배나 더 위험했다. 극점에 이르는 길은 나침반이 가르쳐주었지만, 돌아가는 길에 그들이 의지할 수 있는 것이라곤 자신들이 남긴 흔적뿐이었다. 그들은 흔적을 놓치지 않기 위해 무척 조심해야 했다. 앞으로 여러 주 동안 단 한 차례도 흔적을 잃어버리지 않아야만 보급품을 다시 얻을 수 있었다. 옷과 음식 그리고 석유, 즉 온기를 얻을 수 있는 것이다. 눈보라가 시야를 가리기라도 할라치면 걸음을 옮길 때마다 불안감이 그들을 엄습했다. 길을 잃는 순간 곧장 죽음으로 내몰릴 참이었다. 게다가 지금 그들의 몸은 처음 출발했을 당시의 그 싱싱한 몸이 아니었다. 그때는 아직도 풍부한 영양 공급을 받은 결과 신체의 화학 에너지가 충분했고, 또한 남극의 고향에 자리잡은 따뜻한 본부의 열기로 채워져 있었다.

그러나 지금은 그들 가슴속의 강철 같던 의지마저 느슨해져 있었다. 남극으로 가는 길은 전 인류의 호기심과 동경을 구현하는 길이라는 초지상적인 희망이 그들의 에너지를 영웅의 그것처럼 팽팽하게 만들어주었다. 불멸을 향하고 있다는 의식이 그들에게 초인적인 힘을 부여했다. 그러나 지금은 오직 육체, 언젠가는 죽고야 말 육체의 생명을 위해, 명예도 없는 귀향을 위해 싸우고 있었다. 그들의 속마음은 그러한 귀향을 바란다기보다는 오히려 두려워하고 있었다.

이 귀향길에 적은 메모들은 읽기가 겁날 정도다. 날씨는 계속 나빴다. 겨울은 보통 때보다 더 일찍 시작되었다. 부드러워야 할 눈은 단단하게 응결되어 걸을 때마다 신발이 얼음에 박히는 것 같았다. 그들의 발걸음은 그것에 발목 잡혀 번번이 늦추어졌고, 서리는 지친 몸을 더욱 약하게 만들었다. 길을 잃고 헤매기를 며칠, 마침내 보급품이 있는 곳에 당도할 때마다 작은 환호성이 터져 나왔다. 그러고 나면 그들의 말 속에는 비록 순간이지만 신뢰의 불꽃이 다시금 확 피어올랐다. 과학자인 윌슨이 죽음을 목전에 둔 이러한 상황에서도 관찰을 계속하고, 자신의 썰매에 온갖 필요한 장비 이외에도 16킬로그램이나 되는 희귀한 광물들을 싣고 있었다는 사실은, 이 사람들이 그토록 무서운 고독 속에서도 잃지 않았던 위대한 정신을 잘 증명해주고 있다.

그러나 인간의 용기는 자연의 엄청난 힘 앞에 서서히 굴복하고 있었다. 자연은 다섯 명의 대담한 인간들에 맞서 수천 년간이나 지녀온 파멸적인 힘을 가차없이 내보였다. 추위, 서리, 눈, 바람이었다. 발은 이미 오래전부터 너덜너덜할 정도로 상해 있었고, 따뜻하지만 하루 한 끼뿐인 식사로 충분히 덥혀지지 못한 몸은 점점 줄어드는 식사량 때문에 차차 말을 듣지 않게 되었다. 어느 날

대원들은 놀랍게도 자기들 중 가장 힘이 좋았던 에반스가 얼토당
토않은 일을 시도하는 것을 보았다. 갑자기 멈추어 서서는 현실적
인, 혹은 상상적인 고통을 쉬지 않고 호소하는 것이었다. 그의 이
상스런 지껄임을 듣고서 동료들은 이 불행한 사나이가 그 어떤
끔찍한 고통으로 마침내 미쳐버렸다는 사실을 알게 되었다. 그를
어떻게 할 것인가? 이 얼음 들판에 내버려둘 것인가? 그들에게는
지체할 시간이 없었다. 한시라도 빨리 보급품이 있는 곳에 도달해
야만 했다. 그렇지 않으면…. 스콧 자신도 그 말을 쓰기를 머뭇
거린다. 2월 17일 밤 1시, 이 불행한 장교는 '도살장' 도착을 하루
앞두고 죽고 만다. 도살장에서 그들은 한 달 전 죽인 포니로 풍성
한 식사를 마련했다.

　네 사람은 다시 행진하기 시작했다. 그러나 불운이여! 다음 보
급품은 새로운 실망을 안겨주었다. 기름이 너무 적었다. 이는 추
위에 대항할 유일한 무기인 땔감을 절약해야 한다는 뜻이었다. 이
제 얼음처럼 차가운 폭풍우 치는 밤을 보낸 다음에도 기운 없이
깨어나야 했다. 모피 신발을 신을 기운조차 없었다. 그렇지만 그
들은 계속해서 나아갔다. 그들 중 오츠는 동상에 걸린 발로 계속
전진했다. 바람은 전날보다 더 날카로웠다. 3월 2일, 다음번 보급
품 기지에 도착했다. 그러나 무서운 실망이 되풀이되었다. 역시
땔감이 너무 적었다.

　이제 두려움이 입 밖으로 튀어나왔다. 일기에서 스콧이 공포
를 억제하려고 얼마나 노력했는지를 엿볼 수 있다. 그러나 날카로

운 절망의 외침이 그의 꾸며낸 침착함을 연달아 뒤흔들어놓는다. "이렇게 계속할 수는 없다"라거나 "신이여, 우리와 함께하소서! 이런 긴장을 더는 견딜 수 없습니다"라거나 "우리의 유희는 비극적으로 끝날 것이다"라거나. 마침내 무시무시한 깨달음이 적혀 있다. "섭리여, 우리를 도와주소서! 인간에게는 이제 더는 기대할 것이 없습니다." 하지만 그들은 이를 악물고 앞으로 나아갔다.

오츠는 점점 상태가 나빠져 동료들에게 도움을 주기는커녕 짐이 되고 있었다. 그들은 한낮에도 기온이 영하 42도를 밑돌자 행진을 망설이지 않을 수 없었다. 오츠는 자기가 동료들에게 불운을 가져오고 있음을 알아차렸다. 이미 그들은 마지막을 위한 준비를 해두고 있었다. 그들은 윌슨에게 모르핀 10알씩을 받아서 필요할 경우 자신의 최후를 앞당길 준비를 해놓았다. 그들은 하루라도 더 환자와 함께 행진하려고 노력했다. 어느 순간 오츠가 자기를 침낭 속에 그대로 놓아두고 서로의 운명을 달리하자고 제안했다. 그들은 그 제안을 완강히 거부했지만, 그 제안이 짐을 덜어주리라는 사실을 너무나도 잘 알고 있었다. 오츠는 얼어붙은 두 발로 몇 킬로미터를 비틀거리며 나아갔다.

밤을 보낼 캠프가 설치되었다. 오츠는 동료들과 함께 아침까지 잠들었다. 그들 모두가 밖을 내다보았다. 폭풍이 몰아치고 있었다. 오츠가 갑자기 일어서며 말했다.

"잠깐 밖에 나갔다 오겠소. 어쩌면 오래 걸릴지도 모르겠소."

다른 사람들은 몸을 떨었다. 그러나 아무도 그를 말리지 못했다. 그렇다고 작별의 손을 내밀지도 못했다. 두려움 속에서 모두는 이니스킬링 기병대 대위 로런스 오츠가 영웅처럼 죽음을 향해 나아간다는 사실을 느끼고 있었다.

지치고 약해진 세 사람은 끝없이 얼어붙은 벌판 위를 걸었다. 이미 희망 같은 건 없었다. 그저 막연한 본능만이 비틀거리는 걸음을 재촉했다. 날씨는 점점 사나워졌다. 보급품을 만나도 언제나 그랬듯이 새로운 실망만 얻었다. 언제나 기름이, 그러니까 온기가 모자랐다.

3월 21일, 그들은 천막을 떠날 엄두가 나지 않았다. 다음 보급 기지에서 겨우 20킬로미터 떨어진 곳이었지만, 살인적인 바람이 불었다. 매일 저녁 그들은 내일 아침에는 출발해 목적지에 도달하기를 희망했다. 그러는 동안 식량이 떨어졌고 그와 함께 마지막 희망도 사라졌다. 땔감은 동나버렸고, 기온은 여전히 영하 40도를 가리키고 있었다. 모든 희망이 사라졌다. 그들은 이제 굶어 죽느냐 얼어 죽느냐의 갈림길에 있었다. 여드레 동안이나 세 사람은 하얀 설원 위의 차가운 텐트 안에서 피할 길 없이 다가오는 죽음에 맞서 싸웠다.

3월 29일, 그들은 어떠한 기적도 자신들을 구할 수 없음을 알았다. 그래서 불운을 향해 한 걸음 더 나아가기보다는 다른 모든 불행을 견뎌냈듯이 이제 죽음을 견뎌내기로 결정했다. 그들은 각자 침낭 속으로 기어들어갔고, 그들의 마지막 고통은 바깥세상으로 한숨 한 번 새어나오지 않았다.

# 그들의 마지막 며칠

마지막이었다. 눈에 보이지 않았지만 분명히 죽음은 가까이 다가와 있었다. 밖에서는 폭풍이 얇은 텐트 벽을 미친 듯이 쳐댔다. 스콧 대장은 이 고독한 시간에 자기와 관련된 온갖 것을 떠올렸다. 인간의 음성이 한 번도 꿰뚫은 적 없는 얼어붙은 침묵 속에서 자기 민족과 전 인류를 향한 동료 의식이 영웅적으로 그의 의식에 각인되었다. 정신의 내적인 신기루가 사랑, 충성, 우정 등을 통해 그와 결부되어 있던 모든 사람의 초상을 이 하얀 설원 속으로 불러들였고, 그는 그들을 향해 말하기 시작했다. 스콧은 꽁꽁 언 손가락으로 사랑하는 모든 사람에게 편지를 쓰기 시작했다.

이 편지들은 놀라운 것들이다. 죽음을 바로 옆에 두고 쓴 이 편지들 속에는 온갖 자질구레한 일이 적혀 있었다. 사람이 산 적 없는 하늘의 수정 같은 대기가 그 안에 스며든 듯했다. 이 편지들은 특정한 누군가를 향한 것인 동시에 전 인류를 향한 것이기도 하다. 한 시대를 향해 쓴 것인 동시에 영원을 위한 말이기도 하다.

그는 아내에게 편지를 썼다. 최고의 유산인 아들을 부탁하고 무엇보다도 아들이 게으름에 빠지는 것을 경계했다. 그리고 세계사에서 고귀한 하나의 업적 끝에 있는 자기 자신에 대해 이렇게 고백하고 있다. "당신도 알다시피 나는 항상 근면해지도록 자신을 채찍질하지 않으면 안 되었소. 나는 언제나 게을러지려는 성향을 가지고 있었으니 말이오." 죽음을 목전에 두고 그는 자신이 내린 결정을 탄식하기는커녕 오히려 찬양하고 있다. "어떻게 당신에게 이 여행의 어려움을 다 전할 수 있으리오. 하지만 집에 편안하게 앉아 있었던 것보다는 얼마나 잘한 여행이었던가!"

그리고 충실한 동료애로써 자신과 함께 고난을 겪고 있는 동료들의 아내와 어머니에게도 편지를 썼다. 거기서 그는 동료들의 영웅적인 죽음을 증언하고 있다. 그 자신이 죽어가는 처지에서 바로 이 순간의 위대함과 이 몰락의 가치에 대한 강하고도 초인간적인 믿음을 가지고 다른 사람의 가족들을 위로하고 있다.

그는 친구들에게도 편지를 썼다. 자신은 비록 보잘것없는 존재이지만 이 순간만큼은 전 민족에 대한 긍지에 넘쳐서 자랑스런 민족의 자랑스런 아들임을 느끼고 있다고 했다. "내가 위대한 발견자였는지는 모르겠다. 그러나 우리의 마지막은 우리 민족의 용감한 정신과 인내력이 사라지지 않았음을 입증해줄 것이다." 이제 죽음은 그에게 남자다운 완고함과 영적인 순결함으로 인해 일생 동안 말하지 않았던 우정을 고백하도록 허락했다. 그는 가장 친한 친구에게 이렇게 썼다. "내 일생 동안 자네만큼 감탄하고 사랑했던 사람을 만난 적이 없네. 그런데도 자네의 우정이 내게 어떤 의미가 있는지 한 번도 표현하지 못했군. 자네는 늘 베풀었고 난 아무것도 준 게 없으니 말일세."

그리고 모든 편지 중에서 가장 아름다운 마지막 편지는 영국 국민에게 쓴 편지다. 그는 영국의 명예를 건 이 싸움에서 자신이 죄 없이 실패한 것에 대해 변명할 필요성을 느꼈다. 그는 자신에게 대항해 작당한 우연들을 일일이 열거한 뒤, 죽음의 울림이 만들어준 놀라운 파토스(고통의 열정)가 담긴 목소리로 모든 영국인에게 뒤에 남겨진 사람들을 버리지 말아달라고 호소한다. 그의 마지막 생각은 이미 자기 운명을 넘어선 것이었다. 그의 마지막 말은 자신의 죽음이 아닌, 살아남은 대원들의 삶에 대한 것이었다. "제발 뒤에 남겨진 우리 대원들을 보살펴주십시오!" 그다음 종이들은 비어 있다.

마지막 순간까지, 손가락이 얼어붙어 만년필이 그의 굳은 손에서 굴러떨어질 때까지 스콧 대장은 일기를 썼다. 뒷날 자기 시체 곁에서 자기 자신과 영국인의 용기를 증명해줄 이 종이들이 발견되리라는 희망이 그로 하여금 이토록 초인적인 긴장을 갖도록 해주었던 것이다. 이미 얼어붙은 손가락은 마지막 소원을 이렇게 적고 있다. "이 일기장을 내 아내에게 보내주십시오." 그러나 그의 손은 무서운 확고함으로 '내 아내'라는 말 위에 '내 미망인'이라는 말을 덧쓰고 있다.


## 그들의 부활

대원들은 몇 주를 오두막에서 기다렸다. 처음에는 마침내 정복했을 것이라는 확신에 차 있었다. 그러나 시간이 지나면서 확신은 두려움으로 변했고, 두 번이나 구조에 나섰지만 날씨 때문에 돌아와야 했다. 이 겨울 내내 대장을 잃은 대원들은 아무런 목적 없이 그냥 오두막에 머물렀다. 파멸의 그림자가 어둡게 그들의 가슴에 드리워졌다. 이 몇 달 동안 스콧 대장의 운명과 행위는 눈과 침묵 속에 파묻혀 있었다. 얼음은 그들을 유리관 안에 은폐했다.

남극의 봄인 10월 29일이 되어서야 탐험대가 다시 출발할 수 있었다. 영웅들의 시체라도, 그들의 메시지라도 찾기 위해서였다. 그리고 11월 22일, 그들은 텐트를 발견했다. 영웅들의 시체가 언 채로 침낭 안에 있었다. 스콧은 윌슨을 형제처럼 안고 있었다. 그들은 편지와 기록 들을 찾아냈고, 비극적인 영웅들을 위한 무덤을 하나 팠다. 눈 언덕 위에 소박한 검은 십자가가 고독하게 솟아났다. 그 십자가는 인류의 영웅적인 업적의 증언을 자기 아래 영원히 감추고 있다.

그러나 아니다! 그들의 업적이 부활했으니, 기대하지도 못한 놀라운 일이었다. 우리 기술 시대의 놀라운 기적이었다! 대원들이 가져온 감광판과 필름 들이 화학약품에 들어가자 피사체가 되살아났다. 사람들은 스콧과 그 대원들이 행진하는 모습과 그 사람들 이외에는 저 아문센만이 보았을 남극의 풍경을 보게 되었다. 전깃줄에 연결되자 그의 말과 편지의 메시지가 놀라 입 벌린 세상을 향해 튀어 나왔고, 왕국의 대성당에서는 국왕이 영웅들을 기념해 무릎을 꿇었다. 그렇게 해서 허사로만 보이던 일이 결실을 거두었고, 성취할 수 없는 일을 향해 에너지를 모으라고 인류를 향해 외쳐봐도 소용없던 것들이 성과를 얻었다.

위대한 모순이지만 영웅적인 죽음으로부터 삶이 솟구치고, 몰락으로부터 무한한 상승 의지가 솟구치는 법이다. 명예를 향한 욕망은 성공이라는 우연성에만 집착하며 불타오른다. 그러나 한 인간의 몰락만큼, 이길 수 없는 운명의 거대한 힘에 맞서 싸우도록 그렇듯 장엄하게 인간의 심정을 드높이는 것은 없다. 그러한 몰락이야말로 시인이 여러 번 그리고 삶이 수없이 형상화해낸 모든 비극 중에서 가장 위대한 비극이다.

# 세계를 향해 날아간 탄알

---

## 1917년 4월 19일

---

## 레닌의 귀환

---

Vladimir Il'ich Lenin,
1870~1924




## 구두 수선공 집에 사는 남자

　제1차 세계대전이라는 거대한 물살이 사방을 둘러싸고 있던 1915년부터 1918년까지, 작은 평화의 섬 스위스는 줄곧 흥미로운 탐정소설의 무대가 되곤 했다. 1년 전까지만 해도 브리지 게임을 즐기며 서로를 집으로 초대했던 적대국 대사들은 이제 예전의 그 호사스러운 호텔에 묵으면서도 마치 생면부지의 사람들처럼 서로를 냉담하게 스쳐지나갔다. 그들의 방에서는 알 수 없는 사람들이 무더기로 쏟아져 나오곤 했다. 대사, 비서, 대사관 직원, 사업가, 베일을 내려뜨린 혹은 내려뜨리지 않은 귀부인, 그 모두가 비밀 임무를 띠고 있었다. 호텔 앞에 도착한 외국 귀빈 표지가 붙은 멋진 자동차들에서는 제조업자, 기자, 유명한 음악가, 여행을 즐기려는 듯한 사람 등이 내리곤 했다. 하지만 그들 역시 같은 임무를 띠고 이곳에 나타난 사람들이었다. 무엇이든 알아내고 염탐하는 게 임무였다. 그들을 방으로 안내하는 호텔 종업원이나 메이드들 또한 몹시 초조해하며 그들을 관찰하고 그들의 대화를 엿들으려 애썼다. 음식점, 하숙집, 우체국, 카페 등 어디서나 서로 적대적인 사람들이 활동하고 있었다.

선전이라고 하는 것도 절반쯤은 염탐이었고, 사랑의 행동처럼 보이는 것도 알고 보면 배신이었다. 이 모든 여행자의 공식적인 여행 사유 뒤에는 제2, 제3의 이유가 감추어져 있었다. 모든 것이 검사되고 감시되었다. 독일의 주요 인사가 취리히에 발을 들여놓는 순간, 베른에 있는 적대국 대사관에서 벌써 그 사실을 알았고, 한 시간 뒤면 파리에서도 알았다. 비밀 요원들은 지위고하를 막론하고 사실과 허위에 대한 보고로 가득 찬 꾸러미를 하루종일 대사관 직원에게 보냈다. 대사관 직원들 역시 같은 일을 했다. 유리벽에 둘러싸인 것이나 마찬가지였다. 전화는 도청되었고, 휴지통에 버려진 쪽지들과 폐기된 서류들은 퍼즐처럼 맞춰져 상대방의 연락 내용을 알아내는 정보로 이용되었다. 이 모든 복마전 끝에 많은 사람이 자기 자신이 정말 누구인지 모르는 상황이 되었다. 쫓는 자인지 쫓기는 자인지, 염탐꾼인지 염탐을 당하는 자인지, 배신자인지 배신을 당한 자인지 알 수가 없게 되어버린 것이다.

그러나 이러한 상황에서도 단 한 사람에 대해서만큼은 거의 아무런 보고가 없었다. 어쩌면 그가 고급 호텔에도 들르지 않고, 카페에도 앉아 있지 않고, 선전 대열에도 끼어들지 않아서일 것이다. 그는 사람들 눈에 띄지 않게 아내와 함께 어느 구두 수선공 집에 은둔해 있었다. 그 집은 취리히 리마트강 바로 뒤 구시가지의 좁은 골목들이 구부러진 슈피겔 거리에 있었다. 그곳에는 둥근 천장을 한 집들이 다닥다닥 붙어 있었는데, 구두 수선공의 집도 그중 하나였다. 그는 절반은 세월로 절반은 아래쪽 마당에 자리잡은 작은 소시지 공장의 연기에 그을려 색이 바랜 그 집 3층에 세 들어 살았다. 제빵공의 아내와 이탈리아 사람, 오스트리아 배우 등이 그의 이웃이었다. 그는 과묵했다. 그래서인지 이웃들이 그에 대해 아는 것이라고는 러시아 사람이라는 것, 이름이 발음하기가 어렵다는 것 정도였다. 집주인 여자는 그가 여러 해 전에 고향에서 도망쳐 나와 현재 재산도 없고 그렇다고 어떤 수익 좋은 사업을 하는 것도 아니라는 사실을, 보잘것없는 부부의 식사와 낡아빠진 옷만으로도 쉽게 알수 있었다. 이사올 때에도 낡은 옷가지와 작은 바구니 하나 달랑 들고 왔을 뿐이었다.

이 조그맣고 땅딸막한 사내는 그렇게 눈에 띄지 않는 존재였다. 되도록 그 자신도 눈에 띄지 않으려는 듯 보였다. 그래서인지 한 집에 사는 사람들도 날카롭고 어두운 그의 눈을 보는 일이 드물었고, 방문객이 찾아오는 경우도 거의 없었다. 그러나 그는 규칙적으로 매일 아침 9시에 도서관에 가서 문을 닫는 12시 점심시간까지 책을 읽었다. 정확하게 12시 10분에 집으로 돌아왔다가 1시 10분 전에 다시 집을 나서서 제일 먼저 도서관에 도착했고 저녁 6시까지 줄곧 책만 읽었다. 염탐꾼들은 오직 말 많은 사람들만 주목했을 뿐, 공부만 하는 이 고독한 사람이 세계의 혁명 전선에서 가장 위험한 인물이 되리라는 사실을 눈치채지 못했다. 그래서 구두 수선공 집에 살고 있는 이 눈에 띄지 않는 사내에 대해서는 한 줄의 보고서도 쓰지 않았던 것이다.

사회주의 그룹 사이에서도 그는 런던에 있는 과격한 성향의 작은 러시아 이민자 신문사에서 편집자로 일했고, 페테르부르크에서는 정치적 입지도 없는 특정 당의 당수 노릇을 했다는 정도로만 알려져 있었다. 아니, 그에 대해서는 거의 신경도 쓰지 않았다. 그것은 그가 사회주의 정당에서 명망 있는 인물들을 냉혹하고 경멸에 찬 태도로 비판하며 그들의 노선 또한 오류라고 지적했기 때문이다. 어쩌면 상냥한 데라곤 전혀 없어 접근조차 하기 어려운 그의 성격 때문인지도 몰랐다.

저녁이 되면 이따금 그도 어느 작은 프롤레타리아 카페로 사람들을 소집하곤 했다. 모임에는 고작해야 15~20명가량이 모였는데, 대개는 젊은 사람이었다. 그러니 사람들은 모든 러시아 망명객이 그렇듯, 이들 역시 차를 많이 마시고 열을 올려 토론하는 괴짜들로 보였다.

아무도 이 엄격한 이마를 가진 작은 사내를 눈여겨보지 않았다. 취리히에 사는 그 누구도 구두 수선공 집에 세 들어 사는 이 사내, 블라디미르 일리치 울리야노프라는 이름을 기억해두는 것이 중요한 일이 되리라고 생각지 않았다. 설사 당시 이 대사관에서 저 대사관을 오가던 화려한 자동차 중 하나가 우연히 이 사내를 치어 죽였다하더라도, 세계는 울리야노프라는 이름으로, 혹은 레닌이라는 이름으로 그를 알아보지도 기억해내지도 못했을 것이다.

## 모두들 돌아오라

1917년 3월 15일, 취리히 도서관의 사서에게 놀라운 일이 일어났다. 시곗바늘이 9시를 가리켰는데도 그 시각이면 정확하게 그 자리에 앉아 있어야 할 인물이 보이지 않았던 것이다. 9시 반, 10시가 되었는데도 이 지치지 않을 것 같던 독서가는 오지 않았다. 실은 다시는 오지 않을 참이었다. 어쩌면 도서관으로 오던 도중 러시아 친구 하나를 만나 그에게서 러시아에 혁명이 일어났다는 소식을 듣게 되었는지도 모를 일이었다.

레닌은 처음에는 그 사실을 믿으려 하지 않았다. 그저 멍한 채로 마비된 듯 서 있었다. 그러나 다음 순간 짧고 빠른 걸음으로 호숫가에 있는 가판대로 향했다. 그 후부터 그는 거기 또는 신문사 편집실 앞에서 매일 매시간을 기다렸다. 그것은 사실이었다. 그 소식은 매일매일 더욱 더 사실로 다가왔다.

처음에는 그저 궁중 혁명과 각료 교체 소식만 들려왔다. 그러더니 러시아 황제 차르의 실각과 임시 정부의 등장, 두마Duma, 러시아의 자유, 정치범 석방 등 그가 여러 해 전부터 꿈꾸어오던 모든 것이 현실로 나타났다. 그가 20년 전부터 비밀 조직에서, 감옥에서, 시베리아에서, 망명지에서 현실로 만들기 위해 싸워왔던 것들이었다. 이 전쟁에서 잃은 수백만의 목숨이 헛되지 않았었다! 무의미한 죽음이 아니었다. 그들은 진정 자유와 정의와 영원한 평화의 새로운 왕국을 세우기 위한 순교자들이었다! 내가, 그들이 꿈꾸었던 왕국이 이제 막 시작된 것이다. 보통 때는 얼음처럼 차갑고 계산적이던 이 냉혹한 몽상가는 이 사실에 열광했다. 그만이 아니었다. 제네바와 로잔과 베른의 작은 망명 숙소에 앉아 있던 다른 수백 명 또한 이 기쁜 소식에 얼마나 들뜨고 환호했던가. 러시아로 돌아갈 수 있다! 가짜 여권과 가짜 이름으로 죽음을 무릅쓰고 차르의 제국으로 돌아가는 것이 아니다. 당당히 자유 시민으로서 자유 국가로 돌아갈 수 있게 된 것이다!

이미 모두들 얼마 안 되는 짐을 꾸리고 있었다. "모두들 돌아오라!"라는 막심 고리키의 함축적인 전보가 신문에 실렸기 때문이다. 그들은 사방으로 편지와 전보를 보냈다. 귀국하라, 귀국하라! 모여라! 하나가 되라! 최초로 깨어나던 그 순간부터 그대들이 생명을 바쳐 이룩하려던 사업을 위해 한 번 더 생명을 바쳐라. 러시아 혁명을 위해서.


## 돌아가야 한다

그러나 며칠이 지나자 깜짝 놀랄 만한 사실이 밝혀졌다. 독수리가 날아오르듯 그들의 마음을 하늘로 날려올렸던 저 러시아 혁명은 그들이 꿈꾸어온 혁명이 아니며 러시아 혁명도 아니라는 사실이었다. 그것은 차르에 대항한 궁중 반란일 뿐이었다. 그 배후에는 독일과 평화 조약을 맺으려는 차르를 막기 위한 영국과 프랑스 대사관의 음모가 있었다. 평화와 자신들의 권리를 바라던 민중의 혁명이 아니었던 것이다. 그들이 그것을 위해 살아왔고 목숨까지 바칠 준비가 되어 있던 그 혁명이 아니라, 자기들의 계획을 방해받고 싶지 않은 저 제국주의 국가들과 장군들의 음모였다.

레닌과 그의 동지들은 귀국을 재촉하던 저 부름이 과격한 카를 마르크스의 혁명을 바라는 사람들에게는 해당되지 않는다는 사실을 곧 깨달았다. 밀류코프와 다른 자유주의자들은 벌써 레닌 일파의 귀국을 막으라는 명령을 내려놓은 상태였다. 전쟁을 연기하는 데 쓸모가 있는 폴 레하노프 같은 온건파 사회주의자들에게는 어뢰정을 타고 영국을 떠나 멋진 환영을 받으며 페테르부르크로 돌아오라고 한 반면, 핼리팩스에 있던 트로츠키와 그 밖의 다른 과격 사회주의자들은 국경에서 발이 묶이고 말았다. 독일에 대항하는 협상에 참여한 나라들의 국경선에는 이미 블랙리스트가 놓여 있었다. 짐머발트에서 열린 제3차 인터내셔널 대회에 참석한 사람들의 이름이 그 명단에 올라 있었다.

레닌은 절박한 심정으로 페테르부르크로 거듭 전보를 쳤지만, 그 전보들은 몰수되거나 전달되지 않았다. 취리히는 물론 유럽에 있는 그 누구도 모르는 사실을 러시아에서는 정확하게 알고 있었기 때문이다. 레닌이 얼마나 강하고 정열적이고 목적 지향적이며, 치명적인 인물인지를 말이다.

힘없이 억류된 자들의 절망감은 끝이 없었다. 그들은 벌써 여러 해 전부터 런던, 파리, 빈 등지에서 수많은 참모 회의를 열어 러시아 혁명의 전략을 궁리했다. 그들은 조직의 세부까지도 고려해 미리 검토하고 토론했다. 레닌은 일생을 다 바쳐서 혁명 전략 구상에 몰두했다. 한 점 세포에 이르기까지 고민에 고민을 거듭했고 이제 최종적인 형식화에까지 도달했다. 그런데 그가 여기 스위스에 발이 묶여 있는 동안, 혁명은 오로지 자신들의 이익을 위해 민족 해방의 성스러운 이념을 희생시키려는 자들의 손에 의해 망쳐가고 있었다.

레닌은 이 며칠 동안 전쟁 발발 초기 독일의 힌덴부르크 장군과 비슷한 운명을 겪게 된다. 힌덴부르크는 40년 동안이나 러시아 전선에서 전쟁 연습과 훈련을 지휘하다가 퇴역했다. 그러나 막상 전쟁이 발발하자 시민복을 입은 채로 집에서 지도 위에 작은 깃발을 꽂아가며 현재 소집된 장군들의 진군이나 작전의 실패를 구경이나 하고 있어야 했다. 마찬가지로 이 절망의 시기에 보통은 확고한 현실주의자였던 레닌도 어리석고 망상에 가까운 꿈들을 꾸었다. 비행기를 한 대 빌려서 독일이나 오스트리아 상공으로 날아갈 수 없을까? 하지만 막상 도와주겠다고 나선 사람은 처음부터 스파이임이 밝혀졌다. 러시아로 몰래 들어가려는 생각은 점점 더 거칠고 광포해져갔다. 자기에게 스웨덴 여권을 만들어주기만

하면 정보를 발설하지 않도록 벙어리 노릇을 하겠다는 내용의 편
지를 스웨덴으로 써보내기도 했다.

물론 이 모든 몽상적인 밤들을 지내고 난 다음 날 아침이면 레
닌 자신도 이 모든 허망한 꿈이 실현 불가능한 것이라는 사실을
깨닫곤 했다. 그러나 밝은 대낮에도 바뀌지 않는 생각이 있었다.
러시아로 돌아가야 한다, 혁명을 해야 한다. 정치적인 혁명이 아
니라 올바른, 정직한 혁명을. 하루빨리 돌아가야 한다. 어떤 대가
를 치르더라도!


## 어떤 대가를 치르더라도

스위스는 이탈리아, 프랑스, 독일, 오스트리아 사이에 자리
잡고 있다. 연합군 측에 속한 국가들을 통과하는 길이 혁명가인
레닌에게는 봉쇄되어 있었다. 전쟁 상대국인 독일과 오스트리아
를 통과하는 것도 러시아 사람인 그에게는 마찬가지로 막힌 길이
었다. 그러나 정세는 부조리했다. 밀류코프의 러시아나 푸앵카레
의 프랑스가 아닌, 빌헬름 황제 치하의 독일에서 오히려 나은 대
접을 기대할 수가 있었으니 말이다. 독일은 미국의 참전 선언을
목전에 둔 상태에서 무슨 대가를 치르더라도 러시아와 화평을 맺
어야 했다. 그래서 영국과 프랑스 대사들을 항상 곤란한 상황으로
몰아넣었던 이 러시아 혁명가가 그들에게는 환영할 만한 조력자

가 될 참이었다.

그러나 레닌 자신이 지금까지 모든 저서에서 수없이 비난하고 협박한 황제국인 독일과 협상을 한다는 것은 엄청난 책임이 뒤따르는 일이었다. 당시까지의 도덕 체계로 따져본다면, 전쟁 도중에 적대국 참모부의 승인을 얻어 적국을 밟으며 통과한다는 것은 당연히 최고의 국가 배신행위였다. 그러한 행동이 당뿐만 아니라 자신을 위험에 빠뜨릴 수 있다는 사실을 레닌 자신이 더 잘 알고 있었다. 돈을 받고 러시아에 파견된 독일 스파이라는 의심을 받을 것이 뻔했다. 빠른 평화 조약 체결이라는 자신의 프로그램을 현실화할 경우에도, 러시아의 승리를 통한 평화 조약 체결을 방해했다는 역사상의 죄명이 영원히 자신에게 덮어씌워지리라는 사실 또한 잘 알고 있었다.

그럼에도 그는 가장 위험하고도 말썽 많은, 독일을 통과해 러시아로 돌아가는 이 길을 선택했다. 온건한 혁명가들뿐 아니라 그의 동지 대부분도 경악을 금치 못했다. 그들은 당혹스러워하면서 스위스 사회민주당원들을 통해 이미 포로 교환이라는 합법적이고도 중립적인 방법으로 러시아 혁명가들을 귀환시키기 위한 협상이 진행되고 있다는 사실을 지적했다.

그러나 레닌은 한시가 급한 이 시점에서 그러한 방법이 얼마나 오랜 시간을 필요로 하는지, 러시아 정부가 그들의 귀향을 늦추기 위해 얼마나 교묘하게 의도적으로 일을 질질 끌고 나갈지를 너무나도 잘 알고 있었다. 그는 목적만을 보았다. 반면에 다른 사람 들은 현행법과 기존의 관점으로 보면 국가 배신행위가 될 그런 행동을 감히 할 엄두를 내지 못했다. 그러나 레닌은 이미 마음을 굳힌 상태였다. 개인 자격으로 이후 모든 상황을 책임지겠다는 각오로 독일 정부와 협상을 시작했다.

## 계약, 그리고 조용한 출발

레닌은 자기 행동이 어차피 세상의 이목을 끌게 되리라는 걸 알았다. 그래서 가능한 한 공개적으로 행동했다. 그의 부탁을 받은 스위스 노동조합 대표 프리츠 플라텐이 전에도 러시아 망명자들과 협상을 벌인 적이 있는 스위스 주재 독일 대사를 찾아가 레닌의 조건을 제시했다.

이 조그맣고 이름도 없는 망명자는 장차 자기가 엄청난 권력을 거머쥐게 되리라는 사실을 예감이라도 한 것처럼 독일 정부에 어떠한 간청도 하지 않고 오로지 자기 조건만을 제시했다. 조건만 받아들여진다면 이 여행자들은 독일 정부의 뜻을 수용할 준비가 되어 있다는 것이었다. 그 조건이란 그가 탄 기차 차량에 외교법상의 치외법권을 승인해달라는 것이었다. 즉, 입국이나 출국시에 여권이나 승객에 대한 심사를 하지 말라, 여행 경비는 보통의 요금을 지불하겠다, 차량을 벗어나라는 명령을 받지 않을뿐더러 절대로 스스로 이탈하지도 않겠다는 내용이었다.

롬베르크 장관은 이 조건들을 고위층에 보고했다. 그것은 루덴도르프에게까지 올라갔다. 그는 흔쾌히 이 조건에 동의했다. 세계사적으로 보면 루덴도르프 자신의 일생에서 가장 중요했을 이 결정에 대해 그는 회고록에 한마디도 언급하지 않았다. 독일 대사는 세부 사항 여러 가지를 바꾸어보려고 애썼다. 문서는 레닌에 의해 의도적으로 두 가지 해석이 가능하도록 작성되어 있었다. 러시아 사람뿐 아니라 라데크 같은 오스트리아 사람조차도 전혀 심사를 받지 않고 함께 여행할 수 있도록 되어 있었다. 그러나 레닌과 마찬가지로 독일 정부도 시간이 없었다. 4월 5일, 미국이 독일에 선전포고를 했기 때문이다.

플라텐은 4월 6일 정오에 중요한 통보를 받는다. "사안이 원하는 방향으로 결정되었음." 1917년 4월 9일 2시 30분, 허름한 차림에 트렁크를 든 일단의 무리가 취링거호프 레스토랑에서 나와 취리히 정거장으로 향했다. 모두 32명이었는데, 그중에는 여자와 아이 들도 있었다. 이 중 레닌, 시노브예프, 라데크 등 몇몇 남자들의 이름만 알려져 있다. 그들은 함께 조촐한 점심식사를 한 뒤 문서에 서명했다. 이 여행에서 파생되는 모든 문제에 대해 각자가 전적으로 책임진다는 것과 그 밖의 모든 조건에 동의한다는 내용이었다. 《프티 파리지앵》을 통해 러시아 임시정부 측이 독일을 통과해오는 러시아 사람들을 모조리 국가 배신자로 취급할 예정이라는 소식도 접했다. 조용하고도 단호한 태도로 그들은 이제 세계사적인 여행길에 올랐다.

취리히역에 도착했다. 아무도 그들을 주목하지 않았다. 취재기자도 사진기자도 나타나지 않았다. 그 누가 낡아빠진 윗도리에 모자를 깊이 눌러쓰고, 우스꽝스럽게 무거운 등산화를 신은―그는 그 신발을 스웨덴까지 신고 갔다―이 울리야노프라는 사람을 알아보겠는가.

그는 상자를 짊어진 일단의 남자와 여자 들 사이에서 말없이 눈에 띄지 않게 기차에 자리를 잡았다. 그들은 유고슬라비아, 루테니아, 루마니아 등지에서 취리히로 들어온 수많은 이민자와 다를 바가 없어 보였다. 그런 사람들은 자기들의 나무 트렁크 위에 몇 시간을 앉아 있다가는 프랑스 해변까지 안내를 받아 거기서 바다 건너로 떠나는 것이었다.

이 출발에 동의하지 않았던 스위스 노동당은 환송을 위해 대표를 보내지 않았고, 다만 몇몇 러시아 사람들만이 약간의 먹을 것과 고향으로 보내는 인사말을 전하러 왔다. 그중 몇 사람은 마지막까지도 레닌에게 이 '무의미하고 범죄적인 여행'을 그만둘 것을 권했다. 그러나 이미 결정된 일이었다. 3시 10분, 차장이 신호를 보냈다. 기차는 독일의 국경 정거장인 고트마딩겐을 향해 굴러가기 시작했다. 3시 10분, 이 시간 이후로 세계의 시계는 다른 길을 가게 된다.

# 봉인된 기차

　제1차 세계대전에서는 수백만 명을 살상하고도 남을 총탄이 오갔다. 그 총탄들은 기술자들이 지금까지 만들어낸 것들 중 가장 강하고 멀리 나가는 탄환들이었다. 그러나 현대사의 그 어떤 탄환도 이 기차만큼 멀리, 운명적으로 날아간 것은 없었다. 이 기차는 20세기의 가장 위험하고도 단호한 혁명가를 싣고서 스위스 국경을 떠나 독일을 가로지르고 있었다. 조만간 페테르부르크에 도착해 그곳에서 시간의 질서를 파괴할 참이었다.

　2등석과 3등석으로 이루어진 이 유일무이한 탄환과도 같은 기차가 고트마딩겐의 선로 위에 멈추어 섰다. 2등석에는 여자와 아이들이, 3등석에는 남자들이 타고 있었다. 바닥에 분필로 표시된 중립지대가 두 명의 독일 장교가 타고 있는 자리와 러시아 영토를 구분해주고 있었다. 장교들은 이 인간 폭약의 이동을 따라가는 중이었다.

　기차는 아무 일 없이 밤새도록 달렸다. 다만 프랑크푸르트에서 러시아 혁명가들이 통과하고 있다는 소식을 들은 독일 병사들이 우루루 몰려들었을 뿐이다. 한번은 독일 사회민주당 측에서 여행자들과 접촉을 시도했으나 거부되었다. 레닌은 자신이 독일 땅에서 독일인과 단 한 마디라도 나누는 날에는 어떤 의심이 자신에게 떨어질지 잘 알고 있었다.

　그들은 스웨덴에서 성대한 환영을 받았다. 굶주리고 있던 그들은 아침 식탁으로 덤벼들었다. 그들에게는 그 식사가 비현실적인 기적처럼 여겨졌다. 그제서야 레닌은 무거운 등산화를 벗어던지고 옷도 몇 가지 새로 장만했다. 그리고 기차는 마침내 러시아 국경에 도착했다.

## 탄환이 명중하다

러시아 영토에 발을 디딘 레닌이 맨 먼저 한 일은 특이하게도 신문 가판대로 달려가는 것이었다. 그는 다른 사람들은 아랑곳하지 않은 채 오직 신문을 향해 돌진했다. 14년 동안 러시아를 떠나 있어 실로 오랫동안 이 땅도 국기도 병사의 제복도 보지 못했던 그였다. 그러나 그는 다른 사람들과 달랐다. 이 강철 같은 혁명 사상가는 아무것도 모르는 병사들을 얼싸안지도, 감격의 눈물을 흘리지도 않았다. 그에게는 자신이 만든 신문 《프라우다》가 인터내셔널의 입장을 충분하고도 단호하게 고수하고 있는지 알아보는 것이 무엇보다 중요했다. 신문을 읽고 난 그는 화가 나서 구겨버렸다. 아직 충분치 않았다. 여전히 조국 타령, 애국심 타령이었다. 자기가 생각하는 순수한 혁명에 대해서는 아직 충분하지 않았다. 이제 자신이 돌아왔으니 조종간을 빼앗아서 승리든 패배든 간에 필생의 이념을 이끌어갈 시간이었다. 그러나 과연 그렇게 될까? 최후의 불안, 최후의 두려움이 엄습해왔다. 밀류코프가 바로 페트로그라드에서—당시만 해도 그 도시는 그런 이름이었지만 머지않아 바뀔 참이었다—자신을 체포하라고 명령하지나 않을까? 역으로 마중 나온 친구들, 카메네프와 스탈린은 작은 램프가 어렴풋이 비추는 어두운 3등석에서 의미심장한 웃음만 짓고 있을 뿐이었다. 그들은 대답하지 않았다. 혹은 대답하려 들지 않았다.

그러나 현실이 준 대답은 일찍이 들어본 적이 없는 것이었다. 기차가 핀란드역 정거장으로 들어가자 역 앞의 광장에서 온갖 종류의 무기를 든 수만 명의 노동자와 의장대가 망명지에서 고국으로 돌아오는 이 사람을 맞이해주었다.

인터내셔널가가 울려 퍼졌다. 이제 이 사람, 블라디미르 일리치 울리야노프가 밖으로 나왔다. 그제만 해도 구두 수선공의 집에 은둔해 있던 이 남자는 수백의 손으로 들어올려져 장갑차 위에 세워졌다. 그 장갑차 위에서 그는 군중을 향해 최초의 연설을 시작했다. 거리는 진동했다. 곧이어 '세계를 경악하게 한 열흘'이 시작되었다. 탄환이 날아가 한 나라, 한 세계를 날려버린 것이다.

## 옮긴이 후기

    오랜만에 옛 글을 다시 읽었다. 여전히 재미있었다. 긴 역사의 흐름에서 우리의 호기심을 짜릿하게 자극하는 선정적인 소재 열두 편을 가려낸 츠바이크의 동물적 후각이 아직도 경탄스럽다. 이야기를 극적으로 엮어내는 구성력이나 현란한 어휘와 독특한 점층법을 포함하는 츠바이크 특유의 박진감 넘치는 문체도 마음속에 그대로 살아난다.

    문제가 없지는 않겠지만 세계의 역사를 모두 이렇게 재미있는 이야기로만 읽을 수 있다면 얼마나 좋을까. 이야기만 읽어도 저절로 공부까지 된다면. 이런 점에서 츠바이크는 모범이 되는 작가다. 그는 탁월한 이야기 솜씨로 복잡하게 얽힌 흥미로운 유럽 역사의 일부를 초보자들에게 아주 훌륭하게 들려준다. 죽은 지 60년

이 지난 오늘날에도 독일에서 여전히 많이 읽히는 이유이다.

그러나 그의 이야기 솜씨는 유럽 외의 지역에서 특히 더 재미있는 유럽 역사 안내자 노릇을 할 수 있을 것 같다. 우리나라에서 그는 평전 작가로 알려져 있지만, 그의 작품 중 엄밀한 의미의 평전은 실제로는 많지 않다. 대개는 전기 형식을 빌린 흥미로운 옛날이야기, 역사 이야기다. 다만 그 배경이 우리에게 아직 조금은 낯선 유럽이 되고 있을 뿐이다. 언젠가 한번 도이치 문학 국제 번역학회에서 츠바이크의 《메리 스튜어트》(실제로는 엘리자베스 1세 여왕 이야기)를 중국어로 번역했다는 중국인 번역가를 만난 적이 있다. 그의 말에 따르면 중국에서는 이 책이 독일 문헌 번역서 중 가장 많이 읽힌 책이라 한다. 나도 《광기와 우연의 역사》를 놓고 할 말이 있는 사람이 아닌가. 그래서 아시아의 츠바이크 번역자 두 사람은 한참 동안이나 서로 기쁨을 나누었다.

이 책은 나와 특별한 인연을 지닌 책이다. 이 책으로 나는 책 만드는 작업에 본격적으로 들어섰다. 책마다 제 이야기와 역사를 갖게 마련이고 그래서 때로는 책이 독립된 유기체 같다는 느낌이 들기도 한다. 원고가 일단 내 손을 벗어나면 그때부터 책은 제 길을 간다. 내 손에 있을 때도 이미 내 것이 아니었거늘 하물며 내 손을 떠난 다음에야 책의 운명에 대해 내가 무엇을 어찌하랴.

서점이나 지하철 안에서 이따금 다른 사람 손에 들려 있는 '내' 책을 만나면 기분이 묘하다. 기쁘다고 해야 할까, 낯설다고 해야 할까. 제조와 유통이라는 시장의 과정에서 나는 그만 움츠러들어 내가 책을 만나는 것이 아니라 책이 나를 만난다고 느낀다. 그렇기에 다른 사람 손에 들린 '내' 책을 만나면 문득 도망가고 싶어지는 걸까?

새로 만들어지는 이 책은 어떤 길에서 문득 나를 다시 만날까? 책은 내가 저를 알아보듯이 이따금 나를 다시 알아볼 수나 있으려나?

2004년 3월
안인희

## 광기와 우연의 역사

**1판 1쇄 발행일** 2004년 3월 15일
**2판 1쇄 발행일** 2020년 8월 10일
**2판 2쇄 발행일** 2024년 2월 5일

**지은이** 슈테판 츠바이크
**옮긴이** 안인희

**발행인** 김학원
**발행처** (주)휴머니스트출판그룹
**출판등록** 제313-2007-000007호(2007년 1월 5일)
**주소** (03991) 서울시 마포구 동교로23길 76(연남동)
**전화** 02-335-4422  **팩스** 02-334-3427
**저자·독자 서비스** humanist@humanistbooks.com
**홈페이지** www.humanistbooks.com
**유튜브** youtube.com/user/humanistma  **포스트** post.naver.com/hmcv
**페이스북** facebook.com/hmcv2001  **인스타그램** @humanist_insta

**편집주간** 황서현  **편집** 최인영 이영란  **디자인** 유주현
**조판** 이희수 com.  **용지** 화인페이퍼  **인쇄** 청아디앤피  **제본** 민성사

ⓒ 안인희, 2020

ISBN 979-11-6080-466-9  03900